刑事牵连案件的合并审理

THE JOINT TRIAL OF THE CRIMINAL INVOLVEMENT CASE

崔 凯／著

社会科学文献出版社
SOCIAL SCIENCES ACADEMIC PRESS (CHINA)

目 录

引 论 ··· 001

第一章 合并与分离审理问题概述 ································· 013
第一节 合并与分离审理的概念 ································· 014
第二节 合并与分离审理的分类 ································· 032
第三节 刑事案件合并与分离审理的历史发展 ················ 038
第四节 合并与分离审理问题的理论基础 ····················· 043

第二章 刑事案件合并与分离审理的价值辨析 ·················· 063
第一节 刑事合并审理的价值 ···································· 064
第二节 刑事分离审理的价值 ···································· 094

第三章 域外刑事案件合并与分离审理评析 ····················· 111
第一节 英美法系的制度考察 ···································· 111
第二节 大陆法系的制度考察 ···································· 124
第三节 域外立法总结 ··· 138

第四章　我国刑事案件合并与分离审理现状评析 …………… 141
第一节　合并与分离审理问题的立法评析 …………… 141
第二节　合并与分离审理问题的司法评析 …………… 177

第五章　我国刑事案件合并与分离审理的立法构想 …………… 222
第一节　合并与分离审理的性质——诉讼行为 …………… 223
第二节　合并与分离审理的决定——以审判权决定为主体 …… 230
第三节　合并与分离审理的标准——以案件关联性为主线 …… 238
第四节　合并与分离审理的法律适用——以行为有效性为内容 …………… 252

余　论 …………… 263

主要参考文献 …………… 265

后　记 …………… 282

引　论

一　选题的目的和意义

由于共同犯罪、一人犯数罪等犯罪现象经常出现，案件的合并与分离审理成为刑事诉讼中较为常见的行为。以往，案件的合并与分离审理仅仅被认为是法院的事务性工作，没有得到充分的关注。但从行为的实际影响来看，刑事案件合并审理有利于节约司法资源，统一定罪量刑，故而司法机关倾向于对某些具有关联特性的刑事案件进行合并审理。而在某些时候，出于更大诉讼利益的需要，司法机关会对某些符合合并审理条件的刑事案件进行分离审理。分离审理可以较好地保障当事人的诉讼权利，同时在减少当事人讼累、促进司法公正方面也有着独特的价值，其功用已经得到了理论界和实务界的普遍认同。

刑事案件合并审理与分离审理是一个理论和实践紧密联系的研究课题，这两个方面的内容不仅是审判技巧的问题，更体现了各国在法律适用时对利益关系的平衡，它们比较集中地反映出公正与效率在刑事诉讼中的对立和统一，也反映出保障当事人合法权益与追求诉讼效率之间的矛盾与协调。美英等英美法系国家及德日等大陆法系国家都对此问题进行了比较系统的研究，也形成了很多可操作性很强的立法和判例。但到目前为止，我国对这一重要问题还没有给予足够的关注，有关的立法成果和学理研究都比较欠缺。

在立法上，《中华人民共和国刑事诉讼法》（以下简称《刑事诉讼法》）中几乎没有关于合并与分离审理的直接规定。由于司法实践的客观需要，有关司法机关对一些合并与分离审理问题以司法解释的形式进行了规定。但就目前的有关司法解释的内容来看，它们不仅缺乏总则性的合并与分离审理规定，内容非常零散，各成体系，而且大部分有关合并与分离审理的规则本身的合理性也存在较为明显的问题。具体而言，包括以下几个方面。

有的司法解释内容较空洞，例如2021年最高人民法院《关于适用〈中华人民共和国刑事诉讼法〉的解释》（以下简称"最高人民法院《解释》"）第15条规定："一人犯数罪、共同犯罪或者其他需要并案审理的案件，其中一人或者一罪属于上级人民法院管辖的，全案由上级人民法院管辖。"对这一问题，最高人民检察院也有对应的司法解释，2019年《人民检察院刑事诉讼规则》（以下简称"最高人民检察院《规则》"）第328条第4款规定："一人犯数罪、共同犯罪和其他需要并案审理的案件，只要其中一人或者一罪属于上级人民检察院管辖的，全案由上级人民检察院审查起诉。"此类规定原则性较强，对到底什么样的案件可以进行合并审理并没有进行较详细的列举说明，缺乏可操作性。

有的司法解释赋予了司法机关过大的裁量权。如最高人民法院《解释》第324条规定："被告人实施两个以上犯罪行为，分别属于公诉案件和自诉案件，人民法院可以一并审理……"何时"一并审理"，何时不能"一并审理"，完全靠法官对具体案情的主观感知，没有客观的约束，容易造成裁量权使用的随意性。

有的司法解释没有区分具体情形，规定过于笼统。如广东省高级人民法院请示："一被害人在同一个晚上分别被3个互不通谋的犯罪分子在不同地点和时间实施了强奸。公安机关同时侦破，检察院以一个案件起诉，法院是作一案审理还是分案审理？"最高人民法院研究室1990年5月26日发布的《关于同一被害人在同一晚上分别被多个互不通谋的人在不同地点强奸可否并案审理问题的电话答复》对此作出了回答："经研究，我们认为，根据上述情况，这3个被告人的行为不属于共同犯罪，而是各个被告人分别实施的各自独立的犯罪，因此，应分案审理，不宜并案审理。"对此类问题一律要求"应分案审理"，其实没有考虑到被害人的具体感受等因素，处理方式过于武断。

总而言之，从我国刑事诉讼法及相关司法解释的规定可以看到，目前对刑事案件合并与分离审理问题的规定散见于各类规定、纪要、答复和说明，未能形成体系，给司法实践操作带来不便。而且探究更多的纪要和答复，我们会发现这些规定大多只是就事论事，针对某一个案或个别情形提出解决方案，制度缺乏普适性，一旦刑事司法环境发生变化，刑事政策发生调整，就很难继续对司法实践起到积极的指导作用。也正是因为法律规定的混乱，当具体刑事案件出现某种牵连情况时，对案件进行合并审理还是分案处理，在很大程度上取决于办案司法工作人员对案件的主观印象，缺乏客观的执法依据。

我国的刑事司法改革已经进入"深水区"，各种利益关系的协调问题到了必须要认真研讨和解决的时候，诉讼法学界有必要对刑事案件合并与分离审理问题进行专门研究，这对进一步丰富我国刑事诉讼理论、完善刑事诉讼立法体系有着重要意义，对司法实践也有着巨大的指导价值。例如，目前全国各地法院都承担了打击黑社会性质组织犯罪的专项任务，如果对所有与黑社会性质组织犯罪存在关联的被告人都可以随意进行合并审理，那么，法院一次开庭审理的被告人将会动辄数十人乃至上百人，指控罪名将会多达十几项乃至数十项，卷宗材料将会多达数十本乃至上百本。在这种情形下，极易造成以下弊端：庭审流于形式、剥夺共同被告人的取保候审权、导致长期羁押、被告人减刑和假释权无法得到保障、影响被告人的上诉权和申诉权、变相侵犯被告人的聘请辩护律师权和会见律师权等。[1] 但

---

[1] 张泽涛.刑事案件分案审理程序研究——以关联性为主线[J].中国法学，2010，(5)：144.

如果对这些案件进行分案处理，如何把握分案的标准，如何避免同罪不同罚现象，如何最大限度地节约司法资源，这些问题都值得我们进行细致深入的研究。

综上可以认为，刑事案件合并与分离审理研究是一个具有很强现实意义和理论研究价值的课题。

二　国内外研究成果综述

当前国内学者对刑事案件合并与分离审理问题的直接研究成果较少。由于案件之间具有牵连关系是司法机关对案件进行合并与分离审理的主要依据，我国司法机关有关合并与分离审理的规范性文件也有不少以牵连管辖制度为切入点，因此很多学者用管辖的形式来表现对案件合并与分离审理的关注。比较具有代表性的研究成果有谢佑平教授和万毅教授的《刑事诉讼牵连管辖制度探讨》[1]、陈国庆博士的《刑事诉讼中的牵连管辖》[2]等，这些论文大多阐释了牵连管辖在诉讼科学化和诉讼经济化方面的价值，并对各国牵连管辖的适用条件和适用规则进行了专门介绍，最终得出结论，我国应借鉴国外的先进立法经验，在刑事诉讼法中专门增设关于牵连管辖的规定。

也有学者从更广阔的视角对刑事案件的合并与分离审理问题进行了全面的审视。柯明同志早在1992年发表的一篇文章中就论述，司法实践中存在"不该合并审判而合并为一案审判""应该合并审判而分案审判"两种错误的现象。他认为，对于一人犯数罪或者数人共犯一罪或数罪，以及刑事附带民事诉讼案件等，并为一案进行审理裁判是必须的，但是也应当单独确立"特殊情况下分案审判原则"。[3] 不过这种研究成果很少，而且由于时代的局限性，在研究的深入性方面也比较欠缺。

---

[1] 谢佑平，万毅. 刑事诉讼牵连管辖制度探讨 [J]. 政法学刊，2001，(1).
[2] 陈国庆. 刑事诉讼中的牵连管辖 [A]. 陈光中，江伟. 诉讼法论丛 (1) [C]. 北京：法律出版社，1998.
[3] 柯明. 浅谈刑事案件的并案审判 [J]. 人民司法，1992，(12)：15.

其后，由于刑事诉讼研究热点的转移，我国学者对刑事案件合并与分离审理问题的研究陷入了较长时间的停滞。不过由于国内对未成年人保护的问题开始逐渐重视，不少学者对未成年人刑事程序给予了较多的关注。由于共同犯罪中未成年人和成年人并案处理有着容易交叉感染、不利于改造等缺陷，所以学者开始研讨包含未成年人分案审理内容在内的未成年人分案起诉、审理和执行问题。蔡煜认为："所谓分案处理原则是指将未成年人与成年人共犯罪案件的起诉、审判程序分离和分别关押、分别执行。"[①] 虽然这种研究对分案处理的范围进行了大幅度压缩，但毕竟社会公众在未成年人刑事司法这一领域开始认识到分案处理的积极意义。同时，当时我国相关立法只是规定司法机关对审前羁押的和经法院判决服刑的未成年人与成年人实行分别关押、管理，并没有规定检察机关在提起公诉时能否将未成年人所控罪行与成年人所控罪行分别起诉，审判机关能否以此为由进行分案审理等重要问题。所以，学者以推进立法进程为目的，围绕未成年人分案起诉的价值、分案的标准等问题提出了很多意见和建议。学界至少在我国必须要确立未成年人分案起诉制度这一问题上已经达成了共识。[②] 这一方面刑事案件分案审理的价值最终得到了立法的肯定。2013年《人民检察院办理未成年人刑事案件的规定》第51条第1款明确指出："人民检察院审查未成年人与成年人共同犯罪案件，一般应当将未成年人与成年人分案起诉。但是具有下列情形之一的，可以不分案起诉：（一）未成年人系犯罪集团的组织者或者其他共同犯罪中的主犯的；（二）案件重大、疑难、复杂，分案起诉可能妨碍案件审理的；（三）涉及刑事附带民事诉讼，分案起诉妨碍附带民事诉讼部分审理的；（四）具有其他不宜分案起诉情形的。"该司法解释还对分案起

---

① 蔡煜. 试论分案处理原则的完善 [J]. 青少年犯罪问题，1997，（4）：23.
② 周小萍，曾宁. 略论未成年人刑事诉讼中的分案起诉制度 [J]. 青少年犯罪问题，2000，（5）：26-31；曹运伟，刘义辉. 未成年被告人分案起诉架构及其完善 [A]. 湖南省犯罪学研究会. 湖南省犯罪学研究会第八次学术研讨会优秀论文集 [C]. 自印，2008：97-100；曾宁. 未成年人刑事诉讼中分案起诉制度的试行 [J]. 上海市政法管理干部学院学报，2001，（4）：74-77.

诉的操作规则进行了比较详细的规定。这个司法解释是我国目前在刑事案件合并与分离审理领域规定最为细致的立法之一。

最高人民检察院司法解释对未成年人分案起诉进行专门规定以后，有学者进一步研究了该司法解释在适用时存在的具体问题及其解决方法。对于一审判决，如果只有一案被告人向上级法院提起上诉，或者检察机关只对一案提出抗诉，上诉审法院在受理上诉或者抗诉案件时，是否对分案后的另一案件一并审理；对于分案后的两案被告人是否可以聘请同一律师；同一证人在分案后进行的数次庭审中所出具的证言不一致时，该如何处理。① 此类问题至今仍然属于未成年人刑事司法程序热议的课题，对其进行研究对刑事案件合并与分离审理的理论完善有着重要的影响。

2007年以后，我国学界对刑事案件合并与分离审理问题的研究进入了新的阶段，《中国刑事法杂志》等刊物上刊登的文章比较充分地阐释了合并与分离审理在诉讼效率和人权保障方面的不同意义，② 并且尝试探究合并审理和分离审理两者之间的关系。王飞跃等人还对刑事分案审理的条件和具体操作进行了简单设计。③ 王飞跃还认为，并案诉讼是一种常态，法律应当对并案审理的适用条件进行规定，可以设置为，"第一，犯罪主体同一；第二，数个被告人的犯罪行为具有同一性、承接性、合成性或者依附性等联系"，在"有碍诉讼功能发挥""有碍诉讼参与人诉讼权利保障""有碍特殊权利保护"这三种情况出现时，应当将其归属于并案处理的排除适用。④ 这些研究成果反映出，我国对刑事案件合并与分离

---

① 赵国玲，徐凯. 未成年人分案起诉适用中存在的问题与改进建议——基于175份检察官调查问卷的实证分析[J]. 中国检察官，2010，(1)：5-10；程功. 共同犯罪中未成年人分案起诉的原则与标准探析[J]. 人民检察，2007，(4)：45-47；赵学军. 未成年人与成年人共同犯罪分案审理制度的程序规制——兼论公正与效率的价值平衡[J]. 青少年犯罪问题，2009，(1)：47-50.
② 杨杰辉. 合并审判研究[J]. 中国刑事法杂志，2007，(1)：77-83.
③ 王飞跃，丁念红. 论刑事案件分案审理[J]. 中南大学学报（社会科学版），2007，(6)：62-65.
④ 王飞跃. 论我国刑事案件并案诉讼制度的建构[J]. 中国刑事法杂志，2007，(4)：89-96.

审理问题的理论研究已经开始和西方逐渐接轨。但从学者的最新专论来看，案件合并与分离审理仍然不是案件管辖的重点关注领域。①

总的来说，目前我国学理对刑事案件合并与分离审理问题的研究还很不成熟，立法上更是存在大量空白。随着时间的推移，司法实践中又出现了许多新情况、新问题。譬如，在现在涉黑犯罪案件中，有数十名被告人的特大型案件层出不穷，此类规模庞大的案件会给当事人和国家机关带来很大的压力，不少时候庭审质证、辩护和证据采信的实际效果都会受到这种不合理合并审理的负面影响。面对这一问题，有学者建议，借鉴西方成熟研究成果，以案件的关联性为主线，来决定对某些案件是分案审理还是并案审理，构建中国特色刑事案件分案审理制度。②"另案处理"的衍生问题也开始发酵，影响共犯处理公正性等问题开始引发关注。③

国外有关分案审理的法律规定及相关研究成果都比较丰富。如《德国刑事诉讼法典》④ 第2条"相牵连案件的合并与分离"第1款规定："对分别属于不同级别法院管辖的、相牵连的刑事案件可以合并，向具有较高级别管辖权的法院起诉。相牵连案件中的个别案件，依照《德国法院组织法》第七十四条第二款、第七十四条a和第七十四条c由特别刑事庭管辖的，可以合并，向依照《德国法院组织法》第七十四条e具有优先管辖权的刑事庭起诉。"该条第2款又规定，"出于合目的性原因，法院可以裁定将已合并的刑事案件分离"。对于何谓"关联"（相牵连），法典第3条规定："如果一人被指控犯有数个犯罪行为，或者在一个犯罪行为中数人被指控为正犯、共犯或者犯有包庇犯罪利益罪、阻碍刑罚罪或者窝赃罪，即为相牵连。"在操作程序上，第4条"诉讼未决案件的合

---

① 桂梦美. 刑事诉讼管辖制度研究 [M]. 北京：中国政法大学出版社，2019：121-125.
② 张泽涛. 刑事案件分案审理程序研究——以关联性为主线 [J]. 中国法学，2010，(5)：144-164.
③ 徐冉. 另案处理认罪认罚共犯的审慎进路 [J]. 长白学刊，2022，(6)：89-97.
④ 德国刑事诉讼法典 [Z]. 宗玉琨，译，北京：知识产权出版社，2013：3-5.

并或分离"规定:"开启审判程序后,法院依检察院或者被告人的申请,或者依职权,亦可以裁定将相牵连刑事案件合并或分离。"除了这种一般性的规定,法典第237条"数个刑事案件的合并"还赋予了法院一定情况下的裁量权:"法院对在其处诉讼未决的数个相牵连的刑事案件,即使非第三条所称之牵连,为同时审理之目的,可以同时合并。"法国、日本和意大利等国刑事诉讼法典中也有合并审理和分离审理的较详细规定。

英美法系各国也以成文法或者判例的形式对刑事案件合并与分离审理问题作出了规定,其中美国《联邦刑事诉讼规则》的规定最为详尽。该规则第8条规定:"(a)如果被指控的罪行,不管是重罪还是轻罪,或既有重罪又有轻罪,属于同一性质或类似性质,或者基于同一行为或同一交易,或者虽是两个或两个以上的行为或交易,但相互联系或构成同一共同计划中的组成部分,那么在一份大陪审团起诉书或检察官起诉书中,可以对两个或两个以上的罪行分别提出指控。(b)在一份大陪审团起诉书或检察官起诉书中,可以对两个或两个以上的被告提出指控,如果他们被指控参加同一行为或者同一交易,或者参加构成一项犯罪或数项犯罪的一系列行为或交易。"[①]

刑事案件合并与分离审理已经成为域外大多数国家和地区刑事诉讼教科书和相关学术专著的重要内容。在我国,由于研究语言工具的局限性,德日译作较少,但是从现有资料分析,目前著作引证率较高的日本学者松尾浩也、田口守一,德国学者克劳斯·罗科信、托马斯·魏根特等人,他们均在各自的著作中对合并与分离审理问题进行了比较系统的阐释。在英美法系,合并与分离问题在刑事诉讼程序的著作体例中更是处于非常重要的地位,基本上都会被教材或专著以专章的形式加以论述。如拉费弗等人所著《刑事诉讼法》的第十七章标题为"起诉范围:合并起诉与分离起诉",该章从起诉的视角,对刑事案件合并与分离审理的各

[①] 美国联邦刑事诉讼规则和证据规则[Z].卞建林,译,北京:中国政法大学出版社,1996:40.

种情况进行了阐释，还对美国的各种相关判例进行了比较好的总结。① 德雷斯勒的著作对这一问题的关注情况也基本类似。② 国外学者对刑事案件合并与分离审理的研究已经深入每一个细节，他们不仅对刑事案件合并与分离审理的制度方式进行了法理角度的论证，甚至还开展了大规模的统计分析，试图用实证数据来证明不恰当的合并审理会明显加重被告人的刑罚。③ 国外对刑事案件合并审理的某些重要问题，如关联性的研讨一直都在变动，至今对于容易动摇法官合并审理合理性的"偏见"认定等问题，还在不断地涌现出新的判例。④

三 总体框架和主要内容

本书的正文分为五章，主要内容如下。

第一章为刑事案件合并与分离审理问题的概述。本章首先对刑事案件合并与分离审理进行了研究范围的界定。通过对合并与分离审理的国内外概念的比较，发现合并审理与分离审理都是研究的重要内容，但不同学者对合并与分离的研究范围的理解差异很大。本书认为，刑事案件中的合并与分离问题，应当以研究审判阶段合并与分离审理为主，侦查阶段和起诉阶段合并与分离审理为辅。通过与牵连管辖、竞合管辖、民事诉讼中的共同诉讼等近似概念的比较，更加明晰刑事案件合并与分离审理问题在诉讼法理论体系中的定位。随后，对合并与分离审理的分类及历史沿革进行了总结。最终，详细论证了合并与分离审理问题的理论基础是刑事审判对象理论。审判对象的两大特征——"单一性"和"同

---

① 〔美〕伟恩·R.拉费弗，杰罗德·H.伊斯雷尔，南西·J.金.刑事诉讼法（下册）[M].卞建林，沙丽金，等译，北京：中国政法大学出版社，2003：895–924.
② 〔美〕约书亚·德雷斯勒，爱伦·C.迈克尔斯.美国刑事诉讼法精解（第二卷·刑事审判）[M].魏晓娜，译，北京：北京大学出版社，2009：114–138.
③ ANDREW D. LEIPOLD, HOSSEIN A. ABBASI. The Impact of Joinder and Severance on Federal Criminal Cases: An Empirical Study [J]. Vand. L. Rev, 2006, (59): 349.
④ United States v. Smith, 112 F. 2d 83, 85 (2d) Cir. 1940; Turner v. United States, 241 A. 2d 736 (D. C. 1968); 506 U. S. 534, 113 S. Ct. 993, 122 L. Ed. 2d 317 (1993).

一性"是进行合并与分离审理研究的原点。这为下文评价国内外制度设计的合理性提供了理论支持。

第二章对刑事案件合并与分离审理的价值进行了分别论述。刑事案件合并审理在实现诉讼经济方面有着重大价值,除可以减少国家司法资源消耗、减少当事人讼累之外,还能满足处理当前数量日益增加的重大、疑难和复杂刑事案件的需要。除了这一主要价值,合并审理在实现实体公正方面也能够发挥一定的作用,这主要体现在准确认定案件事实和精确量刑两个方面。刑事案件分离审理是合并审理不可缺少的补充。它是保障诉讼顺利进行所必需的内容,同时在保障被告人诉讼权益方面也能够发挥重要作用,尤其在未成年人保护等领域,分离审理可以实现特殊诉讼目的,实现较大的诉讼价值。

第三章是对刑事案件合并与分离审理的域外考察。英美法系中,美国通过《联邦刑事诉讼规则》对刑事案件中被告人的合并及罪行的合并进行了详细规定,特别是合并审理的标准方面,美国的列举式规定颇具特色。在分离审理的问题上,采用"偏见"作为标准是美国立法的重要特点。英国的立法和美国有较多雷同,但在程序提起主体的数量、合并的类型、合并的条件等方面,有一定的本国特色。大陆法系国家和地区的立法中,德国的立法最为典型,影响最为深远。其对案件"关联性"的认定,对合并审理的程序安排,乃至于对追加起诉等内容的规定都非常详细。日本的立法参照德国进行。日本在《日本刑事诉讼法》"法院的管辖"一章中,对牵连案件的合并审判与分离审理,分别进行了立法,并且在该法其他章节中,对追加起诉和辩论程序的分离和合并问题进行了明确规定。需要特别注意的是,我国台湾地区 2003 年修订"刑事诉讼法"时,全面借鉴德国和日本的立法,对合并与分离审理问题进行了详细规定,其后不断修改调整,经验和不足之处值得认真研究。

第四章是对我国刑事案件合并与分离审理问题的审视。本章从立法和司法两个方面进行论述。每一部分又分为现状及评析两个部分。我国有关立法的特点是以司法解释为载体,以个别情况为研究对象。立法缺乏系统性、科学性和权威性。正是因为立法的不合理，司法实践中，现有制度虽然在打击犯罪上发挥了重要作用，但是造成了运作过分行政化、阻碍国家刑罚权的顺利实现、不利于人权保障等诸多问题。

第五章是对我国刑事案件合并与分离审理的立法建议。在综合前文论述的基础上，笔者提出，首先，明确刑事案件合并与分离审理的性质是诉讼行为，将其纳入诉讼行为的研究视野内。其次，在程序的提起和决定主体上，提起主体可以有多个，但是决定主体只能是人民法院。再次，在合并审理的标准上，应当以关联性为主线，同时注意特殊情况下应当进行分案审理。最后，应当对合并与分离审理的操作程序进行详细立法。不仅要设置完整的救济程序，而且应当规定不当合并或分离审理的法律后果。

四 研究思路和研究方法

本书拟从刑事案件合并与分离审理本体论出发，对刑事案件合并与分离审理的概念、分类和理论基础等问题进行梳理，然后对刑事案件合并审理和分案审理的各自价值进行评析。在对域外相关制度的考察和对我国相关制度的立法和司法进行分析之后，专著将从合并与分离审理的行为性质、决定程序、合并标准、法律适用四个方面进行系统的制度构建。

本书的主要研究方法有以下三种。

第一，案例分析法。刑事案件合并与分离审理问题是一个具有很强现实意义的研究课题。从问题的研究意义到具体的制度设计，都需要用实践进行检验。为此，笔者在湖北、湖南等地的法院和检察院进行了实地调研，获取了大量有价值的调研数据和其他调研材料。本书还将耗用一定笔墨剖析一些具有较大社会影响力的典型案例，借以加强相关论证的说服力。

第二，价值分析法。本问题的研究在理论上最终仍然会深入刑事诉讼立法的两个核心问题——打击犯罪和保障人权的平衡，人权保障及诉讼效率的平衡。价值判断的过程是一个艰难选择的过程，价值判断的结果对立法有着直接的指导作用。因此，本书将采用价值分析法，争取在理论的先进性和法律的实用性之间寻找到平衡点,让最终的制度设计方案"理论领先实践一小步",既力争符合基本法理,又不脱离中国国情。

第三,比较分析法。这一问题的国内立法和研究比较薄弱,而域外的规定和研究则比较翔实。因此,比较分析成为一种不可或缺的研究手段。笔者在研究时,将会对不同国家和区域的法律制度进行深入的比较,探析其制度特点及实施背景,以期为我国的理论研讨和制度设计提供有益养分。比较分析法将贯穿研究的始终。

第一章
合并与分离审理问题概述

　　刑事案件的侦查阶段、起诉阶段和审判阶段，都有可能出现案件合并与分离处理的情况。其中某些问题已经得到一定关注，比如说刑事侦查中的并案侦查，早已成为指导刑事案件侦破的基本侦查方法之一。[①] 但在涉及合并与分离处理案件的大部分问题上，相应的司法实践缺乏足够理论支撑，本书的研究主题——刑事案件合并与分离审理就是如此。

　　和民事诉讼一样，刑事案件中的合并与分离审理是极为常见的现象。但不同的是，民事诉讼在共同诉讼等问题的研究上已经取得颇多的成果，我国刑事法学界对刑事案件合并与分离审理的研究却还存在大片的学术空白。为何两个人共同实施一个犯罪行为，能够在一个刑事程序中被合并审判？这个问题背后蕴含的刑事程序法理一直没有得到足够的重视。而事实上，刑事案件合并与分离审理在外在表现形式上，是各诉讼参与人与司法机关之间相互作用的联动过程，应当有制度进行规范；在诉讼价值层面，牵涉到国家机关面对"打击犯罪，保障人权"时的权衡与取舍；在诉讼原理层面，与案件单一性的认定、诉的合并等诉讼法本源性

---

① 柳玉祥，赵光全. 并案侦查的原理和方法[M]. 北京：中国政法大学出版社，2013：4.

问题密切相关。正是因为如此，我国台湾学者陈运财教授认为，刑事案件合并与分离审理问题，并不是法院机械的、事务性的问题，而是审判权的核心内容。① 在其他国家和地区，刑事案件合并与分离审理的相关研究是刑事诉讼中经久不衰的课题。② 当今世界大部分国家和地区均通过大量的立法和判例，对刑事案件合并与分离审理问题形成系统性规范，学者们对此问题的研究成果也相当丰硕。

研究对象的本体论问题是大多数法学研究的起点，本书也不例外。在学界对刑事案件合并与分离审理问题的研究成果比较零散、没有成熟定论的情况下，更是有必要通过对合并与分离审理的概念分析，来界定合并与分离审理的内涵。在此基础之上，对合并与分离审理的分类进行总结。本部分还将对合并与分离审理问题的历史发展脉络进行梳理，并最终系统论证合并与分离审理问题背后的理论支撑。

第一节　合并与分离审理的概念

"概念是法律思想的基本要素，并是我们将杂乱无章的具体事项进行重新归类的基础。"③ 所以研究刑事案件合并与分离审理问题应当从其概念入手，通过对内涵的界定圈定研究范围，以便进行后续制度的比较和分析。

一　现有概念归纳

（一）概念综述

由于我国法律规定的缺失甚至相互矛盾，我们很难从法条本身获得合并与分离审理的准确概念，只能从学者的论著中寻找他们对刑事

---

① 陈运财. 评大法官释字第 665 号宪法解释 [J]. 月旦法学杂志，2005，(176)：24-41.
② 根据美国的诸多判例，英文中表述中，合并审理的常见表述为"joinder"；分离审理表述为"severance"，亦有"Separated trial"等。
③ 〔英〕戴维·M.沃克. 牛津法律大辞典（中译本）[Z]. 北京社会与科技发展研究所，译，北京：光明日报出版社，1988：533.

案件合并与分离审理的理解。就现有研究成果综述来看，大部分学者对合并审理与分离审理两者中的一个进行了概念界定，少部分学者对刑事案件的合并与分离审理进行了共同界定。比较有代表性的概念有以下几种。

一个审判不只审理一个案件，而是可以同时审理多个案件，这种在一个审判中同时审理多个案件的行为，称为"合并审判"（通常也称为"并案审判"）。①

司法实践中，"分案"与"并案"一般是指因某种特殊原因将一个案件分为几个案件处理，或者将几个案件合并成一个案件处理。分案的最终结果是形成几个判决结果或处理意见；并案的最终结果是形成一个判决结果或处理意见。②

刑事案件的"并案审判"，是指人民法院根据我国《刑事诉讼法》及有关法律、法规、司法解释中有关刑事案件的管辖规定，将一人犯数罪或者数人共犯一罪，以及刑事附带民事诉讼案件等，并为一案进行审理裁判的制度。③

"刑事案件并案诉讼"是指在刑事诉讼过程中，在同一诉讼阶段一并解决同一主体的多个案件或者多个主体的一个或者多个案件。④

"刑事案件分案审理"是指人民法院对以一份起诉书（自诉状）指控的没有关联性的数个被告人犯罪的案件，或者数个被告人的犯罪虽有关联性但不宜进行合并审理的案件，将其中部分被告人的犯罪运用另外一个或者数个审理程序分别进行审理的一项刑事审判制度。⑤

《布莱克法律词典》的相关词条中，"合并审理"（joinder）是指一个

---

① 杨杰辉. 合并审判研究 [J]. 中国刑事法杂志, 2007, (1): 75.
② 金为群. 刑事案件分、并案问题研究——兼论公正与效率的平衡 [D]. 上海: 华东政法学院, 2006: 1.
③ 柯明. 浅谈刑事案件的并案审判 [J]. 人民司法, 1992, (12): 12.
④ 王飞跃. 论我国刑事案件并案诉讼制度的建构 [J]. 中国刑事法杂志, 2007, (4): 89.
⑤ 王飞跃, 丁念红. 论刑事案件分案审理 [J]. 中南大学学报（社会科学版）, 2007, (6): 677.

单一诉讼中当事人或者诉求的联合。① "分离审理"（separate trial）是指将一个犯罪中的被合并起诉的一些人分别进行审理②。

我国台湾地区学者认为，合并审判应可认为乃就系属与法院中之二个以上单一性案件，合并由一法官以同一诉讼程序审理；而分离审判，则与合并审判之意义正为相反。③

所谓"分别审理原则"，是指司法机关对于未成年人与成年人共同犯罪案件在刑事诉讼阶段进行分开审理的原则。④

所谓"分案处理原则"，是指将未成年人与成年人共同犯罪案件的起诉、审判程序分离和分别关押、分别执行。这在刑事诉讼法理论上，已被大多数学者认为是未成年人刑事诉讼的特有原则，并已在我国现行法律中有所体现。⑤

（二）概念评析

刑事案件合并与分离审理的字面本身即有非常明显的表意作用，故而不少国内外的相关研究成果并没有注意对合并与分离审理的概念进行定义。但是通过对上述不多的概念进行分析，我们仍然可以总结出以下三个特点。

1. 合并审理与分离审理都是研究的重要内容

合并与分离是两个相反的动词，代表了诉讼主体截然不同的行为活动。从学者的研究成果来看，两者都是研究的重点。在合并审理方面，刑事程序法要将多个被告人或多个犯罪行为放置于一个审判程序进行审判，必然要符合一定的程序法理。各国立法对此一般都进行了比较详细的规定，因此，有关合并审理的研究成果更为丰硕。

---

① BRYAN, A. GARNER. Black's Law Dictionary (7th Ed) [Z]. Minnesota: West Group, 1999: 913.
② 英文原文为"The individual trial of each of several persons jointly accused of a crime"。参见 BRYAN, A. GARNER. Black's Law Dictionary (7th Ed) [Z]. Minnesota: West Group, 1999: 1644.
③ 许炎灶. 合并与分离审判——实务运作之检讨与建议 [D]. 台北：台湾大学，2005：13.
④ 曾宁. 未成年人刑事诉讼中分案起诉制度的试行 [J]. 上海市政法管理干部学院学报，2001，(4)：73.
⑤ 蔡煜. 试论分案处理原则的完善 [J]. 青少年犯罪问题，1997，(4)：25–27.

而刑事案件分离审理是刑事案件合并审理的补充行为。学者的各种概念一般都认为，当案件被不当合并时，应当可以由适格主体将案件分离审理。同时，为了更大的诉讼利益，也可以将原本符合合并条件的案件进行分案审理。

两种情况都是刑事司法活动中的重要现象，都具有明显的研究价值。

2. "合并与分离"的研究对象没有本质区别

大陆学者对刑事案件合并与分离审理的解释大多采用字面解释，此种解释方法也许并不能揭示合并与分离审理在诉的合并等内容上的法理深意，但也能够反映出一定的学理观点：首先，它比较直接地阐述了合并与分离审理在行为方面的意义，即承认合并与分离审理是一种较为常见的诉讼主体在诉讼过程进行中实施的行为；其次，这种行为实施时，法院是重要的诉讼主体；最后，刑事案件合并与分离审理是两个不同的行为。至于文字表述上是用"并案与分案"，还是"合案与分案"，抑或是"合并与分离"，其实并不重要，总之都可以代表合并与分离的两种行为举动。

值得注意的是，虽然大部分观点对各种刑事案件合并与分离审理的内涵界定比较一致，即"在一定条件下，将一个案件分为几个案件审理，或者将几个案件合并成一个案件审理"，[1] 但是由于我国司法实践的影响，也有论者故意将合并与分离审理的内涵进行大幅度压缩，将其限定在刑事司法领域的某一个方面。比较典型的例子是不少学者认为，刑事案件分离审理是未成年人刑事司法领域的内容，早在二十余年前，蔡煜就研究过对共同犯罪中未成年犯罪嫌疑人的分案审理问题，并上升为"分案审理原则"。[2] 在近年来未成年人分案起诉的研究热潮中，这种将分案问题研究范围表面上限定在未成年人程序法领域的研究成果越来越多。不过很明显可以得知，此种将刑事案件合并与分离审理仅仅界定为一个未

---

[1] 这种解释在域外甚至可以被视为通说，大部分国内论者也赞同这一观点。只是在具体定义表述上，有的特别强调合并审理或者分离审理包含的具体内容，有的强调关联性，有的强调法院的主体地位等。

[2] 蔡煜. 试论分案处理原则的完善 [J]. 青少年犯罪问题，1997，(4)：25-27.

成年人刑事司法领域的概念毫无疑问并不合适，这种概念定义并不周延，包含的内容太少，毕竟刑事案件合并与分离审理是刑事司法中的常见行为，不可能只发生在未成年人刑事司法领域。当然，即便是对刑事案件合并与分离审理的内涵作了极大限定的学者，同样也认同刑事案件合并与分离审理本身的基本行为特点，这一点和其他学者的观点没有区别。

3. "合并与分离"的具体表述争议较大

虽然研究对象的范围基本相同，但在刑事案件合并与分离的具体研究内容上，各种概念差异比较大。这直接表现在概念的文字表述上，动宾短语"合并××"和"分离××"的表述中，合并与分离所接的宾语差异很大，有的为"诉讼"，有的为"审判"，有的为"审理"，这三种是最为常见的表述，还有的表述为"处理"等其他形式。这一争议并不仅仅是简单的文字意义上的差异，更是学者对研究内容理解不同的直接反映。

大部分学者没有刻意区分"审理"和"审判"两者的内在差异，在定义时混用了这一组概念。但严格意义上，这组概念至少在使用习惯、强调重点等几个方面有值得关注的明显不同，具体在下文将详述之。另外，笔者认为应当慎用合并"诉讼"或分离"诉讼"的表述。因为"诉讼"在我国代表立案、侦查、起诉、审判和执行五个阶段，其中至少在侦查、起诉和审判三个阶段经常可见合并与分离现象。如果本书的标题为对合并与分离"诉讼"进行的研究，则研究内容必然不能仅局限于审判阶段，至少需要拓展至整个诉讼阶段，否则就有文不对题之嫌。

二 本书观点

本书认为，就审判阶段的刑事案件合并与分离问题而言，较为妥当的表述为"刑事案件合并与分离审理"，其定义为：刑事案件合并审理是指依照相关规定，公安、司法机关可以对被告人或者犯罪事实存在关联性的不同案件在同一刑事审判程序中进行一并处理。刑事案件分离审理是指在主体复杂或案件事实复杂的案件中，出于一定诉讼利益需要，公安、司法机关可以根据法律规定对本应在一个审判程序中解决的刑事案件分别进行处理。

（一）"合并与分离审理"概念的确认

考虑到合并审理与分离审理都存在极大的研究价值，而且两者密不可分，故而，笔者将"合并与分离"一并进行研究，并不显得突兀，也符合学术研究的一般规律。如文献综述所言，在刑事案件合并与分离的对象的具体界定上，学者们的观点存在很大的差异。笔者认为，用"审理"来搭配"合并与分离"最为妥当。

"审理"一词自古就有，为审查处理之义，如："五月壬辰朔，以旱，下诏责躬，求直言，避正殿，减膳，审理冤狱，命奏事于泰和殿。"[①]"所在官司不务存心抚治，以致军民困苦，或冤滞不为审理。"[②] 自近代以来，刑事诉讼中的"审理""审判""裁判"等用词在大多数时候并没有被实质性区分，都是强调法院对进入诉讼程序中的案件依法进行审查和判处的权力。例如，国内权威的法学辞典对"审理"这一词条解释为："亦称'审判'。法院在对诉讼案件未作出最终裁判之前，对案件事实、证据的审查判断……"[③] 再如，我国1996年《刑事诉讼法》第三编第一章标题为"审判组织"，如果替换为"审理组织"，除了使用习惯的差异外，基本上也不会让人对内容产生歧义。在刑事案件合并与分离审理问题上，以往学者有诸多不同的表述，如，"并案分案诉讼制度"、"合并、分离审判"、"分、并案问题"、"并案审判"和"分案处理"等。但是笔者最终放弃了"诉讼"、"处理"和"审判"等词，选定"审理"作为本书的标题内容。这主要出于几个方面因素的考虑。

首先，明确限定研究范围。从行为活动的重点可以看出，刑事案件的合并与分离主要是刑事案件审判阶段的诉讼主体活动，虽然也会涉及

---

① 脱脱.金史（章宗纪三）[M].上海：上海古籍出版社，上海书店，1986：6953.
② 本解释参见《元典章·圣政一·肃台纲》。
③ 陈光中.中华法学大辞典·诉讼法学卷[M].北京：中国检察出版社，1995：835.

立案、侦查和起诉阶段，但所涉内容不多。如果使用"程序"、"诉讼"和"处理"等表述，会在文义上将刑事案件合并与分离审理问题的研究范围拓展过大，不能突出研究的重点。

实际上，在诉讼法中单独论述合并与分离侦查或起诉的意义比较有限。从各诉讼行为在诉讼中的实际地位来看，侦查行为本身缺乏独立性，起诉行为也带有明显的附属性质。专门强调刑事诉讼中侦查和起诉程序中的合并和分离并没有太多程序处理方面的价值。学者中比较极端的观点甚至否定侦查和起诉阶段合并与分离研究的意义。如陈朴生教授认为，在分案问题上，"在侦查程序中，并无所谓单一性，更无所谓侦查不可分"。至于起诉，陈朴生教授认为，法律上虽有对案件是否可以分开起诉的规定，但却是出于限制可能存在的自诉行为对一事不再理原则的侵犯，和案件分离审理本身没有太多的直接关系。[①] 出于表述更加周延的考虑，我国有学者用"诉讼"或"处理"等模糊的词语来限定刑事案件合并与分离问题，但在具体论述时，学者的研究内容仍然以审判阶段为主。如王飞跃博士在《论我国刑事案件并案诉讼制度的建构》一文中，虽然对刑事案件并案诉讼作了广义的界定，"是指在刑事诉讼过程中，在同一诉讼阶段一并解决同一主体的多个案件或者多个主体的一个或者多个案件"，[②] 但是从全文的论述来看，完全以审判阶段为主，基本上没有提及其他诉讼阶段的合并与分离审理行为。

其次，符合"以审判为中心"的要求。虽然目前我国刑事诉讼程序为"分工合作"的流水式作业方法，但是根据刑事诉讼的基本原理，审判是整个诉讼程序的中心，"狭义诉讼，系指起诉与审判之程序而言。故审判，为刑事诉讼之主要部分"。[③] 党的十八届四中全会之后，"以审判为中心"成为诉讼改革的基本指向。在刑事案件合并与分离审理的问题上，审判阶段的决定作用表现得同样非常明显。在大部分国家和地区，检察官可以行使

---

① 参见陈朴生. 刑事诉讼法实务（增订四版）[M]. 自印，1981：89.
② 王飞跃. 论我国刑事案件并案诉讼制度的建构 [J]. 中国刑事法杂志，2007，(4)：87.
③ 陈朴生. 刑事诉讼法实务（增订四版）[M]. 自印，1981：402.

公诉裁量权，决定将刑事案件合并或者分离起诉，不过这种权力大多并不带有终局性的效力，而且受到各种严格的约束。法院在案件如何进行审理的具体程序上仍然享有最终决定权。例如，在美国，即便案件被合并起诉，当事人仍然有提出分离动议的权利，但最后决定权在地区法院。①

最后，尊重我国立法和司法习惯。"审理"一词与"审判""裁判"等在内容上没有本质区别。但在我国长期的立法和汉语表达习惯上，"审判""裁判"等词，由于加上了"判"字，强调决定作用，所以会较多地展现出法院专属的决定性权能。诸如"审判权"、"审判机关"和"审判流程"等表述，都较为明显地突出了法院的特殊作用。这一差别很早就得到了学者的重视，我国近代刑事诉讼法的解释中就有权威观点认为，"裁判则专指法院之意思表示"。②虽然我们强调要坚持审判中心论，但并不只是单纯主张法院这单一诉讼主体的作用，坚持审判中心论也"应当将侦查和起诉程序作为前程序，而将审判程序作为主程序"。③相比之下，"审理"更能表达出案件处理的流程性，淡化了法院的单方控制程序的色彩。用"审理"比"审判"更加妥当。

此外，在我国司法立法和实践中，刑事合并与分离问题均不是法院的专属性研究课题，甚至在当前，我国有关侦查机关和公诉机关在并案和分案的某些具体制度性问题上的研究成果更为丰富。例如侦查机关的"另案处理"问题、检察机关的"分案起诉"问题，而这些研究都对我国刑事案件合并与分离审理的研究有着较大的启示。虽然侦查阶段和公诉阶段的合并与分离制度的重要性远不如审判阶段，但毕竟也是不可或缺的重要内容，值得专门研究。鉴于此，笔者更倾向于使用"审理"而不是"审判"或"裁判"，以表达对侦查阶段和起诉阶段相关问题研究的尊重。

（二）"合并与分离审理"概念的拓展

"一个概念的中心含义也许是清楚的和明确的，但当我们离开该中心

---

① Zafiro, 506 U. S. at 539.
② 夏勤. 刑事诉讼法释疑 [M]. 北京：中国方正出版社，2005：129.
③ 李心鉴. 刑事诉讼构造论 [M]. 北京：中国政法大学出版社，1997：251.

时它就趋于变得模糊不清了，而这正是一个概念的性质所在。"① 刑事案件合并与分离审理的中心含义并不难确定。但为了避免对概念的理解过于简单，笔者认为，有必要对刑事案件合并与分离审理的概念进行拓展解释，以有助于更好地理解这一重要概念，为下一步的研究打下基础。

首先，合并与分离的前提是案件具有单一性。刑事诉讼的主要目的之一是实现国家刑罚权，体现刑罚的处罚功能。② 在通常情况下，一个刑事诉讼程序的启动，应当是处理一个刑事案件，实现一个刑罚权。"诉讼，亦以一案件为其单位，即一案一诉是。"③ 但何谓"一案"，法律的界定并不明确。在实体法上，A、B两个人共同实施某一犯罪行为，构成共同犯罪，也许可以被称为一案。但在操作程序上，也可能因为司法机关的分案起诉而成为多起案件。"不同部门或不同的程序阶段对案件的计算和统计口径往往不尽一致，一般而言，判断案件及其数量常以是否属同一诉讼程序为标准……其间'一案'既有可能指一被告人的一个犯罪事实，也有可能指多被告人或多犯罪事实。"④ 据此，不同的被告人、不同的犯罪行为并不必然在一个刑事诉讼程序中进行合并审判。一个被告人、一个犯罪行为形成的一个诉，才是案件的原始起源。在刑事诉讼法中，只有在符合法律规定的某些情况下，才会出现将几个本应独立审理的刑事案件合并在一个审判程序中进行审理的情况，与这一现象相关的就是刑事案件合并审理问题。当几个案件符合条件，可以合并为一个案件进行审理时，出现了法律规定的例外情形，相关主体应当或者可以将这种原本合并到一个刑事程序中的多个刑事案件分离成若干案件进行审判，这就是刑事案件分离审理。据此，

---

① 〔美〕E. 博登海默. 法理学：法律哲学与法律方法［M］.邓正来，译，北京：中国政法大学出版社，1999：487.
② 刑事诉讼的目的是诉讼法学界至今没有厘清的研究课题之一。但没有争议的是，实现刑罚权是进行刑事诉讼的主要目的之一。有关刑事诉讼目的之学说争论，参见〔日〕田口守一. 刑事诉讼的目的［M］.张凌，于秀峰，译，北京：中国政法大学出版社，2011：28-66.
③ 陈朴生. 刑事诉讼法实务（增订四版）［M］.自印，1981：87.
④ 王新清，李江海. 刑事案件并案诉讼思考［A］.樊崇义. 诉讼法学研究（10）［C］.北京：中国检察出版社，2006：270.

案件的合并与分离都是建立在对案件单一性的理解基础之上的，因此，刑事审判对象理论中的案件单一性问题是进行合并与分离审理的理论前提。

其次，合并与分离的程序由诉讼主体共同参与。如上文所述，刑事案件合并与分离审理以法院为主导，但必然是各诉讼主体共同参与的过程。我国诉讼程序中当事人程序参与不充分一直是司法实践的顽疾。在民事诉讼领域，早有学者感言，"在我国的审判实践中，是否属于诉的合并，主要是由法官依职权决定，当事人显得十分被动。在其他国家或者地区，则更多体现出当事人的意愿"。[①] 民事诉讼尚且如此，在国家公权力更加张扬的刑事诉讼中，当事人的作用历来被大幅压制，强职权主义诉讼模式的特征至今仍然非常明显。所以，我国进行合理的刑事案件合并与分离审理制度设计时，应当非常着重于强化当事人对诉讼程序的作用，强调当事人和国家司法机关的共同参与。

最后，合并与分离的依据应当是明确的法律规定。对刑事案件进行合并还是分离审理，绝不是简单的审判技巧问题。它不仅涉及打击犯罪和人权保障的诉讼价值平衡，而且还和宪法规定密切相关。在我国台湾地区陈××贪腐系列案中，在其配偶吴××涉嫌的两起案件能否进行合并审理的问题上，当事人、辩护人、当事法院、上级法院乃至社会民众及法学精英争议很大。我国台湾地区司法机构的"大法官会议"专门颁布了"大法官释字第665号宪法解释案"。台湾的"大法官意见"明确认为，刑事案件的合并与分离审理意义重大，这种行为对保障被告人受到公平对待的宪法性权利有着重大影响。[②] 为了保证这一程序实施的严谨性，世界上绝大多数国家和地区对刑事案件的合并与分离审理都作了严密周详的规定。但我国《刑事诉讼法》中基本没有提及合并与分离审理

[①] 张永泉. 民事之诉合并研究 [M]. 北京：北京大学出版社，2009：7.
[②] 吴××"国务费"案因与陈××贪污、洗钱案有牵连关系，所以台北地方法院决定将两案并案审理。法学界一般认为，并案后有助于统一法律见解，避免出现一罪两罚的状况，但陈××等辩护一方极力反对这种合并，认为此举严重违反所谓的"宪法"规定。参见凤凰网相关综合报道. 扁案并案审理-法界：可避免一罪二罚 [EB/OL]. http://news.ifeng.com/taiwan/1/200812/1226_351_940929.shtml，2012-01-01.

问题，司法解释中有关合并与分案审理的条款也存在大量缺漏。有学者直言，我国如此粗陋的立法规定，"根本无法规范司法实践中的合并与分离审理"。[①] 因此，本书认为，合并与分离一定要有法律依据，而且由于合并与分离的重要性，法律依据应当尽可能详尽，具有较强的可操作性。

三 近似概念辨析

刑事案件合并与分离审理是一个时间跨度较大的诉讼现象，以审判阶段为主，部分涉及刑事案件立案、侦查和起诉阶段。从研究的视角上，它虽然是一个独立的学术问题，但是也和现有一些研究内容有着较多的关联。故而，对刑事案件合并与分离审理近似概念的辨析，一方面有利于我们利用其他问题的研究成果，另一方面可以通过对比更加明晰合并与分离审理的内涵和价值。

（一）与牵连管辖关系辨析

在案件的合并与分离审理问题上，牵连管辖是与合并审理关系最为紧密的类似概念。何谓牵连管辖，我国《刑事诉讼法》中没有明文提及，仅有个别司法解释进行了原则性规定，但不少国家和地区立法中存在大量牵连管辖的内容。

在一些国家和地区的立法中，基本上都用法条或者判例的形式直接规定了刑事案件合并审理问题。对能够合并审理的案件，法律设定了比较严格的条件，最为常见的条件就是案件之间存在某种关联（牵连），大陆法系国家在立法中多有直接表述，《德国刑事诉讼法典》第 2 条的标题为"相牵连案件的合并与分离"，第 3 条的标题为"相牵连的定义"。《日本刑事诉讼法》第 3 条至第 8 条中多有"牵连案件的合并管辖"或"牵连案件的合并审判"的表述。在我国澳门特别行政区的《刑事诉讼法典》中，第一编第一章第二节的标题也是直接表述为"牵连管辖权"。

---

① 张泽涛.刑事案件分案审理程序研究——以关联性为主线［J］.中国法学，2010，(5)：144.

由于牵连性是引发案件进行合并审理的主要条件，而且大部分的合并审理发生在庭审前的管辖权确定阶段，所以不少大陆法系学者在论述时将刑事案件合并审理的问题表述为"牵连管辖"问题。譬如蔡墩铭教授就用"牵连管辖"作为阐释案件合并审理的章节的标题。①陈国庆博士的《刑事诉讼中的牵连管辖》②，谢佑平教授、万毅教授的《刑事诉讼牵连管辖制度探讨》③等文章标题中也是用"牵连管辖"来论述刑事案件合并审理问题。陈国庆博士甚至还将牵连管辖的范围进一步扩大，用其来包含所有刑事案件合并审理问题："牵连管辖是指多个案件根据立案管辖、级别管辖和地域管辖本应由不同机关受理或者审判，但因案件之间具有内在的特定关系而可以合并立案侦查、起诉和审判的制度。"

笔者认为，和牵连管辖一样，刑事案件合并审理同样也有着一种牵连状态的出现。但至少从三个角度分析，我国刑事案件合并审理与牵连管辖并不是同一问题。在学术研究价值上，合并审理是一个司法实践中极其重要的研究课题，国内外立法和理论给予了很多的关注，但是牵连管辖却是一个冷僻的研究内容，甚至其独立存在的价值都没有得到学界的认同；在问题覆盖范围上，两者之间是一种包含与被包含的关系，合并审理的研究范围远大于牵连管辖；在两者的逻辑关系上，牵连管辖是"因"，合并审理是"果"，牵连管辖可以引发案件的合并审理。研究刑事案件合并审理必然要研究牵连管辖，但不能将刑事案件合并审理问题与牵连管辖的研究进行混同，更不适宜用牵连管辖来包含合并侦查、合并起诉与合并审判等诸多内容。具体理由如下所述。

一方面，牵连管辖本身不是一个我国立法和实践重点关注的学术概念，其法律地位较低，很多问题没有厘清。④在现有立法中，只有最高人

---

① 蔡墩铭. 刑事诉讼法概要（增订七版）[M]. 台北：三民书局股份有限公司，2005：50.
② 陈国庆. 刑事诉讼中的牵连管辖 [A]. 陈光中，江伟. 诉讼法论丛（1）[C]. 北京：法律出版社，1998：90.
③ 谢佑平，万毅. 刑事诉讼牵连管辖制度探讨 [J]. 政法学刊，2001，(1).
④ 一些较新的刑事诉讼管辖专著对本问题基本没有论及。参见张曙. 刑事诉讼管辖制度研究 [M]. 北京：法律出版社，2020.

民法院《解释》第15条规定了不同级别法院之间出现管辖权竞合时，案件由上级法院进行合并审理，这属于牵连管辖的规定，但这也是我国立法仅有的规定。该条文本身比较抽象、法律位阶较低，而且立法不全面（仅规定了级别管辖中的牵连，但对地域管辖中的牵连管辖没有规定）。最为重要的是，在立法者的思路中，牵连管辖只是作为特殊级别管辖的一种形式出现，并不是一种独立的管辖方式。

也正是因为这一原因，我国学界对牵连管辖的研究比较浅显。当前各种常用刑事诉讼教材中，都将"管辖"作为一个完整章节单独论述，但在体例安排上，大致都是按照如图1-1所示的体系进行论述，只是在级别管辖内容中提及牵连管辖，不会专门论及牵连管辖的概念、地位和作用等，基本上不会出现牵连管辖的字眼。[①]

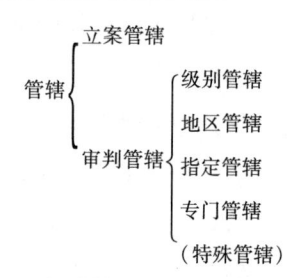

```
          ┌ 立案管辖
          │          ┌ 级别管辖
管辖 ─────┤          │ 地区管辖
          │ 审判管辖 ┤ 指定管辖
          │          │ 专门管辖
          └          └（特殊管辖）
```

图1-1 常用刑事诉讼教材中的"管辖"体系

资料来源：笔者根据常用刑事诉讼教材整理而成。

与立法规定的缺失相对应，我国学界对牵连管辖的研究也并不深入。据笔者在中国知网上进行的不限年限的检索，截至2023年3月15日，标题中含有"牵连管辖"的文章仅有九篇。根据《中华法学大辞典·诉讼法学卷》中的解释，牵连管辖亦可解释为"联带管辖"，但"联带管辖"的使用频率更低，以它为关键词在中国知网的"篇名"项中进行搜索，

[①] 陈光中，徐静村. 刑事诉讼法学（修订二版）[M]. 北京：中国政法大学出版社，2002；陈光中. 刑事诉讼法（第三版）[M]. 北京：北京大学出版社，高等教育出版社，2009；程荣斌. 刑事诉讼法（第三版）[M]. 北京：中国人民大学出版社，2009；姚莉. 刑事诉讼法学[M]. 北京：北京大学出版社，2009；谢佑平. 刑事诉讼法学[M]. 上海：复旦大学出版社，2002.

符合条件的文章为零。与此同时，在我国较新的刑事管辖权综述性的代表性著作中，对牵连管辖的内容也基本没有论及。①

因此可以认为，学者们并不认同牵连管辖的重要性，至少并不认同将牵连管辖作为一个学术问题进行独立研究的必要性。在这种背景下，学界有关牵连管辖的概念、内涵和作用等重要问题的研究还很不充分。而与此相对应，刑事诉讼中合并审理在立法和实践上的重要性在前文已经略有提及，在下文的价值论述中将会进一步阐释。并且我国的学者对这一问题的研究近年在逐渐深入，前文的文献综述中已有说明。在这种情况下，试图用牵连管辖这一学术位阶较低的概念来描述刑事案件合并审理这一学术位阶较高的问题，并不符合理论研究的一般逻辑。

另一方面，刑事案件合并审理的内涵远大于牵连管辖。在当前我国学者对牵连管辖所下的定义中，谢佑平教授和万毅教授的观点比较具有代表性："所谓牵连管辖制度，指的是本属于不同法院管辖的数个案件，因为相互之间存在事实上的关联性而由其中一个法院对所有案件合并管辖、合并审判的一项诉讼制度。"② 这一概念吸收了德国、日本等国的立法规定，较好地体现了牵连管辖的"牵连性"这一根本属性。这种概念揭示出的牵连管辖的内涵远小于刑事案件合并审理的内涵。譬如，该概念定义的牵连管辖的前提是不同法院对案件均有管辖权，在此基础之上论证案件合并审理问题。③ 但这忽略了同一法院对不同刑事案件能否合并审理的情况。④ 此类案件在实践中是客观存在的，并不罕见，显然也是刑事案件合并审理

---

① 参见高秀东.刑事管辖权专题整理 [M].北京：中国人民公安大学出版社，2010.
② 谢佑平，万毅.刑事诉讼牵连管辖制度探讨 [J].政法学刊，2001，(1)：20.
③ 彭剑鸣.刑事诉讼牵连管辖中的当事人的权利救济 [J].贵州民族学院学报（哲学社会科学版），2002，(1)：81；陈国庆.刑事诉讼中的牵连管辖 [A].陈光中，江伟.诉讼法论丛（1）[C].北京：法律出版社，1998：90.
④ 如："一被害人在同一个晚上分别被3个互不通谋的犯罪分子在不同地点和时间实施了强奸。公安机关同时侦破，检察院以一个案件起诉，法院是作一案审理还是分案审理？"从检察院以一起案件起诉可以推知三起案件应当发生在较小的区域，某法院应当同时拥有这三起案件的管辖权。参见最高人民法院研究室《关于同一被害人在同一晚上分别被多个互不通谋的人在不同地点强奸可否并案审理问题的电话答复》.

的重要内容之一。但是就我国学者对牵连管辖的一般理解而言，牵连管辖并不包含这种情况。

此外，牵连管辖属于管辖，而管辖的讨论时间是在案件正式开庭审理之前，这一限制决定牵连管辖不能反映出审判过程中发生的合并审理问题，例如，刑事案件审理过程中的追加起诉问题、日本刑事诉讼法中有着重要地位的辩论程序分离与合并问题等。实际上，日本刑事诉讼法认识到了管辖对审判过程中案件合并审理处理是乏力的。故而在该国法典第3条至第8条中，既罗列了"牵连案件的合并管辖"的标题及内容，又规定了"牵连案件的合并审判"的标题及内容。

故而，笔者认为，牵连管辖是管辖阶段刑事案件合并审理的重要内容，刑事案件合并审理的内涵应当远大于牵连管辖，讨论牵连管辖必然要将其放置于刑事案件合并审理问题的研究中才有实际意义。上文论述中有著者认为牵连管辖包含了"合并立案侦查、起诉和审判的制度"等诸多内容，这已经使牵连管辖的内涵超越了管辖的范围，具有明显不合理性，所以不影响本书有关合并审理与牵连管辖之间关系的界定。

（二）与竞合（合并）管辖关系辨析

在我国法学辞典中，合并管辖是指"数法院对同一案件均有管辖权，合并一法院审判"。① 在竞合（合并）管辖的具体内容上，学者之间的观点并没有什么本质差别。我国台湾地区学者张丽卿认为，"同一案件，因事务管辖或土地管辖之不同，而有数法院管辖该案件时，依照第八条办理，即所谓竞合管辖"。② 这和大陆学者对这一概念的通常表述别无二致。

和牵连管辖类似，竞合（合并）管辖中也存在案件的牵连性关系。陈朴生教授认为，我们可以将"不同一案件相牵连者，曰牵连管辖"，"同一案件相牵连者，曰竞合管辖"。③

---

① 陈光中.中华法学大辞典·诉讼法学卷［M］.北京：中国检察出版社，1995：296.《北京大学法学百科全书》等辞书中的定义大致也是如此。
② 张丽卿.刑事诉讼法理论与运用［M］.台北：五南图书出版股份有限公司，2007：69.
③ 陈朴生.刑事诉讼法论（第六版）［M］.台北：正中书局，1970：24.

刑事案件合并审理与竞合（合并）管辖之间的关系认定并不困难。合并审理的前提是存在可"合并"的对象，换言之，对象不止一个。前文论及的牵连管辖也是存在多起案件。在这一方面，竞合（合并）管辖和牵连管辖有着明显不同，因为竞合（合并）管辖出现的前提是"同一案件"。不过竞合（合并）管辖的"同一"只是诉讼法上的"同一"，在实体法上，竞合（合并）并不"单一"。竞合（合并）管辖之所以存在，主要是因为刑事实体法上会出现大量实质上或处断为一罪的案件，如连续犯、牵连犯、继续犯和想象竞合犯等，这才可能会产生多个法院享有管辖权的情况。譬如，犯罪人A乘坐一辆公交车，在公交车行驶经过三个县区的一个多小时过程中，分别窃取了三名被害人的财物，每一次盗窃都达到了独立构成犯罪的条件。根据现有管辖规定，途经的三个县区法院都享有案件的管辖权，出于诉讼效率等因素考虑，最终由一个法院合并审理这三个盗窃行为。此种情况就属于竞合（合并）管辖。

可以看出，刑事案件竞合（合并）管辖也会导致案件的合并审理，这种合并审理的出现是刑事实体法的原因。当然，刑事案件合并审理远不止这一种。因此我们可以认为，竞合（合并）管辖和牵连管辖相类似，都可以被包含在刑事案件合并审理问题中，作为刑事案件合并审理的一部分进行研究。

（三）与共同诉讼关系辨析

学者在进行学术研究的时候，借鉴相邻学科的研究成果是一种常见的研究方法。由于刑事诉讼和民事诉讼天然的共通性，刑事诉讼法许多研究可以在民事诉讼中找到近似的内容。刑事案件合并与分离审理同样如此，民事诉讼中的共同诉讼制度就可以给刑事案件合并与分离审理研究带来有益的参考。

共同诉讼是民事诉讼中一种常见的诉讼形态。"诉讼法承认这种诉讼形态的目的在于，通过数个当事人同时收集诉讼资料并同时进行审理，可以节省法院与当事人的时间与劳动，而且也可以避免出现不同法院做出的裁判相互抵触的情形。"① 至于共同诉讼的内涵，高桥宏志教授的观点比较有代表性，狭义的共同诉讼概念为，"在一个诉讼程序中，涉及数个原告或数个被告的诉讼形态称为共同诉讼"；而新堂幸司教授认为，广义的共同诉讼还包括主观的追加合并（引入当事人）、主观的预备性合并。② 而从学界对民事共同诉讼的目的、形式和内容的理解来看，可以认为，"共同诉讼是诉的合并的一种形式，属于诉的主体合并之范畴"。③ 我国民事诉讼中有关共同诉讼的立法也是从这一点进行规定的。④

和民事诉讼共同诉讼研究的蓬勃景象相比，刑事诉讼中同类问题的研究非常缺乏。本书主题为刑事案件合并与分离审理研究，主要内容包括被告人的合并分离与罪行的合并分离。从这个角度看，民事诉讼中共同诉讼的内容至少将会对我们研究被告人的合并分离问题带来非常有意义的启示。即便是在对罪行的合并与分离的研究中，民事诉讼中诸如必要共同诉讼和普通共同诉讼之分中界定诉讼标的的方式方法等，也非常值得刑事诉讼学习和借鉴。实际上，基于两大诉讼在诉权、诉讼标的（审判对象）等基本原理上存在较多的共同点，民事共同诉讼背后的诉的合并原理会给本书的论证提供更多有力的理论支撑。

虽然我们可以学习民事诉讼先进理论成果，但同时也要注意刑事诉讼和民事诉讼在诉讼目的、诉讼价值、诉讼原则和所依托的实体法等诸多方面有着本质差别。因此，刑事诉讼中的被告人的合并与分离审理不可能演变成刑事诉讼中的"共同诉讼"制度。这是由两大诉讼的本质区别所决定的，同时也是由民事诉讼中共同诉讼制度本身的研究特点所决定的。具体而言，在借鉴民事共同诉讼研究成果时，要注

---

① 张卫平，陈刚. 法国民事诉讼法导论［M］.北京：中国政法大学出版社，1997：55.
② ［日］高桥宏志. 重点讲义民事诉讼法［M］.张卫平，等译，北京：法律出版社，2007：182.
③ 常怡. 比较民事诉讼法［M］.北京：中国政法大学出版社，2002：366.
④ 《中华人民共和国民事诉讼法》（以下简称《民事诉讼法》）第55条第1款规定："当事人一方或者双方为二人以上，其诉讼标的是共同的，或者诉讼标的是同一种类、人民法院认为可以合并审理并经当事人同意的，为共同诉讼。"

意以下问题。

一方面，当前学界对共同诉讼的研究视野比较狭窄，共同诉讼与诉的主体合并之间几乎画上了等号，有关诉的客体合并分离的研究成果相对较少。原本诉的主体合并与共同诉讼之间存在一定的区别，"前者（诉的主体合并）乃由数原告或数被告所构成之数诉合并，后者（共同诉讼）则系合数人为一原告或一被告之一个诉讼"，"因学说上对允许为共同诉讼之条件，渐采松缓态度，终致共同诉讼与主观的诉之合并之界限，遂以不清"。① 而刑事诉讼中，数个犯罪行为（诉的客体合并）之所以能在一个程序中进行审判的问题，必然是刑事案件合并与分离审理的研究重点，不能有任何轻视。从这一角度来看，刑事案件合并与分离审理的研究内容和共同诉讼有较大不同，我们不能重蹈民事诉讼中共同诉讼的覆辙。

另一方面，民事诉讼中共同诉讼和刑事诉讼合并审理的关注重点有差别。刑事诉讼研究合并与分离审理问题要兼顾"打击犯罪，保障人权"两大基本指导思想，刑事诉讼程序对当事人诉讼人权保障的关注程度要高于民事诉讼。在进行合并与分离审理的制度设计时，刑事诉讼会较多考虑当事人的因素（主要是被追诉人权利保障），特别是在分离审理问题的研究中，被告人人权保障占有较多的权重。而在民事诉讼中，虽然共同诉讼也强调对当事人诉权的尊重和保障，但从制度的设计上看，诉讼效率等非人权因素所占的比重显然会较刑事诉讼更加多一些。

此外，由于所依托实体法的区别，两大诉讼法在制度设计上必然会有一些由实体法引发的差异。譬如《民事诉讼法》第55条第2款规定："共同诉讼的一方当事人对诉讼标的有共同权利义务的，其中一人的诉讼行为经其他共同诉讼人承认，对其他共同诉讼人发生效力；对诉讼标的没有共同权利义务的，其中一人的诉讼行为对其他共同诉讼人不发生效力。"这种必要共同诉讼和普通共同诉讼之分，在刑事诉讼中就并不存

---

① 吕太郎. 民事诉讼之基本理论（一）[M]. 北京：中国政法大学出版社，2003：61+63.

在。而在刑事案件合并与分离审理方面，刑事实体法规定带来的想象竞合犯、牵连犯和吸收犯等合并与分离审理内容，在民事诉讼共同诉讼中也没有对应的研究。

第二节 合并与分离审理的分类

一 主体、客体与混合之合并与分离审理

主体、客体与混合之合并与分离审理是最为基本的分类方法。在民事诉讼中，诉的合并已经有了比较成熟的研究观点，学界对这种分类形式已经形成了共识。诉的主体合并，是指将一方或者双方为二人以上的当事人合并于同一诉讼程序进行审理和裁判；诉的客体（客观）合并，一般认为是指人民法院将当事人一方向法院提出的数个独立的诉讼请求予以合并审理；诉的混合合并，是指人民法院将数个诉讼主体相互间存在牵连的数个独立的诉予以合并审理。[①]

刑事诉讼中，直接与诉的合并与分离相关联的研究成果并不多见。但从刑事审判对象角度对诉进行研究的成果却比较丰硕。在立法比较成熟的国家，法律对合并与分离的对象——"刑事案件"在进行解构时，基本上都认同，犯罪主体和案件行为（客体）是构成刑事案件的两大基本因素。如，在认定案件是否同一时，法国刑事诉讼法中要求两次追诉之间，诉讼标的、诉讼当事人与诉讼原因（理由）均应是"同一"的。[②] 其中提到了"标的"和"当事人"是区分不同刑事案件的重要因素。日本刑事诉讼理论认为，"通过起诉书中明确记载的特定诉因，来明确作为法院审判对象的犯罪事实，同时也明确了被告人的防御对象"，"公诉事

[①] 张永泉. 民事之诉合并研究 [M]. 北京：北京大学出版社，2009：12.
[②] 〔法〕卡斯东·斯特法尼，等. 法国刑事诉讼法精义 [M]. 罗结珍，译，北京：中国政法大学出版社，1999：880－882.

实的同一性是指，同一的犯人、同一的犯罪"①，其中更是直接提到了"犯人"和"犯罪"这一组概念。即便是在英美法系国家，"合并与分割"也是以"罪行"和"被告人"为标准实施的。②

从各国的立法来看，我们可以认为，和民事诉讼中有关诉的合并种类划分相类似，刑事诉讼中，也存在主体和客体两大基本要素的合并与分离。"由于国家刑罚权系针对特定被告（犯人）之特定犯罪事实而发，因此，案件之内容，由被告与犯罪事实两个部分所构成"，"一被告之一犯罪事实，成为一案件；其他情形，无论数被告或数犯罪事实，皆为数案件"。③ 在具体表现上，刑事案件中出现的共同犯罪、一人犯数罪等情形，都是刑事案件的合并审理及分离审理问题的不同类型。其中，多个被告人参与实施一个犯罪事实的案件，即可认为是主体的合并与分离审理；一个主体实行数个犯罪事实的案件，即可认为是客体的合并与分离审理；而多个主体实行数个犯罪事实的案件，即可认为是混合的合并与分离审理。三种情况在刑事司法实践中都较为常见。

二 案件系属前与系属后之合并与分离审理

案件系属（诉讼系属）在程序中有着非常独特的地位。"所谓诉讼系属是指，因起诉而使有关诉讼案件处于法院对其进行审理和裁判的一种状态……系属可产生多种法律上的效果，包括法院管辖恒定的效果、当事人恒定的效果、当事人起诉的诉讼标的仅在特别条件下才能够得以变更或追加的效果以及禁止重复起诉的效果。"④ 案件系属一旦确立，则会将案件交付于某一固定法院，确立了案件的管辖权，排除了其他法院的

---

① 〔日〕田口守一. 刑事诉讼法（第七版）[M]. 张凌，于秀峰，译，北京：法律出版社，2019：400+411.
② 〔美〕约书亚·德雷斯勒，爱论·C. 迈克尔斯. 美国刑事诉讼法精解（第二卷·刑事审判）[M]. 魏晓娜，译，北京：北京大学出版社，2009：131-138.
③ 林钰雄. 刑事诉讼法（上册总论编）[M]. 北京：中国人民大学出版社，2005：196.
④ 毕玉谦. 民事诉讼起诉要件与诉讼系属之间关系的定位 [J]. 华东政法大学学报，2006，(4)：62.

管辖权。同时在程序上会产生一事不再理的实际效果，国家司法机关会丧失对同一案件再追诉的法律依据。案件系属前后均存在刑事案件合并与分离审理的情形，其中系属后的合并与分离审理是本书的研究重点。

在大部分情况下，刑事案件系属之前的阶段不属于诉讼法意义上的"案件审理"的时间范畴，但这一阶段的很多行为在内容上和合并与分离审理存在密切关联。这个时间段主要包含了我国诉讼阶段中的侦查阶段和起诉阶段。在这两个诉讼阶段，法律对案件进行合并或分离处理的法律要求较低，司法机关可以比较随意地对案件进行合并或者分离处理。学界也不太认同对这些时期案件合并与分离处理进行严格约束的必要性。譬如，侦查阶段基本没有牵连管辖的研究成果，大陆法系国家和地区对侦查阶段有无管辖权问题，甚至都还存在很大的争议。[①] 当然，侦查阶段和起诉阶段案件的合并与分离处理也并不是完全不需要法律的规制。"一般来说，判决行为更注重形式上的确定性，或者说是法的安定性，而判决以外的行为则更重视行为具体的正当性。"[②] 这两个诉讼阶段的案件合并与分离处理是否正当，自然应当有一定的客观标准进行参照。侦查阶段和起诉阶段司法机关对刑事案件的合并与分离处理，可以对审判阶段的合并与分离审理产生极大的影响。"实践中，应当并案而未予并案的诉讼，大多是在侦查阶段未合并侦查而产生的。"[③] 出于这种原因，在研究刑事案件合并与分离审理的内容时，有必要对案件系属前的案件合并与分离处理进行一定的研究。

从内容上看，案件系属之后的案件合并与分离是问题研究的重点部分。案件系属后，法律对案件合并与分离审理的要求变得十分严格。几乎所有国家和地区的立法中都规定，在此阶段对案件进行合并或分离审理必须要满足一定的条件。我国台湾地区"刑事诉讼法"第6条第2款和第3款明文规定，当案件已经系属之后，无论是要移送到同级法院还

[①] 参见邢浩南. 刑事诉讼法争点三合一 [M]. 台北：新保成出版事业有限公司，2007：145.
[②] 宋英辉. 刑事诉讼原理 [M]. 北京：法律出版社，2003：198.
[③] 韩爱丽. 对并案侦查问题应完善相关规定 [N]. 检察日报，2009-02-06 (03).

是上级法院进行合并审理，都必须用裁定方式，体现了程序上的严格要求。与此相对应，第6条第1款中，在案件没有发生系属之前，如果发现需要合并审理的，法条仅仅粗略规定为"得合并由其中一法院管辖"，对处理方式没有严格要求。这一部分的合并与分离又可以分为管辖阶段的合并与分离审理和审判过程中的合并与分离审理。

总而言之，将刑事案件合并与分离审理划分为系属前和系属后两个部分，有利于我们区分问题研究的主次，进一步认识审判阶段合并与分离审理的重要性。在案件系属前发生的案件合并与分离处理，虽然也是本书"刑事案件合并与分离审理"讨论的主题范围，但更多的还是属于合并与分离立案、侦查和起诉的内容。故而，本书的重点将会放置在系属后的案件合并与分离审理的研究上。

三 终局性与暂时性之合并与分离审理

终局性之合并与分离审理有两种情形。第一种情形是，在案件进入审判阶段之初，刑事案件可以通过牵连管辖、合并管辖等方式进行合并审理。此后，如果没有其他情形，则案件的合并将会一直成立，直至审理终结、进行宣判。第二种情形是，如果某一刑事案件起初是进行了合并审理，但是在审判过程中如果出现不宜合并审理的情形，则案件可能会被分离审理，同样直至案件宣判为止。这两种情况因为合并决定或分离决定对案件的审理方式有着终局性的影响，故而被称为终局性之刑事案件合并与分离审理。刑事案件中大部分的合并与分离审理都是这种情形。

在大陆法系国家和地区，刑事案件中共同被告口供的证据能力及调查程序一直是刑事庭审中的难题。为了解决这一问题，德国诉讼实务中发展形成了"暂时性分离模式"，[①]《日本刑事诉讼法》第313条第2款和《刑事诉讼规则》第210条都也都有类似的规定，如"辩论的分离与合并"，该程序内容是"合并数个被告人的辩论时，各个被告人就称为共同被告人。

---

① 林钰雄.刑事诉讼法（下册各论编）[M].北京：中国人民大学出版社，2005：383.

一旦将共同被告人的程序分离，就涉及询问证人以及此后的合并程序问题"。[①] 2003 年，我国台湾地区"刑事诉讼法"修订时也引入了这一制度，因为在证据调查和辩论程序中出现短暂的分离审理之后，可以再次进行合并审理，所以这一制度被学者称为暂时性之合并与分离审理。[②]

终局性之合并与分离审理是典型的刑事案件合并与分离审理。而暂时性之合并与分离审理在内容上并不是真正地将一个案件分割为两个或两个以上的审判程序进行，更像是为了达成一定的诉讼目的，对刑事庭审过程进行的技巧性变动。在我国刑事司法实践中，也有不少类似的情况。譬如，同一案件的多名被告人在不同的审判地点，甚至不同的审判时间进行审理，最终用一个判决书作出了判决。这其实也可以被看作暂时性之合并与分离审理。

终局性之案件合并与分离审理是我国研究的重点内容，是一般意义上的刑事案件合并与分离审理的研究范畴。暂时性之案件合并与分离审理对我国来说是一个新的研究领域，也应当加以重视和关注。

四　同一类型与不同类型之案件合并与分离

在大多数情况下，研究刑事案件合并与分离审理问题有一个基点，即不同案件属于同一类型。这里的同一类型包括同一诉讼阶段、同一诉讼程序、同一诉讼性质等多种内容。例如，A 被告人涉嫌构成故意杀人罪正处于一审阶段，庭审时同时查明 A 被告人在被抓获前还犯有故意伤害罪，则对这两起案件能否进行合并审理，即便法律规定并不明确，我们还是可以有较大的讨论余地。但是如果 A 犯罪嫌疑人涉嫌的故意杀人罪正处于一审阶段，同时其牵涉的另一起故意伤害案启动了再审程序，则这个处于再审阶段的故意伤害案与处于一审阶段的故意杀人案能否进

[①] 〔日〕田口守一. 刑事诉讼法（第七版）[M]. 张凌，于秀峰，译，北京：法律出版社，2019：287 - 288.
[②] 这一概念分类在陈运财教授的文章中有详细论述，参见陈运财. 共同被告人之调查 [J]. 律师世界，2003，(7)：116.

行合并审理，大部分学者恐怕会直接给予否定的回答。在案件能否牵连管辖的问题上，几乎所有学者都认为不同案件进行合并审理必须要具备一定的前提条件。例如，台湾学者张丽卿教授认为，相关联案件能够进行合并审判，必须符合以下条件：审判权相同，即符合专门管辖的规定；诉讼程序相同，即简易程序与普通程序之间不能合并；诉讼程度相同，即已判决案件与未判决案件不能合并。① 还有学者认为，牵连管辖必须符合以下条件：刑事审判管辖权的性质必须相同；刑事诉讼程序的性质必须相同；刑事诉讼的阶段相同。②

学者们认为刑事案件牵连管辖必须具备"同一类型"这一特定条件，这种观点具备一定的合理性。如果案件性质相同，又属于同一类型，那么它的合并与分离审理问题则少了很多法理和操作上的障碍。但由于各国立法和实践对不同类型的案件能否合并审理并没有统一和成熟的法律标准，则不同类型的刑事案件能否进行合并审理，值得我们进一步细化研究。

我国的立法并没有严格要求只有同一类型的案件才能进行合并审理。在刑民交叉、公诉与自诉、刑事自诉与其中的反诉等案件中，它们有一个共同的特点，即涉及的法律程序比较复杂，例如刑民交叉案件，涉及刑事案件和民事案件的交叉；公诉案件和自诉案件，涉及不同性质案件的合并审理。基于诉讼效率等因素的考虑，如果在法律上对这些不同种类的案件简单地分案处理并不现实。譬如，对于同一审判时间段涉及同一被告人的公诉案件和自诉案件的问题，基于诉讼效率的考虑，最高人民法院《解释》第324条规定："被告人实施两个以上犯罪行为，分别属于公诉案件和自诉案件，人民法院可以一并审理。对自诉部分的审理，适用本章的规定。"当然，也不可能对这些不同类型案件都进行合并审理。例如，虽然立法规定了刑民交叉案件有着刑事附带民事诉讼的合并审理处理方式，学界通说仍然认为，刑民交叉案件是分案还是并案处理，

---

① 张丽卿. 刑事诉讼法理论与运用 [M]. 台北：五南图书出版股份有限公司, 2007: 80.
② 谢佑平, 万毅. 刑事诉讼牵连管辖制度探讨 [J]. 政法学刊, 2001, (1): 21.

这是一个需要慎重区别对待的问题。①

故而，当我们在习惯于以同一类型刑事案件为研究蓝本进行相应制度设计时，也应当注意对不同类型刑事案件合并审理的可行性分析。

第三节　刑事案件合并与分离审理的历史发展

和其他诉讼制度一样，诉讼法理论上对刑事案件合并与分离审理的认识有一个不断发展的过程。由于审判实践的需要，很早就出现了刑事案件合并与分离审理现象。在理论研究中，刑事案件合并与分离审理受到民事诉讼之中诉的理论较大的影响。当前世界各国的刑事案件合并与分离审理的基本框架，是在第二次世界大战以后才确立的。

一　罗马法时期的合并与分离审理

在罗马法时期，对诉讼理论的研究还不发达。刑事案件为什么要合并或者分离审理，为什么能够合并与分离审理等问题实际上是"如何进行诉讼"的问题，这和"为何可以进行诉讼"等诉的基础理论问题一起，是学者经常讨论的内容。

在研究对象上，很多刑事诉讼问题和民事诉讼混同。刑事诉讼的研究附属于民事诉讼。在古罗马时期，人们已经认识到民事诉讼和刑事诉讼之间是有区别的，例如，根据查士丁尼的《法学总论》第四卷第六篇和第十八篇的表述，在诉讼启动方式上出现了"诉权"引发的诉讼和"公诉"引发的诉讼两种类型。但整体而言，当时的犯罪行为还被认为是一种民法上的侵权行为，"所有文明制度都一致同意在对国家、对社会所犯的罪行和对个人所犯的罪行之间，应该有所区别，这样区别的两类损害，我称之为犯罪和不法行为，虽然我并不认为这两个名词在法律学上

---

① 可参见研究刑民交叉的两篇博士学位论文。董秀婕. 刑民交叉法律问题研究［D］. 长春：吉林大学，2007；徐艳阳. 刑民交叉问题研究［D］. 北京：中国政法大学，2009.

是始终这样一致应用的。古代社会的刑法不是'犯罪法';这是'不法行为'法,或用英国的术语,就是'侵权行为法'"。①

在古罗马时代早期,案件的合并与分离审理执行方式比较简单。"在最古老的时期均同一种严格的形式主义相符合。早期人曾表现出一种对形式的特别追求,这同当时的法所含有的宗教成分有关,同时早期人还具有在形式问题上的灵活性,因而他们的形式灵活地体现着对各种法律形势的确定。"② 正是因为罗马法坚持着诉讼形式的近乎刻薄的严谨性,所以他们坚持的是一种最基本诉讼逻辑,根据学者的总结,即"罗马法规定的诉讼结构是一对一的形式,复数主体诉讼和诉讼标的的合并是被禁止的"。③

但时间证明,罗马法中一人一事构成一起案件,然后安排一个起诉和一个审判的立法设想不可能在操作中得到很好的执行,因为这种方式明显并不经济,会让裁判系统不堪重负。特别是根据当时的法律,诉的请求必须要划分得很细,这更是给诉讼带来了极大的负担。基于侵权行为发生的诉讼,有时只是为了取得罚金,有时除了罚金外,还要求追回该物,罗马法认为这两者之间是有区别的,因为前者只是对物的诉讼,而后者则是一种混合诉讼。而在涉及盗窃的诉讼中,诉讼会因为请求的不同而表现得更加复杂,要分成几种情况进行讨论。"提起盗窃之诉,目的只是取得罚金;因为不论是四倍,如属于现行盗窃,或是加倍,如属于非现行盗窃,总之都是罚金,至于盗窃物本身,失主对被窃物占有人,不论是窃取者本人或其他人,都可以主张自己是所有人而另行起诉追回。除此之外,还可对窃取者提起请求返还之诉。"④ 从这段表述可以看出,在一个简单的盗窃引发的刑事诉讼中,就可能涉及"取得罚金之诉"、

---

① 〔英〕梅因. 古代法 [M]. 沈景一, 译, 北京: 商务印书馆, 1959: 236.
② 〔意〕朱塞佩·格罗索. 罗马法史 [M]. 黄风, 译, 北京: 中国政法大学出版社, 1994: 116.
③ 李仕春. 诉之合并制度研究 [A]. 陈光中, 江伟. 诉讼法论丛 (5) [C]. 北京: 法律出版社, 2000: 345.
④ 〔罗马〕查士丁尼. 法学总论——法学阶梯 [M]. 张企泰, 译, 北京: 商务印书馆, 1989: 210.

"追回之诉"和"请求返还之诉"等几种诉的类型。此种情况下，进行诉讼的复杂程度是可想而知的。

这种落后的诉的分类规定给当时的裁判机关带来了很大的诉讼压力。《法学总论》第四卷第十六篇专门规定"对健讼者的罚则"，反映了当时的统治者并不能容忍大量诉讼带来的各种负担，还可以从侧面印证，严格禁止诉讼合并的立法已经给司法系统带来了很多诉讼效率方面的弊端。并且，这种情况在古罗马存在的时间并不晚，"必须指出，制定和维护法律的人向来非常注意防止人们草率地进行诉讼，这也是朕所关心的"。[①]

穷则思变，尽管罗马法时期有关诉的基础理论研究仍然混乱不清，但为了摆脱机械的"一人一事一诉一审"引发的效率低下的窘迫局面，罗马法开始尝试在"如何进行诉讼"这一问题上采用一些高效而实用的做法。譬如，出现了诉的主观合并，根据雉本朗造博士的研究，在公元2世纪前后，在具有"公力及私力救济两性质之通常诉讼程序，当事人于法务官之监督下，选任推事一人而受审判者，固已允许；即于帝政树立后，纯系公力救济之职权审理程序（即特别审理程序），当事人受皇帝或同一官吏审判者，亦莫不承认其合并"。并且在当时，法律将是否进行合并的决定权赋予了法官，"惟是否合并，要以程序之缩短化、简易化为考虑，而法务官或官吏自由裁量，其权限甚大"。[②] 可以想象，在法官享有较大合并裁量权的情况下，出于"程序之缩短化、简易化"的考虑，法官当然愿意进行大量的合并审理。只是由于时代的局限性，虽然这种合并审理现象大量存在，但是法律对合并审理的具体规定并不详尽。

二　中世纪的合并与分离审理

罗马法的影响非常深远。在相当长的时间里，世界各国民事诉讼和刑事诉讼的主要操作理念和操作方法一直差别不大。中世纪，西方国家

---

① 〔罗马〕查士丁尼. 法学总论——法学阶梯［M］. 张企泰，译，北京：商务印书馆，1989：236.
② 吕太郎. 民事诉讼之基本理论（一）［M］. 北京：中国政法大学出版社，2003：62.

立法中仍然认为犯罪在相当程度上是对个人的侵害。这种实体法中犯罪带有私法性质的观念，自然而然地促成了刑事程序中存在大量类似于民事程序法中的做法。"与现代的民事程序法相似，按照中世纪的刑事程序法，只有受害人起诉（自诉），才能引致程序的开始，被告人的供言无须审查即作为真实而被暂时接受（形式的真实），对争执的事实须由当事人提出证明予以确认（当事人举证责任）。"①

时间发展至中世纪中后期，教会法在大陆国家中占据了重要地位，以往的弹劾式诉讼模式被抛弃，各国开始实施纠问式诉讼模式。这种诉讼构造中，法院可以主动追究犯罪，被告人是诉讼客体，允许刑讯逼供，在证据制度上用法定证据制度排除了神明裁判。

在大陆法系，尽管诉讼模式已经发生了结构性的变化，但在审判的合并与分离上，仍然保留了古罗马时期的诸多特点。法律对诉的合并并不提倡，但是司法实践中仍然大量存在这种诉讼现象。实际上，纠问式的诉讼模式及证明制度并不适合案件的合并审理，"如果允许同一诉讼程序上有多数当事人的合并存在，当事人彼此之间提出的事实主张和证据相互交错甚至矛盾，则会使法院无论是认定事实还是证据的判断上遭遇困难，增加诉讼迟延"。②但这个时候的诉的合并无论在立法还是实践中都没有被完全禁绝，"主观的合并，原则上被禁止，但有牵连者，不在此限"。可以看出，这种诉的主观合并只是受到了约束，"乃从自由为之进而应受限制矣"！③

普通法系国家对审判中的合并行为大多数时候比较宽容。"普通法院和衡平法院两相分立期间，诉讼的多重性（multiplicity of suits）属于管辖问题，是衡平法院裁决诉讼的基础，如果属于单一诉讼，案件即转入普通法法院。诉讼多重性管辖把大量的法律诉讼合并到一个程序中，经常

---

① 〔德〕拉德布鲁赫. 法学导论［M］. 米健, 朱林, 译, 北京: 中国大百科全书出版社, 1997: 143.
② 王嘎利. 民事共同诉讼制度研究［M］. 北京: 中国人民公安大学出版社, 2008: 31.
③ 吕太郎. 民事诉讼之基本理论（一）［M］. 北京: 中国政法大学出版社, 2003: 62.

将各个当事人和诉因（cause of action）结合在一个复杂的诉讼框架里。"①合并审理在英美国家的司法实践中经常出现，而且在法庭辩护策略等方面都已经积累了很丰富的经验，如 1757 年的一件私铸钱币案中，在控方证据提交完毕后，两名被告的辩护律师对当事人说："我作为你们的出庭律师，建议你们就根据目前的证据来继续我们的庭审。"被告人接受了，最后裁决：一人罪名成立，另一人无罪。另一起 1784 年的案件中，据记载，加罗（律师）在控方证据提交完毕后告诉当事人："诸位嫌犯，如果你们听我的，我建议你们就此打住；我们已经胜券在握了。"他们听从了这一建议，最后被裁决无罪。②

三 近现代的合并与分离审理

资产阶级大革命是近代法律的始源，也正是从那时起，现代诉讼的基本模式形成并逐渐完善，诉讼法的理论得到了极大发展。江伟教授等人总结，以 1804 年的法国民法典为标志，独立的诉讼法上的诉权等概念开始出现，到 1896 年德国民法典，诉讼法上的原理已经和实体法完全脱离，以此为基础，民事诉讼法开始了法典化。③而且在那个时候，刑事诉讼的学理研究开始和民事诉讼分离，带有刑事诉讼特点的一些基础理论问题也开始得到重视，譬如"德国刑法学，因受民事诉讼法上诉权理论之影响，创立刑事诉权之理论体系"。④

在西方国家，无论是职权主义诉讼模式还是对抗制诉讼模式，刑事案件的合并与分离审理问题都得到了立法的明确规定，人们开始重视合并审理与分离审理的不同价值，两者关系被较好地协调，两种案件审理方式在审判中都发挥了各自的功能。1808 年拿破仑刑事诉讼法典是早期

---

① 王嘎利. 民事共同诉讼制度研究 [M]. 北京：中国人民公安大学出版社，2008：43.
② 参见〔美〕兰博约. 对抗式刑事审判的起源 [M]. 王志强，译，上海：复旦大学出版社，2010：267－268.
③ 参见江伟，邵明，陈刚. 民事诉权研究 [M]. 北京：法律出版社，2002：5.
④ 陈朴生. 刑事诉讼法实务（增订四版）[M]. 自印，1981：336.

著名的法典，其中就明确规定了同一行为引发的刑事案件与民事案件由同一法院及法官审理，这种合并审理的规定延续至今，在实现诉讼效益、节约司法资源方面发挥了较明显的作用。当然，这个时候的立法已经开始注意到对法官合并审理的权力进行限制。拿破仑法典中就专门强调，侦查、预审和审判职能分开，严格坚持诉审分离，体现了对审判权的约束和监督。

时至今日，当前世界各国也许在诉的要素等原理性问题上仍然存在理论和立法上的较大分歧，但是由于审判实践的迫切需要，各国大多在刑事诉讼立法中详细规定了案件合并与分离审理的情况。刑事案件的合并与分离审理已经成为一种诉讼当中的常见现象。

第四节　合并与分离审理问题的理论基础

理论基础是刑事案件合并与分离审理现象背后的支撑。在一般的论证中，程序理性、程序正义、程序法治等在诉讼原理中位于理念层面的内容，都可以作为某一刑事诉讼制度的理论基石，刑事案件合并与分离审理也不例外。但是，这种较为务虚的理论支撑不能回答他人对合并与分离审理的细节追问。事实上，为什么共同犯罪的被告人能在一个审判程序中进行审判，为什么几个独立的刑事案件能够合并在一个审判程序中进行审理，已经合并审理的案件能否在审判过程中再次进行分解，诸如此类的问题都紧紧围绕着一个主题——刑事审判对象理论。刑事审判对象的"同一性"和"单一性"决定了案件合并与分离审理存在的必要性和可行性，同时也对合并与分离审理的运行程序设定有着直接的指导意义。所以笔者认为，刑事审判对象理论是刑事案件合并与分离审理机制的理论基础。

一　刑事审判对象理论概述

（一）刑事审判对象的含义

刑事审判对象理论被多位日本学者喻为刑事诉讼法中最难的理论之

一，因为其几乎没有哪个部分不存在争议。① 虽然直接对刑事审判对象进行定义难度较大，但刑事审判对象理论属于诉讼法的基本理论范畴，我们可以首先从审判对象在刑事诉讼基本理论体系中的地位入手，逐渐揭示刑事审判对象的内涵，最终对刑事审判对象作出较为精确的定义。

1. 刑事审判对象的地位

刑事审判对象是刑事诉讼的基本构成要素之一，在刑事诉讼基本理论当中有着重要地位。由于研究视角和重点的差异，学界有关刑事诉讼构成要素的理论争议较大，不同学者对刑事诉讼构成要素的内容界定并不一致。但无论是哪一种分类，都包括了审判对象这一要素。例如，魏晓娜博士认为，"刑事诉讼作为人类的一种社会活动，其基本的构成要素，主要包括主体、客体、行为和条件"。② 锁正杰博士认为，"刑事程序由三个基本的要素构成，即主体、行为和客体"。③

由此可以认为，审判对象是刑事诉讼的针对对象。在很长的时间内，刑事诉讼程序的功能主要是实现国家的刑罚权，在现代，即便是刑事诉讼的独立价值已经被发掘和认知，"实现国家的刑罚权"仍然是刑事诉讼的最主要功能之一。而在国家追诉犯罪的活动中，必须有明确的诉讼主体和诉讼客体（审判对象）。"刑法上规定的国家对于犯罪人的抽象的刑罚权，只能通过刑事诉讼活动确定特定犯罪人的特定犯罪事实以后才能成为具体的刑罚权，刑事诉讼客体反映的正是这一特定事实背后的实体法关系。"④

审判对象是刑事诉讼中不可或缺的因素，这一点已经成为通说。我国的教科书一般认为，刑事诉讼是指国家专门机关在当事人及其他诉讼参与人的参加下，依照法律规定的程序，追诉犯罪，解决被追诉人刑事责任的活动。⑤ 其他国家和地区也基本上持相同的观点，如台湾地区"大

---

① 张琳琳. 日本诉因制度研究 [D]. 北京：北京大学，2005：1.
② 参见宋英辉. 刑事诉讼原理 [M]. 北京：法律出版社，2003：170.
③ 锁正杰. 刑事程序的法哲学原理 [M]. 北京：中国人民公安大学出版社，2002：50.
④ 徐静村. 刑事诉讼法（修订本）上 [M]. 北京：法律出版社，1999：112.
⑤ 陈光中. 刑事诉讼法（第三版）[M]. 北京：北京大学出版社，高等教育出版社，2009：1.

法官释字"392号解释中表述："司法权之一之刑事诉讼，即刑事司法之裁判，系以实现'国家刑罚权'为目的之司法程序，其审判乃以追诉而开始，追诉必须实施侦查，迨判决确定，尚须执行始能实现判决之内容……"

从牵涉的诉讼法律关系上看，审判对象理论十分复杂，它和判决溯及力、禁止双重危险、控审分离等问题密切关联，所以在诉讼法实践中，对案件审判对象进行精准的确认是一项非常重要的工作，中村英郎教授甚至称其为"诉讼的支柱"。①

2. 审判对象的概念

和其他法学概念一样，不同国家、不同的学术观点对刑事审判对象的表述还有较大不同。当前，理论上和审判对象关系十分密切的概念有审判范围、诉讼客体、诉讼标的、程序标的等。在有关刑事审判对象的本体论研究中，日本学者的研究成果最为丰硕，小野清一郎、团藤重光和铃木茂嗣等大家对刑事审判对象的概念、性质和内容等问题都有比较深入的论述，在刑事审判对象的概念厘清上，中村宗雄、中村英郎教授进行了比较全面的总结：

> 诉讼乃通过裁判解决争议案件之程序。诉讼中的审理活动以争议案件为中心展开，至裁判终结。所谓"诉讼之目的"乃争议案件亦即诉讼中审判的对象。日本旧民事诉讼法第2条称之为"诉讼标的"，德国民事诉讼法第2条及奥地利民事诉讼法第207条第2款称其为"争议的客体（streitgegestand）"。②

从中村宗雄、中村英郎教授的论述可以推知，刑事案件中，起诉方提起刑事诉讼，辩护方进行反驳，最终审判机关作出案件实体裁判，控

---

① 〔日〕中村英郎. 新民事诉讼法讲义［M］.陈刚，林剑锋，郭美松，译，北京：法律出版社，2001：111.
② 〔日〕中村宗雄，中村英郎. 诉讼法学方法论——中村民事诉讼理论精要［M］.陈刚，段文波，译，北京：中国法制出版社，2009：123.

辩审三方有一个共同的争议中心，也就是我们通常所说的"刑事案件"，在理论上被形象地称为"刑事审判对象"，也经常被表述为"诉讼客体"抑或"诉讼标的"①，这几个概念描述的其实都是同一种诉讼要素，甄别它们之间的差别只存在语言学的意义。我国学者大多也并不会专门强调"审判对象"和"诉讼客体"之类概念的表述差异。

早在民国时期，我国学界就认为在刑事诉讼中区分"诉讼客体"与"诉讼标的"的概念没有实质的意义，"诉讼标的，一称刑事诉讼客体"，②两者基本可以混用。这种观点也得到了现代学者的认同。"所谓'诉讼客体'，也称'诉讼标的'或'程序标的'，是指被告人的'被提起诉行为'，也就是法院诉讼程序的对象。"③只是有的时候，由于研究视角的不同，学者会对这些概念略微进行区分。"刑事诉讼客体指诉讼主体实施诉讼行为所针对的对象，从法院的角度来看，也就是审判对象。"④但至少从目前来看，诉讼客体和审判对象两者可以相互解释，不会产生误解。实际上，我国诉讼法学界早已默认了这种概念混用的行为。

综上笔者认为，在内涵上，刑事审判对象是指在侦查、起诉和审判等刑事诉讼活动中，各诉讼主体进行的诉讼行为所指向的对象，亦即刑事案件。在概念的表述上，由于本书的主题是刑事案件合并与分离审理问题，因此集中讨论的是审判阶段各种诉讼行为。大陆法系中常见的"诉讼主体""诉讼客体"此类的表述从表面上来看覆盖的范围更广，涵盖了刑事诉讼各个诉讼阶段。而"审判对象"的称呼则范围相对较窄，更加强调案件处于审理过程中，和本书刑事案件合并与分离审理问题研究的时间节点吻合。因此，在本书中，除了特殊论述目的的需要，笔者一般都会使用"审判对象"这一概念。

---

① 当然，这里"诉讼标的"的内涵和民事诉讼中的很不相同。
② 陈瑾昆. 刑事诉讼法通义 [M]. 北京：法律出版社，2007：111.
③ 陈瑞华. 问题与主义之间——刑事诉讼基本问题研究 [M]. 北京：中国人民大学出版社，2003：280.
④ 徐静村. 刑事诉讼法（修订本）上 [M]. 北京：法律出版社，1999：112.

（二）刑事审判对象的内容

刑事审判对象的内容是审判对象理论中最有价值、争议最大的诉讼原理性问题。学者对审判对象的内容有"公诉事实说"、"诉因对象说"以及"折中说"等多种迥异的学术观点。简单地罗列学术观点缺乏理论上的说服力，故而笔者拟转换研究方法，从刑事审判对象的作用角度出发，来分析司法实践中两大法系刑事审判对象的立法规定和现实操作，以倒推出两大法系审判对象的实际内容。

1. 刑事审判对象的媒介功能

在德国法的理论中，审判对象主要起到三个作用，"其表明了法律程序之标的，其概述了法院调查时及为判决时之界限，以及其规定了法律效力之范围"。[①] 在其他一些国家中，审判对象的作用同样重要，日本学界相当重视诉因制度的功能，"第一，可以把诉因与诉因以外的事实区分开来（诉因的区别功能），用诉因来限定审判对象，诉因与旧法的起诉书中'犯罪事实'记载有根本的差异。通过诉因制度来限定审判对象，这一方面的意义主要表现在诉因与法院关系方面。第二，可以把被告人的防御活动限定在诉因的范围之内。这是诉因与被告人关系方面的意义。第三，诉因一旦确定以后，就以诉因为标准，判定是否存在诉讼条件，例如以诉因为标准判断有无事物管辖权、有无告诉等"。[②] 通过两者比较可以看出，经过长期的演变，两大法系对刑事审判对象的功能要求已经非常相近，但无论何种形式的刑事审判对象理论，都需要能够在控辩审之间发挥规范的桥梁作用。

这一论点用我国的一个著名案例可以得到论证。1999年4月，重庆市第一中级人民法院对綦江虹桥垮塌案进行了一审审理和宣判，由于案件社会影响较大，中央电视台进行了庭审直播。在该案中，被告人之一

[①] 〔德〕克劳思·罗科信. 刑事诉讼法（第二十四版）[M]. 吴丽琪，译，北京：法律出版社，2003：179.

[②] 〔日〕田口守一. 刑事诉讼法（第七版）[M]. 张凌，于秀峰，译，北京：法律出版社，2019：271.

的重庆市工程质量监督站站长赵祥忠被重庆市人民检察院第一分院起诉指控犯有"玩忽职守罪",但法院经审理认为,"检察机关指控赵祥忠的犯罪事实清楚,证据确实充分,但指控其犯有玩忽职守罪不当",变更了赵祥忠的罪名,对其判处工程重大安全事故罪。① 这种做法引起了我国刑事诉讼法学界的高度关注,"法院是否应当能够变更罪名"一时间成为讨论的热点话题。这一论题的焦点就在于审判对象理论本应该在明确庭审范围、约束审判权、保障辩护权等方面发挥重要作用,但是,赵祥忠工程重大安全事故案折射出我国刑事诉讼理论和立法在这一问题上的关注是远远不够的。

当然,由于司法理念和诉讼传统的差异,两大法系在审判对象的研究方向上并不全然相同,英美法系的刑事诉讼理论主要是从规范起诉行为与起诉效力的角度探讨刑事对象问题,大陆法系的刑事诉讼理论则更偏好于站在审判的角度将审判对象问题纳入诉讼客体理论范畴中,形成两种典型的刑事审判对象理论进路。②

2. 审判对象制度的表现形式——公诉事实及诉因

在司法实践中,起诉书是记载审判对象的主要载体,各国对审判对象的内容界定可以从起诉书记载的内容上得到解读。当前学者基本认为,从起诉书记载的具体审判对象内容来看,英美国家表现为诉因制度,而大陆法系表现为公诉事实制度,两者在内容规定上略有区别,从而形成了两个不同的流派。③ 但笔者认为,两大法系在审判对象内容的界定上差别很小,我们没有必要停留在日本几十年前的理论之上,更没有必要人

---

① 案件审理情况可见:赵祥忠工程重大安全事故案——人民法院可否变更起诉罪名定罪量刑 [A].中华人民共和国最高人民法院刑事审判第一庭.刑事审判参考(6)[C].北京:法律出版社,2001.

② 参见谢进杰.刑事审判对象问题研究 [D].成都:四川大学,2006:12;其他著作的体系安排亦是如此,如张小玲.刑事诉讼客体论 [M].北京:中国人民公安大学出版社,2010.

③ "诉因"在英文中为"count",其含义为罪状。日本法引进该制度时,将其翻译为"诉因",该概念为我国学者所借用。

为地扩大各国现有立法之间的差异。张小玲博士认为,"公诉事实"还是"诉因"的表述不代表内容的实质差异,严格来说,检察官起诉时指控的犯罪事实均可称为"公诉事实",而"诉因"则是记载公诉事实的一种方式。受到日本相关诉讼理论的影响,我国学者多将二者作为两个并列的概念使用。[1] 笔者赞同这个观点。

在英美法系国家,起诉书中的诉因必须载明两项基本内容:罪行陈述与罪行细节。罪行陈述部分要求载明罪行的名称以及依据的具体法律条款(如果是普通法上的犯罪,则只需要记载罪行名称);罪行细节部分则主要是被告人的基本情况以及与犯罪构成要件紧密相关的事实。[2] 由于英美法系的诉因制度显示出受到指控的行为在事实要素和法律评价上具有一体化和不可分离的特征,这对法院的审判活动产生了极大的影响。可以说,起诉书对诉因的明确记载,对法院的法庭审判活动起到的制约和限定作用较为明显。[3]

在大陆法系国家,《德国刑事诉讼法典》第155条规定:"[调查范围](一)法院的调查与裁判,仅限于起诉所称犯罪行为和所指控人员……"[4] 可见,德国法中的公诉事实包括"行为"和"人员",和英美法系的诉因制度能够对法官产生严格约束不同的是,一方面,德国法对起诉书中写的"行为"的解释比较宽泛,"法院强调,'行为'的程序性意义是指历史上所发生的事件,因此比实体法上的犯罪行为定义更加广泛"。[5] 另一方面,德国法中,如果审判中查明的事实与指控内容略有出入,或者案件事实发生了重大改变,或者控方希望增加指控的罪行,这些都不会像英美法系那样直接导致起诉的无效。

---

[1] 张小玲. 刑事诉讼客体论[M]. 北京:中国人民公安大学出版社,2010:43.
[2] 张泽涛. 我国起诉书撰写方式之缺陷及其弥补——以诉因制度与起诉书一本主义为参照系[J]. 法商研究,2007,(3):94.
[3] 陈瑞华. 刑事诉讼的前沿问题[M]. 北京:中国人民大学出版社,2000:275.
[4] 德国刑事诉讼法典[Z]. 宗玉琨,译,北京:知识产权出版社,2013:155.
[5] 〔德〕托马斯·魏根特. 德国刑事诉讼程序[M]. 岳礼玲,温小洁,译,北京:中国政法大学出版社,2004:130.

从英美法系和大陆法系的规定可以看出，在有关刑事案件审判对象的内容上，两大法系的立法都选择了将犯罪人要素和组成犯罪构成要件的案件事实要素作为公诉机关提起诉讼时不可缺少的内容，这一点已经形成了共识。只是在具体解释时，公诉事实和诉因的内涵并不相同。

在日本，对于刑事案件审判对象到底是公诉事实还是诉因的问题，诉讼法学界有着几十年的争论。因为立法的逐渐成熟、理论探讨的逐渐深入，近年来以松尾浩也教授为代表的不少主流学者认为两者的区分已经没有意义，"诉因与公诉事实并非对立的关系，诉讼对象是公诉事实，亦即诉因"。[①]

但考虑到所处诉讼模式的不同，实际上两种审判对象理论在内容上还有一些无法忽视的区别，最典型的是诉因制度和公诉事实制度对待"法律评价"的态度并不相同。如前文所述，英美法系的诉因明显包括法律评价，我国学者也普遍认同这一观点，"诉因制度的含义是指为了使控诉主张得到法官的支持，公诉方在起诉书中提出的相当于犯罪构成要件的事实及其法律评价"。[②] 正是因为这一点，英美法系国家对审判过程中的诉讼变更持排斥态度。在立法上，大陆法系的公诉事实则看似没有包括法律评价，如德国法中就仅有"起诉书中写明的行为和已指控的人员"的表述，因此，他们庭审中的诉讼变更行为就比较灵活。

这种认识直接影响了我国的诉讼法理论。在我国，刑事审判对象理论的内容长期以来大体上有三种主张，熊秋红教授将其总结为：第一，为刑事诉讼中的被追诉对象——犯罪嫌疑人、被告人；第二，所要查明的案件事实及犯罪嫌疑人、被告人的刑事责任；第三，案件事实及对案件事实的法律评价。[③]

[①] 〔日〕松尾浩也. 刑事诉讼法（下）. 弘文堂，1993：349. 转引自张琳琳. 日本诉因制度研究 [D]. 北京：北京大学，2005：23.

[②] 张泽涛. 我国起诉书撰写方式之缺陷及其弥补——以诉因制度与起诉书一本主义为参照系 [J]. 法商研究，2007，(3)：94.

[③] 熊秋红. 刑事证明对象的再认识 [A]. 王敏远. 公法（4）[C]. 北京：法律出版社，2003：31.

笔者认为，国外的立法和理论基本上都已经将"法律评价"包含在公诉事实之中。英美法系的诉因制度毋庸多言，大陆法系国家其实也早已认识到法律评价是刑事案件审判对象的必然组成部分，只是大陆法系国家"公诉事实"对审判机关的约束力较低，导致两大法系在追加起诉和变更罪名起诉等问题上的不同做法。在德国，"审理法院也不受在决定是否开启审判程序之裁定中对犯罪行为所谓之法律判断之约束"，其中提到的"开启审判程序之裁定"中就包含了"法律判断"，只是考虑到其他原因，这种"法律判断"对法官没有太大的约束力而已。这一点在德国的判例和立法中多有规定，例如，如果是以普通盗窃罪起诉，法院可判以携带武器盗窃罪；法院亦可因一不同之法律见解（例如，以盗窃罪起诉，而判以侵占罪；或是以伪证罪起诉，却判以诬告罪；或是以共犯起诉，却判以帮助犯，或与此相反）或数不同之法律见解（例如起诉时以伪造文书罪，判决时另加一"因该伪造文书之行为而施行之诈骗罪"）而为不同之判决。[①]

在民事诉讼中，诉讼标的的确定具有两个基本功能，一个是划定法官审理和裁判的范围以及当事人进行攻击防御的对象和领域，另一个是为产生既判力打下基础。[②] 基于上述分析，笔者认为，在刑事诉讼中，从功能的角度考虑，我国在审判对象的表现形式上采用公诉事实制度还是诉因制度的差别不大。只是必须要注意两点，第一，审判对象肯定要包括被告人和案件罪行，也可以加入法律评价。第二，无论是否加入法律评价，在审判过程中，审判对象都不应当完全不能变更，在有充分法律保障的情况下，可以对审判对象进行变更。

3. 审判对象理论的基本内容——"单一性"和"同一性"

在刑事诉讼中，为了将刑事审判对象理论与诉审同一、禁止双重危险等诉讼理论和实践相联系，学者主要从两个方面来阐述审判对象理论的内容，"诉讼客体理论中，有两个极为重要的原理：案件的单一性和案

---

① 此处德国观点及判例参见〔德〕克劳思·罗科信. 刑事诉讼法（第二十四版）[M]. 吴丽琪，译，北京：法律出版社，2003：184.
② 李汉昌. 诉讼标的理论研究 [D]. 北京：中国政法大学，2006：95.

件的同一性"。① 由于所包含的内容在较多时候有着重叠，这两个概念在传统的大陆法系诉讼法理论中并没有严格区分，直到日本学者小野清一郎明确提出应当从静态和动态两方面分别考察刑事诉讼客体，才使二者的区别在理论上得到公认。②

刑事案件的单一性是指从静态的横断面来考察刑事诉讼是否为一个不可分割的整体。它取决于被告人的单一性和公诉事实的单一性。被告人单一并且公诉事实单一（一人被指控一罪）时，才是单一的刑事案件；被告人为数人（数人被指控犯一罪）时，或者公诉事实为数个（一人被指控犯数罪）时，或者被告人与公诉事实同为数个（数人被指控犯数罪）时，均为数个刑事案件，而非单一刑事案件。③ 很明显可以看出，这对刑事案件合并与分离审理有着很大影响。

刑事案件的同一性是指从动态的、发展的角度考察刑事诉讼是否为一个不可分割的整体，特别是在不同的诉讼系属关系中，判断案件是否已经提起诉讼、是否已经判决确定。审查刑事案件是否同一的标准是，诉讼后期的发展与起诉时的被告人与公诉事实是否一致，以决定起诉的效力和审判范围，"同一"案件以被告人同一和公诉犯罪事实同一二者兼备为必要条件。④

刑事案件合并与分离审理制度和刑事案件的单一性和同一性高度关联，特别是刑事案件的单一性问题，是整个刑事案件合并与分离研究的基石。正是因为案件存在单一性和同一性，所以才存在案件的合并审理问题。故而，笔者将刑事审判对象理论作为刑事案件合并与分离审理的理论基础。例如，之所以说共同犯罪案件是合并审理的一个类型，就是因为根据刑事审判对象案件单一性理论，数人共同实施的一个犯罪应当

---

① 陈瑞华. 问题与主义之间——刑事诉讼基本问题研究 [M]. 北京：中国人民大学出版社，2003：173.
② 〔日〕高田卓尔. 刑事诉讼法（二订版）[M]. 日本：青田书社新社，1984：136.
③ 徐静村. 刑事诉讼法（修订本）上 [M]. 北京：法律出版社，1999：114.
④ 徐静村. 刑事诉讼法（修订本）上 [M]. 北京：法律出版社，1999：115.

是数个不同的犯罪，只是在司法实践中基于诉讼效率的考虑，我们才将案件进行合并审理。

二 单一性对案件合并与分离审理的影响

（一）奠定合并与分离审理的研究基础

在刑事案件的诉讼流程中，审判程序具有终局性的特点，控辩双方的诉求将会通过审判进行最终结论性的评断，国家希望通过审判程序达到定分止争的效果。而在审判程序中，庭审无疑居于核心的地位，刑事庭审能够反映常态社会条件下最尖锐、最激烈的社会冲突，因此可以说是最鲜明地表达了不同社会势力之间的对抗。同时，国家通过刑事审判维护法律秩序，也使庭审成为对法庭外的社会关系加强法律意识形态及其统治权威的最集中、最有效的方式。正是因为法庭审理的重要性，刑事庭审的具体操作方式需要有着一定的规则，而不能任由法官随意地行使裁量权。

法院的审理围绕着刑事审判对象进行，现实中，存在大量的刑事案件合并审理现象，这一论断的依据就是审判对象的单一性。认定案件的单一性，也是刑事案件合并与分离审理的前提。以司法实践中对一起刑事附带民事诉讼案件的操作为例进行说明。

2004年10月，四川省攀枝花东区人民检察院对"先民后刑"做了一次尝试。据介绍，李某伙同他人非法运走某国企一下属厂矿6.21吨废钢轨，造成国资流失近万元。事发后，受害单位及时报了案，但因同案人在逃，能否追究李某的刑事责任尚因证据原因无法确定，此案搁浅。经警方努力，企业的损失已追回一部分。企业仍有3000余元未追回，而且也一直没主张自己的权利。办案人员立即向该企业发出支持起诉的检察建议书，建议其通过民事诉讼要求侵权人李某等承担民事赔偿责任。2004年11月，李某在检察官的见证下主动向该企业赔偿了3160元。①

---

① 佚名. 贪官携款外逃可否先提起民事诉讼［N］.法制早报，2005-04-12（12）.

本案做法的社会效果很好，但在法理上并不符合我国现有的法律规定。根据 1996 年《刑事诉讼法》第 78 条的规定，"附带民事诉讼应当同刑事案件一并审判，只有为了防止刑事案件审判的过分迟延，才可以在刑事案件审判后，由同一审判组织继续审理附带民事诉讼"。按照这一条规定的要求，有关刑事犯罪行为引发的民事诉讼不能由民庭另行处理，而是应当由刑事审判组织将其和刑事案件部分一并审理。即便是在特殊情况下刑事部分和民事部分可以分开审理，也只能先审刑事部分，后审附带民事部分。在实务中，这种没有例外规定的强制性合并审理比较机械，不能适应复杂多变的实际需要，例如本案中企业损失的追回问题就是带有一定普遍性的问题。

从审判对象的单一性角度来看，在以本案为代表的刑事附带民事诉讼中，存在刑事之诉和民事之诉审判对象完全不同的现象，这两个不同的审判对象在法理上完全可以分离在不同审判程序中进行审理。从这一角度可以看出，案件的单一性理论可以帮我们清晰地分辨出一个个独立的审判对象。而一个审判程序处理一起案件是审判程序的最基本状态。如果我们需要将两个或者两个以上独立的审判对象安置在同一审判程序中进行审理，必然需要一定的理由，这就是立法上为何要规定刑事案件合并审理制度的基本原因。

此外，立法或实践中会出现将原本在同一审判程序中审理的不同对象分开审理的情况。对于这种行为是否符合诉讼法理，我们应当分情况进行讨论。如果该行为是将几个原本独立的，但现在混合在一起进行审理的审判对象分开审理，则这种行为在法理上应当具有可行性。但如果这种行为是将原本单一的审判对象分开，例如试图将一个被告人的一个犯罪行为进行分解，因为单一的审判对象是构成审判的最基本要素，无法再进行分解，所以这种试图分离审理的行为就违背了基本法理，除非法律有专门规定。从这一角度而言，案件的单一性对刑事案件的分离审理也有理论支撑的作用。

（二）决定案件的审理范围

确定了单一性后，一个被告人和一个犯罪事实，会在实体法上引发一个独立的刑罚权，在诉讼法上被辨识为一个审判对象。而这一个独立的审判对象是刑事诉讼中的最基本要素，没有办法再进行分割，当然在诉讼条件具备时，可以合并。刑事案件的单一性一般通过对公诉的影响，进而决定刑事案件的审判范围。

刑事审判权是一个被动型的权力，必须在有了控诉的情况下才能启动，而且其内容和范围也受到控诉方的严格限制。虽然审判机关在某些情况下也可以发挥裁量权，对起诉的内容进行一些变动，但这种变动在刑事诉讼中是受到严格限制的，毕竟控审分离原则是总的指导思想，不容轻易破坏。

在司法审判中，审判对象理论单一性引发的"审判之不可分"（或"起诉之不可分"）理论在诉的追加等方面意义非常重大。我国台湾地区对这一问题有着比较成熟的研究成果。根据"35年京覆字第214号"判例，"所谓审判不可分者，系指未起诉之犯罪事实属于已经起诉犯罪事实之一部，其起诉之效力基于犯罪事实之全部而言"。林钰雄教授举一例加以说明：甲连续盗窃乙物和丙物，检察官只起诉了盗窃乙物的事实，但是并没有起诉盗窃丙物的事实，这个时候如何进行处理。由于台湾的传统见解一直坚持起诉不可分，并认为此是"单一案件之不可分效力，最为核心的精义所在"。台湾的传统见解认为，将一部起诉之犯罪事实，成为显在性事实，将因一部起诉而效力所及之他部犯罪事实，成为潜在性事实，将显在性事实扩张至潜在性事实的现象，成为显在性事实之扩张性。我国台湾地区"刑事诉讼法"第267条也规定，检察官就犯罪事实之一部起诉者，其效力及于全部。[①]

不管赞同还是否定审判不可分的理论，一国的立法必然会对这一问

[①] 参见林钰雄.刑事诉讼法（上册总论篇）[M].北京：中国人民大学出版社，2005：200-201.

题进行规定,否则就是立法的纰漏。我国已经认识到刑事案件单一性在界定审判范围上的作用,并在相关司法解释中进行了规定。最高人民检察院《规则》第 423 条规定,在人民法院宣布判决之前,"发现遗漏同案犯罪嫌疑人或者罪行的,应当要求公安机关补充移送起诉或者补充侦查;对于犯罪事实清楚,证据确实、充分的,可以直接追加、补充起诉"。根据这一条的规定,如果出现前例中所言的甲连续盗窃乙物和丙物,但是检察院仅仅起诉了盗窃乙物的事实,直到审判阶段才发现盗窃丙物的事实,那么此时的检察机关"应当要求公安机关补充移送起诉或者补充侦查"或者"可以直接追加、补充起诉"。虽然本条立法的适用情况复杂,实务中可能出现补充移送起诉、补充侦查或检察院追加、补充起诉等多种情形,但无论如何,我国通过这一规定确立了基本处理思路,即将盗窃乙物和丙物作为一个犯罪事实,尽可能地利用一个审判程序进行审判。这一规定避免了司法审判中出现无视丙罪的犯罪事实,待到将乙罪定罪量刑之后再用另一个审判程序对丙罪进行追究,节约了司法资源。

(三) 影响立法中裁量权的限度

审判对象的单一性研究并不是个简单的课题。很多内容在理论上没有厘清。正是因为这一原因,案件单一性的认定在司法实践中可能会出现一些争议,为了保证法律的可操作性,一般会给法官留下一定的自由裁量空间,而站在刑事案件合并与分离审理的角度,审判对象单一性的理论成熟程度决定了立法中裁量权的具体设置。

民事诉讼的诉讼标的理论研究成果较为丰硕,特别是诉讼标的数量的认定,一直是学界关注的重点内容。"在民事诉讼中,由于程序法学者对于请求权竞合下诉讼标的的研究主要着力于诉讼标的的单复数的确定问题,对于请求权竞合下法官的法律适用、诉讼标的与判决对象的关联缺少足够的关注。"[1] 而刑事诉讼理论中审判对象理论的研究还停留在较

---

[1] 李汉昌. 诉讼标的理论研究 [D]. 北京:中国政法大学,2006:95.

为落后的阶段，即便是在对审判对象数量的认定方面也还远没有形成具有较强学术权威性的研究成果。特别是在刑事案件合并与分离审理中，由于合并与分离的前提都是要确定审判对象是不是一个完整的"案件"，但在刑事法理论上，对这种刑事审判对象单一性的认定在较多时候并不确定，这种情况迫使立法不得不赋予法官一定的自由裁量权。具体分析如下。

刑事案件单一性认定包括被告单一和犯罪事实单一两个基本方面，其中，被告单一比较容易认定。在实体法领域，共同犯罪本身理论性很强，而且极端疑难复杂，以至于有"刑事法理论中最黑暗而混乱的绝望之章"的称谓，[①] 但抛开理论的争议，仅从审判的角度看，刑事案件的单一性认定并不特别困难。譬如，甲作为一个成年人，和其他三名未满14周岁的被告人共同实施了一个故意杀人行为，此案在审判时不会被认为是共同犯罪，仍然是单一案件。实务中对此类案件单一性的认定相对容易，基本上只需要看行为实施人是否满足刑法上的犯罪主体条件即可。

而犯罪事实单一性的认定在审判实践中却不是一个容易的问题。我国刑法分则在立法上，通常设定的是一种最为理想的简单形态，即行为人实施了一个行为，侵害了一个法益。但在司法实践中，经常存在行为人实施了一个行为却侵犯了几个法益，或者是行为人实施了几个行为，侵犯了一个法益的情况。例如，2012年1月6日发生的震惊全国的南京枪杀抢劫案，犯罪嫌疑人持枪抢劫刚从银行取钱的受害人程某，并在犯罪过程中，将受害人枪击致死。[②] 在这一案件中，犯罪嫌疑人的行为就触犯了抢劫罪、非法携带枪支危及公共安全罪和故意杀人罪三个罪名。在法理上，行为人的行为可以分解为抢劫、杀人、持枪三个独立的案件，还是仅为抢劫一案，抑或是抢劫和持枪两案，存在较多的可以商榷之处。正是因为如此，在进行审判时，法官将抢劫、杀人和持枪行为在一个审

[①] 黄丽勤，周铭川. 共同犯罪研究 [M]. 北京：法律出版社，2011：1.
[②] 具体案情可参见丁国锋. 嫌疑人在逃 警方悬赏10万捉拿 [N]. 法制日报，2012-01-06 (08).

判程序中进行审理，这是一种将多个案件合并审理的行为，还是只是审理一个单一案件的行为，这种行为性质并不明确。如果是一种合并行为，则我国法律应当对法官能对哪些案件进行合并审理进行一定的规范，否则将会存在法官随意合并案件的隐患。

而且在理论上，除了最为简单的一人实施一行为，侵犯一个法益的"单纯的一罪"，以及非常明显的数罪之外，在一罪和数罪之间，还存在很复杂的情况。这又进一步加大了法官审理时是否进行合并审理的判断难度。我国刑法教科书认为，刑法规定了三种比较复杂的一罪的情况：一是"一行为刑法规定为一罪或者处理时作为一罪的情况"，即实质的一罪，包括继续犯、想象竞合犯与结果加重犯；二是"数行为在刑罚上规定为一罪的情况"，即处断的一罪，包括惯犯与结合犯；三是"数行为处理时作为一罪的情况"，即处断的一罪，包括连续犯、吸收犯与牵连犯。[1]这只是学者根据立法的总结，理论支撑并不充分，因此历来争议很大，仅日本学者中，西原春夫、大谷实、佐久间修和山中敬一等教授就有着各自内容不同的罪数论体系。[2]

因此可以看出，复杂刑事案件的单一性确定比较困难，也许通过刑法理论的研讨和实体立法可以解决一部分问题，但是在具体的操作上，仍然需要审判者结合案件具体情况进行综合考虑。所以，我国在刑事程序法中，应当在无法从刑事实体法角度认定案件是否具有单一性时，赋予法官进行自由裁量的权力，以保证法官进行刑事案件合并审理有明确的法律依据。

三 同一性对案件合并与分离审理的影响

刑事审判同一性的价值主要在于其对诉审同一和禁止双重危险两大原则的影响。而在刑事案件合并与分离审理中，刑事审判对象的同一性

---

[1] 高铭暄，马克昌. 刑法学 [M]. 北京：北京大学出版社，高等教育出版社，2000：189.
[2] 童德华. 外国刑法原论 [M]. 北京：北京大学出版社，2005：359.

在这两个原则上也发挥了一定的作用。

（一）影响案件的审判内容和权限

在刑事诉讼中，案件起诉到法院，被受理后会出现诉讼系属，则受理案件的法院开始享有对该刑事案件的管辖权。台湾地区学者张丽卿认为，案件管辖确定后会产生实质的确定力，实质的确定力可以分为"内部效力"和"外部效力"两种。其中，外部效力则指因该案件曾经为本案之判决确定，不得就同一案件再行起诉，即所谓"既判力"。[1] 具体而言，案件一旦被系属于某一法院，那么控诉方就不得就同一案件再进行起诉。无论是向同一法院还是其他法院再进行起诉，法院对于后来提起的起诉都应当不予受理。当然，诉讼系属在案件出现符合法律规定、启动第二审程序或审判监督程序时并不适用。同一性要求一起刑事案件由同一个审判机关在同一诉讼程序中进行审判，这在两个方面对案件合并与分离审理产生了直接的影响。

一方面，公诉机关和审判机关不得就一起刑事案件进行多次起诉和审判。在复杂刑事案件中，特别是在被告人众多、犯罪情节复杂的共同犯罪案件中，审判对象同一性促使检察机关和审判机关十分重视案件起诉和审判的全面性，尽量避免出现遗漏，以免如果再进行补充性的追究会违背同一性的要求，有重复起诉的嫌疑。人民检察院的司法解释对案件犯罪嫌疑人是否有遗漏高度重视，最高人民检察院《规则》第356条规定："人民检察院在办理公安机关移送起诉的案件中，发现遗漏罪行或者有依法应当移送起诉的同案犯罪嫌疑人未移送起诉的，应当要求公安机关补充侦查或者补充移送起诉……"最高人民法院《解释》第219条，更是对案件当中的被告人是否全部在案提出了严格的要求，被告人如果无理由不到案，将会导致案件不能进入庭审环节。"人民法院对提起公诉的案件审查后，应当按照下列情形分别处理：（一）不属于本院管辖的，应当退回人民检察院；……（三）被告人不在案的，应当退回人民检察院……"

---

[1] 张丽卿.刑事诉讼法理论与运用［M］.台北：五南图书出版股份有限公司，2007：176.

另一方面，同一性促使法律必须明确规定管辖权变更的情况。当案件系属之后，原本管辖权已经恒定，此时同一案件已经不能经由其他审判机关再次审判，但是，在满足牵连管辖和竞合管辖等条件时，可能会出现管辖权变更的情况。譬如，一基层法院受理了某刑事案件，因为被告人还参与了另一起由上级法院管辖的重大刑事案件，则可能出现管辖权变更的情况。上级法院以牵连管辖的方式取得案件的管辖权。为了保障这种管辖权转移不违反审判对象同一性的规定，则法律必须对何种情况能够变更、如何变更有明确的规定。最高人民检察院《规则》第328条第2款规定："属于上级人民法院管辖的第一审案件，应当报送上级人民检察院，同时通知移送起诉的公安机关；属于同级其他人民法院管辖的第一审案件，应当移送有管辖权的人民检察院或者报送共同的上级人民检察院指定管辖，同时通知移送起诉的公安机关。"而我国的审判机关也应当出台类似的司法解释，以避免在法理上出现同一案件由两个或两个以上法院进行管辖的情况。

（二）影响特殊合并与分离审理的立法

在审判实践中，有些合并与分离审理行为能够满足司法机关对审判效率等因素的要求，故而审判机关乐于进行这种合并与分离审理行为。但是这些行为可能会违背一些诉讼原理，为了保证这种特殊情况下案件合并审理的合法性，国家机关可能会宣称案件具有同一性。从这一角度看，审判对象同一性的规定，会影响某些特殊合并与分离审理的立法。

较为典型的例证是最高人民法院2002年所作的一个司法解释。因为该司法解释明显违背了"一事不再理"原则，所以在诉讼法理上存在巨大争议，抛弃这一方面的论争不谈，仅从案件合并审理角度看，这一司法解释也有较大的研究价值。

最高人民法院于2002年7月31日发布了《最高人民法院研究室关于对刑罚已执行完毕，由于发现新的证据，又因同一事实被以新的罪名重新起诉的案件，应适用何种程序进行审理等问题的答复》，这一司法解释全文如下：

安徽省高级人民法院：

你院［2001］皖刑终字第610号《关于对刑罚已执行完毕的罪犯，又因同一案件被以新的罪名重新起诉，应适用何种程序进行审理及原服完的刑期在新刑罚中如何计算的请示》（以下简称《请示》）收悉。经研究，答复如下：

你院《请示》中涉及的案件是共同犯罪案件，因此，对于先行判决且刑罚已经执行完毕，由于同案犯归案发现新的证据，又因同一事实被以新的罪名重新起诉的被告人，原判人民法院应当按照审判监督程序撤销原判决、裁定，并将案件移送有管辖权的人民法院，按照第一审程序与其他同案被告人并案审理。

该被告人已经执行完毕的刑罚，由收案的人民法院在对被指控的新罪作出判决时依法折抵，被判处有期徒刑的，原执行完毕的刑期可以折抵刑期。

此复

最高人民法院研究室

在这一司法解释中，安徽省高级人民法院请示的案件属于共同犯罪案件。由于案件出现了新证据，所以对原来已经判刑且服刑完毕的犯罪人提起审判监督程序，这一审判监督程序原本应当是独立进行的。但本案的新证据来源于同案犯的归案，根据案件同一性的要求，公诉机关应当将所有犯罪嫌疑人一并起诉，审判机关将所有被告人合并在一个审判程序中进行审理。而这种将分处于审判监督程序与普通程序的被告人放置于一个审判程序中进行审判，显然并不符合一般的诉讼习惯，故而，安徽省高级人民法院对案件进行了请示。最高人民法院通过这个专门的司法解释，作出了合并审理的规定。这种特殊的合并审理，正是受到了案件同一性的直接影响。

除此之外，在其他司法解释中，案件同一性对刑事案件合并审理也有一定的影响。在 1984 年《最高人民法院、最高人民检察院、公安部关于当前办理集团犯罪案件中具体应用法律的若干问题的解答》中，第 3 点回答了"为什么对共同犯罪的案件必须坚持全案审判？"的问题："办理共同犯罪案件特别是集团犯罪案件，除对其中已逃跑的成员可以另案处理外，一定要把全案的事实查清，然后对应当追究刑事责任的同案人，全案起诉，全案判处。切不要全案事实还没有查清，就急于杀掉首要分子或主犯，或者把案件拆散，分开处理。这样做，不仅可能造成定罪不准，量刑失当，而且会造成死无对证，很容易漏掉同案成员的罪行，甚至漏掉罪犯，难以做到依法'从重从快，一网打尽'。"从这一解释可以看出，在为什么对共同犯罪必须进行合并审理的问题上，最高人民法院认为，审判对象同一性能够起到决定性的作用。

第二章

刑事案件合并与分离审理的价值辨析

根据《辞海》的解释,"价值"一词的意思为:"(1)凝结在商品中一般的、无差别的人类劳动。(2)价格。(3)指积极作用。(4)在哲学上,不同的思想视域和思想方式对于价值有不同的理解……也可以指对象物所具有的满足人的各种需要的客观特性。"[1]在法律领域,根据哈耶克的观点:"所谓价值,依据我们的理解,则意指那些根据某些属性而得到界定并被普遍认为是可欲的事件的一般性类型。"[2]国家的立法行为带有很强的目的性,对于任何一种法律制度而言,其之所以能够为立法者所确认,都是因为在某一方面满足了统治者在阶级统治或者是社会管理方面的需要。当前世界上大多数国家和地区的立法都系统规定了刑事案件合并与分离审理制度,这从侧面印证了合并与分离审理在理论和实践上有着非常重要的价值。

自诉讼程序的重要性被重视以来,有关程序的普适性价值也不断地

---

[1] 辞海编辑委员会.辞海(第六版)[Z].上海:上海辞书出版社,2010:1058.
[2] 〔英〕弗里德利希·冯·哈耶克.法律、立法与自由(第二、三卷)[M].邓正来,张守东,李静冰,译.北京:中国大百科全书出版社,2000:19.

被归纳和总结,诸多类似于"法律程序的作用简单地说就是抑制决定者的恣意"①、"美国人的自由史,不夸张的说,就是一部程序史"② 的表述,都从某一个方面揭示出程序对人类社会的重要价值。除却这种类似于公平、正义、自由等一般诉讼程序共有的宏观层面价值不论,刑事案件合并与分离审理制度在诉讼微观层面上发挥着积极作用,对实现刑事诉讼正当程序目的有着极为重要的意义,它是一国诉讼程序不可或缺的内容。

第一节 刑事合并审理的价值

从诉的基本原理来看,一个犯罪人因为一个犯罪行为被提起一次诉讼,组织一次单独的审判,这种源自罗马法的"一人一事一诉一审"式单纯个案是刑事审判的最基本元素。但是在刑事司法实践中,由于犯罪现象的复杂性,不同的单纯个案之间或是在主体上有牵连性,或是在犯罪客体上有牵连性,在这种情况下,如果仍然由审判机关在不同的审判程序中进行分别审理,既不利于节约司法资源,实现诉讼经济,也不利于发现案件真相,统一定罪量刑。故而,笔者拟从诉讼经济和诉讼公正两个角度,系统论证刑事案件合并审理的重要价值。

一 有利于实现诉讼经济

随着我国市场经济建设进程的加快,"经济人"这一作为西方经济学大厦建构基石的概念日益为中国学界所重视,"经济人"被概括为"有理性、追求自身利润或利益最大化的人"③,这一思想也深刻地影响了法学界。在诉讼法领域,强调诉讼效率并不是"经济学帝国主义"在法学领域

---

① 孙笑侠. 程序的法理 [M]. 北京:商务印书馆,2005:18.
② 324 U.S. 401, 65 S. Ct. 781. 转引自锁正杰. 刑事程序的法哲学原理 [M]. 北京:中国人民公安大学出版社,2002:221.
③ 陈泽亚. 经济人与经济制度正义 [M]. 济南:山东人民出版社,2007:38.

的大肆扩张，而是诉讼法作为程序性法律的内在需要。效率应当是程序的重要组成部分，"程序通过规则而明确，所以它是可以设计的……设计的标准主要有两个，一个是正义，另一个是效率"。① 在刑事案件合并审理制度的价值判定上，效率是第一位的因素。陈运财教授认为，合并审判最终的理由即诉讼经济，② 这个观点得到了普遍的认同，"合并审理能够节约国家资金，减少证人和政府当局的麻烦，避免那种将被指控的犯罪交付审判的拖延"。③ 不过在不同国家和地区，由于国情特点，刑事案件合并审理达成诉讼经济目的的方式方法也不完全相同。

（一）协调了正当程序与诉讼效率的矛盾

合并审理制度在整体设计层面协调了正当程序与诉讼效率之间的矛盾。"刑事诉讼所追求之目的，乃因时间与空间之不同，而在发现真实与保障人权之间移来移去。"④ 在新中国成立后的较长时间中，由于受到各方面因素的影响，我国的诉讼制度实际上采用了一种超职权主义的诉讼模式。樊崇义教授总结，我国司法机关和诉讼制度的功能被狭隘化。例如，刑事司法机关和刑事诉讼法律仅仅被视为镇压敌人、惩罚犯罪并通过镇压敌人、惩罚犯罪来维护社会秩序的功能单一的工具，忽视了司法机关和诉讼法制所具有的制约国家权力、使之不被滥用和保护包括犯罪嫌疑人、被告人在内的公民基本人权的作用，忽视了刑事诉讼所具有的独立品格和价值。⑤ 李心鉴博士在研究诉讼模式的力作《刑事诉讼构造论》一书中也认为，以职权主义与当事人主义为根据来考察我国刑诉构造的类型，我们便可以看到，虽然我国刑诉构造具有某些当事人主义的因素，但就构造类型的主要方面而言，是属于职权主义类型的。⑥

---

① 季卫东.法律程序的意义——对中国法制建设的另一种思考[M].北京：中国法制出版社，2004：37.
② 陈运财.共同被告之调查[J].律师杂志，2003，（7）：113.
③ Bruton v. United States, 391 U.S. 123 (1968).
④ 黄东熊，吴景芳.刑事诉讼法论[M].台北：三民书局股份有限公司，2010：5.
⑤ 肖建国.司法公正的理念与制度研究[M].北京：中国人民公安大学出版社，2006：2.
⑥ 李心鉴.刑事诉讼构造论[M].北京：中国政法大学出版社，1992：160-161.

即便是现在，尊重诉讼程序的独立价值也尚未成为不少司法人员的自发观念，刑事司法程序的很多制度设计也并不合理。但不可否认的是，改革开放之后，特别是近十几年来，我国刑事诉讼法一直都在加强人权保障相关制度的建设，强调公平、正义和公正等程序的独立价值。可以认为，虽然还没有像美国一样到达宪法重视的高度，但是正当程序的重要意义已经得到我国各界的一致认可。

然而，找寻正当程序的过程注定并不轻松。"正当程序理念下，为了真正做到保障被告人等诉讼参与人的人权，发现事实真相，立法需要对多方面的诉讼程序和各种规则作出严密细致的规定，包括刑事诉讼中各阶段的程序规则，被告人等诉讼参与人权利的保障性规定及义务性规定，司法机关权力的规定，证据规则等等。这样正当的法律程序必然显得复杂甚至繁琐。"①

以我国死刑复核权的下放和回收为例。1980年1月1日正式施行的《刑事诉讼法》第144条规定，死刑由最高人民法院核准。但出于打击刑事犯罪的需要，该法刚刚施行了43天之后，1980年2月12日，全国人大常委会就通过决定，在当年部分下放死刑复核权，并且在1983年9月2日，全国人大常委会通过了《关于迅速审判严重危害社会治安的犯罪分子的程序的决定》和《关于修改〈中华人民共和国人民法院组织法〉的决定》。以这两个决定为标志，我国将危害社会治安的严重刑事犯罪的死刑复核权彻底下放给了地方。死刑复核权的下放简化了诉讼程序，在历史上对快速高效遏制犯罪起到了一定的积极作用。但这种做法非常明显地忽视了被判处死刑的被告人的程序救济权利。故而，2006年12月28日，《最高人民法院关于统一行使死刑案件核准权有关问题的决定》公布，决定从2007年1月1日起，根据《中华人民共和国人民法院组织法》原第13条规定发布的关于授权高级人民法院和解放军事法院核准部分死刑案件的通知，一律

---

① 陈卫东，李洪江. 正当程序的简易化与简易程序的正当化［J］.法学研究，1998，（2）：105.

予以废止。至此，死刑复核权收归最高人民法院。这种改革符合程序正义的要求，但付出的成本是巨大的，仅仅是在人财物的准备上，最高人民法院就提前了几年进行准备，"新增加了三个刑事审判庭，至少三四百个死刑复核法官，甚至可能要新建一座独立的死刑复核大楼"。[①]

正当程序的实现很多时候和诉讼效率之间是矛盾的。但是刑事案件合并审理机制可以将两者较好地结合，综合考虑两者的权重。它能够在实现案件判决一致等积极作用的同时很明显地提高诉讼效率。

探索正当程序的基本原理，无论是英国的自然正义理念，还是美国的正当程序要求，罗马法时期的"一人一事一诉一审"这种纯粹的单一诉讼都不是程序正义的必然内容。相反，刑事案件不必要的大量分离审理必然会产生高昂的诉讼成本，这很难称得上是一种正义。与此相对应，相互间存在关联性的数个案件之间在案情调查和证据运用等方面多有重合，并案诉讼有利于节约诉讼成本，实现诉讼程序的经济性。[②] 在不违反程序正义的前提下，刑事案件合并审理制度能够有效地提高诉讼效率，这正是其较大优点，这一点和辩诉交易等制度有明显不同。因此从整体上而言，刑事案件合并审理是在正义和效率之间的一种平衡，可以较好地满足现代诉讼程序对效率的要求。

（二）减少了国家司法资源的消耗

能够明显地减少国家司法资源消耗是刑事案件合并审理在诉讼经济方面最为直观的价值。司法是一种纯消耗的社会活动，投入的社会成本越少越好。"尽管难以对20多年以来中国社会纠纷的增长情况进行精确描述，但是，法院审结的诉讼案件数、信访机关受案数的变化却真实地映射出中国社会纠纷的日益增加与复杂化。"[③] 但在刑事案件数量及"难

---

① 赵蕾. 最高人民法院选调各地法官筹建死刑复核机构 [N]. 南方周末. 2006-03-30 (08).
② 谢佑平，万毅. 刑事诉讼牵连管辖制度探讨 [J]. 政法学刊，2001，(1)：21-24.
③ 左卫民. 变革时代的纠纷解决及其研究进路 [J]. 四川大学学报（哲学社会科学版），2007，(2)：110-116.

办"程度不断增加的同时，我国能够投入刑事案件中的资源并没有同比例增加，尤其是员额制改革之后，法官队伍结构进行了重大调整，新型的"案多人少"严重困扰着我国的司法机关。

"案多人少"其实并不是一个新话题，这一现象十几年前就已存在。最高司法机关为此进行了许多的努力，如2003年3月14日，最高人民法院、最高人民检察院和司法部联合颁布《关于适用普通程序审理"被告人认罪案件"的若干意见（试行）》，但这一问题至今仍未得到根本性的解决。

表2-1中列举了我国2011年至2021年刑事案件一审审结案件的数量，通过对比分析可以发现，我国刑事案件数量增长和司法资源有限的矛盾仍然比较突出。

表2-1 我国2011年至2021年刑事案件一审结案情况

单位：万件

年份	2011	2012	2013	2014	2015	2016
数量	83.9973	98.6392	95.3976	102.3017	109.9205	111.5873
年份	2017	2018	2019	2020	2021	
数量	111.5873	119.8383	129.7191	111.5890	125.5671	

资料来源：我国刑事案件一审结案数量参见2012年至2022年《中国统计年鉴》中"人民法院审理刑事一审案件收结案情况"条目。

根据表内统计数据，2021年刑事案件一审结案数量较2011年上升50%左右。此处需要特别注意时代背景，2014年6月，中央全面深化改革领导小组审议通过了《关于司法体制改革试点若干问题的框架意见》，指出完善司法人员分类管理是"司法体制改革的基础性、制度性措施"；2015年，《人民法院第四个五年改革纲要（2014—2018）》正式启动法官员额制改革。在此之前，我国法官数量长期维持在20万人左右。[1] 在当

---

[1] 2001年和2002年法官人数参见中国人民大学法学院《中国法律发展报告》表4-4《1979—2004年全国审判工作人员数量及其构成》。http://www.law.ruc.edu.cn/fazhan/ShowArticle.asp?ArticleID=23645，2012-01-01.

时,案件数量增加,法官数量却原地踏步,并且值得注意的是,有较多人员虽然具有法官身份,但是一般较少审理具体案件,这个变量使得刑事法官数量与一审结案数量之间的关系更加紧张,时任最高人民法院院长肖扬2004年10月26日在向十届全国人大常委会第十二次会议报告关于加强基层法院建设情况时陈述,2004年基层法院一线法官数量比2000年减少13.07%。[①] 因此,最高人民法院2011年将"坚持以人为本,关爱法官身心健康,营造和谐工作环境"写入工作报告并非无病呻吟,而是一种无奈的选择。

员额制改革之后,全国法院遴选产生约12万名员额法官,但一线法官任务过重的问题并没有彻底解决。[②] 经过几年的磨合,制度运行已经趋于平稳,但是员额法官普遍工作压力过大,部分地区法官离职现象严重,司法辅助人员队伍不稳定等新问题开始出现,需要被认真对待,"法官员额制改革的推行,在初步实现入额法官的专业化和精英化的同时,也带来了包括'案多人少'、'诉讼效率下降'、'办案法官不堪重负'一系列问题"。[③]

而无论是刑事案件的哪一种类型的合并审理,都可以从某一个角度缓解这一问题。正如陈朴生教授所言,"惟案件间因具有相牵连之关系时,无论其为主观的牵连,或客观的牵连,如由其有管辖权之法院分别管辖或分别审判,难免程序重复,证据分散,于被告人并非有利。乃各国立法例皆本诉讼经济之精神,设有许其合并管辖或合并审判之规定,以收事半功倍之效"。[④] 试想,如果我们抛弃了实际上已经存在的各种刑事案件合并审理制度,将多个诉讼主体或者多个诉讼客体的案件全部分

[①] 邹声文,张旭东. 我国基层法官人数接近15万人法院存在四大问题 [EB/OL]. http://news.sohu.com/20041026/n222698772.shtml,2004-10-26.

[②] 周强. 最高人民法院关于人民法院全面深化司法改革情况的报告——2017年11月1日在第十二届全国人民代表大会常务委员会第三十次会议上 [J]. 中华人民共和国全国人民代表大会常务委员会公报,2017,(6):982-991.

[③] 陈瑞华. 法官员额制改革的理论反思 [J]. 法学家,2018,(3):1-14.

[④] 陈朴生. 刑事经济学 [M]. 台北:正中书局,1975:342.

解,那么短时间内法院面对的刑事案件数量必然会出现爆炸式的增长,其后果不可想象。

与法院审理案件的资源消耗相对应,我国大部分刑事案件均需要检察机关派公诉人出庭支持公诉,合理地将案件合并审理,同样能够大幅减少公诉机关的工作量。

为了更加全面地排除非法证据,切实有效地保障刑事诉讼中被告人的人权,我国在2012年《刑事诉讼法》中增添了侦查人员出庭作证的内容,该法第57条规定:"在对证据收集的合法性进行法庭调查的过程中,人民检察院应当对证据收集的合法性加以证明。现有证据材料不能证明证据收集的合法性的,人民检察院可以提请人民法院通知有关侦查人员或者其他人员出庭说明情况;人民法院可以通知有关侦查人员或者其他人员出庭说明情况。有关侦查人员或者其他人员也可以要求出庭说明情况。经人民法院通知,有关人员应当出庭。"考虑到我国庭审对抗性在不断地加强,如果以英美法系的"司法竞技主义"为参照,我国以后刑事庭审中对证据可采信的争议将会越来越多,侦查人员出庭作证的概率也会大大增加。与现在相比,势必会耗费更多的司法资源,将刑事案件进行合理的合并审理会从数量上减少侦查人员出庭作证的次数,无疑能够节约宝贵的司法资源。

(三) 减少了诉讼参与人的讼累

完整的庭审历来要求所有诉讼主体的共同参与。除了审判人员、检察人员和案件当事人之外,诉讼代理人、辩护人、证人、鉴定人和翻译人员也是刑事案件庭审的重要参加人员。对相关联刑事案件进行合理的合并,可以减少其他诉讼参与人的讼累。这对我国当前正在进行的证人出庭和鉴定人出庭的相关制度改革有着间接的推进作用。

证人出庭作证方面。1996年《刑事诉讼法》第48条第1款明文规定:"凡是知道案件情况的人,都有作证的义务。"第47条同时规定:"证人证言必须在法庭上经过公诉人、被害人和被告人、辩护人双方讯问、质证,听取各方证人的证言并且经过查实以后,才能作为定案的根据……"但是由于证人出庭作证会给各方诉讼主体带来更大的诉讼负担等,刑事案件证人出庭率低,这一直是我国刑事诉讼的老大难问题。早在1996年《刑事诉讼法》刚刚修订后不久,龙宗智教授就认为,新的庭审制度在推行中"最突出、最难以解决的矛盾"将是证人作证问题。这一预断也早已经被司法实践所证实。龙教授的统计资料显示,在刑事审判中,被列入证人名单、庭前也受到过调查询问的证人,出庭率不超过5%。[①] 而众所周知,直接言词原则是现代刑事诉讼的基本原则,即便在具体内涵上有所不同,英美法系当事人主义和大陆法系职权主义的庭审都要求贯彻这个基本原则。我国试图向英美法系的当事人主义学习,构建起具有对抗性质的庭审程序,而证人出庭率长期低下明显违背对抗制庭审的基本要求。

因为刑事案件证人出庭率低下在司法实践中有着严重的危害,所以我国提高刑事案件证人出庭率的制度改革方向已经基本明确。全国人大法律工作委员会在2012年的《关于〈中华人民共和国刑事诉讼法修正案(草案)〉的说明》中,对我国证人出庭制度进行了全面的制度构建说明,"建议明确证人出庭作证的范围,规定证人证言对案件定罪量刑有重大影响,公诉人、当事人或者辩护人、诉讼代理人有异议的,或者人民法院认为有必要的,证人应当出庭作证。对于鉴定意见,只要公诉人、当事人或者辩护人、诉讼代理人有异议,鉴定人就应当出庭作证。同时,规定强制出庭制度,证人、鉴定人没有正当理由不出庭作证的,人民法院可以强制其到庭,对于情节严重的,可处以十日以下的拘留。考虑到强制配偶、父母、子女在法庭上对被告人进行指证,不利于家庭关系的维系,因此,规定被告人的配偶、父母、子女除外。(修正案草案第六十七条、第六十八条)"。

在这一思路下,加强刑事证人出庭制度的建设应当会成为下一阶段我国庭审改革重要内容之一。证人出庭作证虽然有着明显的优点,但毕

---

① 龙宗智. 刑事庭审制度研究[M]. 北京:中国政法大学出版社,2001:242.

竟是一种成本较高的诉讼行为。证人出庭一般主要包括以下环节：出庭申请的提出与审查、决定，通知、动员证人出庭，填写出庭通知书，证人到庭后安排其候审，证人出庭后履行保证程序，控辩审三方对证人的询问、质证，等等。[①] 而在当前证人出庭率低的诸多原因中，证人本身因为经济原因而不愿意出庭作证是不可忽视的重要因素之一。[②] 即便是我国刑事诉讼法在2012年新设了证人出庭补助制度，[③] 但一方面，这项制度的具体落实还需要一个较长的时间；另一方面，即便是有了证人出庭补助制度，是否能够完全消弭证人出庭的经济障碍因素还值得怀疑。根据作者利用北大法宝检索的不完全统计，截至2023年3月，仅有天津、宁夏、安徽、浙江、重庆和北京六地出台了《关于刑事案件证人、鉴定人及有专门知识的人出庭规定（试行）》等证人出庭的地方性规定，至今尚没有国家层面的法律文件。并且从《重庆市高级人民法院关于证人出庭作证费用相关事宜的通知》等文件来看，交通费、住宿费和就餐费的报销额度并不宽裕，"交通费一般以证人常住地到法院距离并根据案情需要选择乘坐交通工具凭票给予报销，住宿费和就餐费参照当地财政部门制定的差旅费相关标准执行"，并且流程不简便。所以，刑事案件提倡合并审理的效率意义不言而喻，在最基本的表现上，"如果分别审判，证人即可能被传唤至二不同之审判庭作证，浪费证人之时间"。而在某些时候，还能有其他额外的人权保障效果，"当证人为儿童或性侵害的被害人，更不希望这类的被害人被重复地讯问，以免造成二度、三度的伤害"。[④] 总之，刑事案件合并审理制度构建得当，不仅可以减少证人的讼累，而且

---

① 左卫民，马静华. 刑事证人出庭率——一种基于实证研究的理论阐述 [J]. 中国法学，2005，(6)：174.
② 参见胡夏冰. 为什么强制证人到庭作证——兼论完善我国证人作证制度的基本思路 [J]. 法学评论，2002，(3)：108-114. 何家弘. 证人制度研究 [M]. 北京：人民法院出版社，2004：46-47.
③ 2012年《刑事诉讼法》第63条第1款规定："证人因履行作证义务而支出的交通、住宿、就餐等费用，应当给予补助。证人作证的补助列入司法机关业务经费，由同级政府财政予以保障。"
④ 王兆鹏. 新刑诉·新思维 [M]. 台北：元照出版有限公司，2004：130.

在更深的层面上，可以间接推动我国证人出庭制度的发展。

推进鉴定人出庭制度建设也是刑事案件合并审理的一个较大的贡献。在我国的三大诉讼法中，鉴定人的鉴定意见均以鉴定结论的形式出现在庭审中，是一种独立的法定证据种类。大陆法系基本上是将鉴定人作为法官的辅助人，而在英美法系国家，鉴定人是以专家证人的身份出现的。无论是在国内还是国外，鉴定结论（或者专家证言）都必须经过法庭的质证才能最终成为定罪量刑的依据，这一点各国没有差异。

但在我国1996年《刑事诉讼法》中，"鉴定"一词出现34次，但没有要求鉴定人出庭作证的规定。与之配套的1998年《最高人民法院关于执行〈中华人民共和国刑事诉讼法〉若干问题的解释》对鉴定人出庭的事项作出了具体要求，第144条规定："鉴定人应当出庭宣读鉴定结论，但经人民法院准许不出庭的除外。鉴定人到庭后，审判人员应当先核实鉴定人的身份、与当事人及本案的关系，告知鉴定人应当如实地提供鉴定意见和有意作虚假鉴定要负的法律责任。鉴定人说明鉴定结论前，应当在如实说明鉴定结论的保证书上签名。"司法解释此处的规定和《刑事诉讼法》中对证人证言采信的相关规定高度雷同，所遭遇的问题也几乎一致。基于各种因素的考量，鉴定人基本上都不会出庭。一些司法人员更是直接承认，鉴定结论（意见）是各领域的专家依据科学知识对案件中的专门性问题所作出的分析、鉴别和判断意见，其结论不可能会错，即使错了，自己也难以发现、判断。[①]

而在审判实践中，鉴定意见作为一种证据种类，鉴定作为一种证明方法，本身具有科学性、专业性和复杂性等多种特点，可能存在对同一对象数次鉴定的结论不一致的情况，而且据我国的研究者统计，这种不一致的比率并不低。例如根据河南省高级人民法院的统计资料，该院内部鉴定部门在1998年至2004年复核的620件案件中，变更原鉴定结论的

---

① 参见樊崇义. 刑事证据法原理与适用［M］. 北京：中国人民公安大学出版社，2001：219.

有417件，占总数的67.3%。①

鉴于鉴定意见在现代刑事诉讼中的重要性日益显现，我国近年来对鉴定结论制度进行了一系列改革。2000年，司法部制定颁布《司法鉴定机构登记管理办法》和《司法鉴定人管理办法》；2005年，全国人大常委会颁布《关于司法鉴定管理问题的决定》（2015年个别条款修正）；2007年，司法部颁布《司法鉴定程序通则》；2012年，《刑事诉讼法》正式将鉴定人出庭作证制度提上了台面，《刑事诉讼法》第187条第3款规定明确了鉴定人强制出庭制度的范围和惩罚等细节："公诉人、当事人或者辩护人、诉讼代理人对鉴定意见有异议，人民法院认为鉴定人有必要出庭的，鉴定人应当出庭作证。经人民法院通知，鉴定人拒不出庭作证的，鉴定意见不得作为定案的根据。"该条内容被2018年《刑事诉讼法》完全继承，改变了鉴定人出庭作证无法律直接规定的局面。2020年，司法部出台《关于进一步规范和完善司法鉴定人出庭作证活动的指导意见》（司规〔2020〕2号），进一步加强了相关工作。当然，和前述证人出庭遭遇各种问题一样，我国鉴定人出庭仍然属于罕见现象，"鉴定人出庭率总体并不高——2012年1月1日至2020年12月31日，'中国裁判文书网'共发布涉'鉴定意见'的刑事裁判文书1683327件，其中有关'鉴定人出庭'的裁判文书为1606件，占比仅为0.095%"。②

而且从世界范围内看，鉴定人出庭是刑事诉讼不可逆转的趋势，美国的兰德调查公司一项研究成果表明，加利福尼亚州高等法院在20世纪80年代末审理的案件中，有专家证人出庭的占86%，平均起来，每个案件中有3.3个专家。③可以预见，随着法律的改革和庭审对抗性的加强，我国的鉴定人出庭工作量也将会大大增加。合理地将具有关联性的案件

---

① 文献综述参见章礼明. 论刑事鉴定权［M］. 北京：中国检察出版社，2008：2.
② 刘科学. 刑事诉讼中鉴定人出庭制度的运行现状及其改进——以88份裁判文书为研究样本［J］. 中国应用法学，2021，（5）：149.
③ 〔美〕格罗斯. 专家证人证据［J］. 威斯康星法律评论，1991：1113＋1118－1119. 转引自〔美〕约翰·W. 斯特龙. 麦考密克论证据（第五版）［M］. 汤维建，等译，北京：中国政法大学出版社，2004：31.

进行合并审理，将明显减少鉴定人方面不必要的诉讼消耗，避免司法资源的浪费。

（四）符合及时诉讼原则的要求

及时诉讼原则是从当事人角度对诉讼效率的要求。在以往，强调诉讼效率更多的是国家出于节约司法资源的考虑，并过多地带有保障当事人利益的色彩。例如，为了提升诉讼效率，避免审判拖延，古罗马对加快诉讼进程的立法有着比较详细的规定，如在选定裁判官后的第三日法庭对当事人进行开庭审判，对于任何一个当事人，如果无故没有出庭参加开庭审判，那么等中午时间一到，裁判官有权作出其因为无故缺席而败诉的决定。[①] 但这些规定均是在原始的弹劾式诉讼模式下，国家为了避免当事人过分拖延诉讼的无奈选择。当然，由于当时的历史环境局限，也不能奢望国家从尊重当事人诉讼权利的角度作出详尽的立法。但是毕竟"迟来的正义非正义"，及时诉讼对当事人的人权保障有着极为重要的意义。故而，17、18世纪资产阶级大革命以后，西方国家在确立现代刑事诉讼制度时，基本上都对及时诉讼原则有一定的规定，即便是《权利法案》《独立宣言》《人权宣言》等经典文献，也不乏关于及时诉讼原则的表述。

为了更好地提升诉讼效率，维护当事人的利益，各国丰富和发展了及时诉讼原则，在法律制度中对其给予了充分的关注。例如，美国宪法第六修正案明确提出，在一切刑事诉讼中，被告有权由犯罪行为发生地的州和地区的公正的陪审团进行迅速和公开的审判。[②] 这从根本法的角度对犯罪嫌疑人、被告人权利进行了规定，为被控诉者能够尽早地摆脱诉讼之苦提供了宪法支持。在司法操作上，各国用集中审理等制度对犯罪嫌疑人、被告人在审判阶段享有的及时诉讼权利进行了具体落实，"法院

---

① 周枏. 罗马法原论（下册）[M]. 北京：商务印书馆，1994：864-867.
② 第六修正案相关内容英文为"In all criminal prosecutions, the accused shall enjoy the right to a speedy and public trial, by an impartial jury of the State and district where in the crime shall have been committed"。

必须连续集中地审理案件，是实现迅速、公正审判的原则"。① 实际上，实现及时诉讼的方式有很多，我国有关审判阶段期间的规定也是及时诉讼原则的一种表现。

尽管我国立法没有将及时诉讼原则确立为刑事诉讼基本原则之一，但我国法律对这一问题并非完全没有规定，相关制度散见于刑事诉讼法及相关司法解释之中。随着我国对人权保障问题的认识加深，及时诉讼原则将会在我国得到越来越多的强调。国务院在 2009 年批准公布《国家人权行动计划 (2009—2010 年)》，这是中国政府促进和保障人权的阶段性政策文件，其内容覆盖政治、经济、社会、文化等各个领域。其中第二部分"公民权利与政治权利保障"第 3 条"获得公正审判的权利"中就专门提出，为了依法保障诉讼当事人特别是受刑事指控者获得公正审判的权利，必须"采取有效措施，保证依法、及时、公正审理各类案件"。笔者认为，从犯罪嫌疑人、被告人角度看，刑事案件合并审理在提升诉讼效率方面对他们的最大程序价值在于能够较为明显地缩短未决羁押的期限，减少被追诉人的讼累。

在我国，刑事案件的未决羁押和逮捕、拘留紧密捆绑，拘留和逮捕是普遍现象，也就意味着未决羁押是司法实践中的常态。过高的审前未决羁押率曾长期困扰我国，据《中国统计年鉴 2010》表 22 - 18 的统计数字，我国 2009 年全年批捕和决定逮捕案件合计为 633118 件，958364 人，而同年，检察院决定起诉的案件为 749838 件，1168909 人。考虑到自诉案件一般较少逮捕犯罪嫌疑人，再排除被批准和决定逮捕但最终不起诉的极少数人，粗略统计，我国 2009 年刑事案件的逮捕率约为 81%。其他学者的实证研究也得出了类似的结论，如最高人民检察院检察理论研究所研究员但伟在对全国 20 个基层检察院 2004 年至 2009 年 5 年间的逮捕率和羁押率进行统计后发现，这一数字全部都在 90% 以上，职务犯罪的捕后羁押率更在 98% 以上。②

---

① ［日］田口守一. 刑事诉讼法 [M]. 刘迪，等译，北京：法律出版社，2000：161.
② 参见赵阳. 中国刑案羁押候审率超 90% "一押到底"难题凸显 [N]. 法制日报，2011 - 09 - 01 (05).

前述高企的审前未决羁押率显然不符合保障人权的诉讼法治精神。1948年联合国大会通过的《世界人权宣言》首次在联合国文件中确定无罪推定原则，公约第11条第1项明确规定："凡受刑事控告者，在未经获得辩护上所需的一切保证的公开审判而依法证实有罪以前，有权被视为无罪。"这一原则已经得到了世界上大多数国家的认同。我国1996年《刑事诉讼法》第12条也吸收了无罪推定的合理内核，规定了"未经人民法院依法判决，对任何人都不得确定有罪"。考虑到未决羁押和无罪推定原则直接相悖，因此各国对未决羁押进行了严格的限制。未决羁押的实施效果和服刑高度类似，因此，"几乎在所有的西方国家，逮捕与羁押在适用程序上都是明显分离的"，"不论逮捕的实际授权者是谁，在逮捕后法定的羁押期限结束后，司法警察或检察官必须毫不延迟地将嫌疑人送交司法官员，后者有权对是否继续羁押嫌疑人的问题进行全面的审查"。[①] 在不合理的未决羁押和人权保障严重冲突的情况下，大量的未决羁押严重影响了我国刑事司法的形象，国内对未决羁押的制度改革建议一直不绝于耳。

但考虑到国情，未决羁押在保障嫌疑人及时到案、维护社会秩序、稳定社会公众情绪等方面有着重要作用。故而，即便是反对声音很大，司法机关也不会主动地大幅度减少未决羁押的适用。与此同时，立法上，由于未决羁押还牵涉到公检法三家的诉讼权力调整，立法成本较高，改革的难度也较大。例如，陈瑞华教授在进行中西比较后论证得出，总体而言，未决羁押只有成为一个独立、封闭的司法控制系统，而不依附于刑事追诉（特别是侦查）活动，才能体现出诸如羁押法定、比例性、必要性等一系列的实体构成原则，符合无罪推定、司法庭审、司法救济等程序方面的要求，从而提高其法治化水平。[②] 但是类似的构想在我国现行的司法体制状态下，短时间内明显难以实现。在2012年《刑事诉讼法》

[①] 陈瑞华. 未决羁押制度的理论反思 [J]. 法学研究, 2002, (5): 61–62.
[②] 陈瑞华. 未决羁押制度的理论反思 [J]. 法学研究, 2002, (5): 79.

中，我国对强制措施进行了改革，不过这种改革仅仅是微调，并没有对原有的未决羁押制度进行体制性的变革。① 以至于在很长一段时间内，检察机关都将控制"不捕率"作为工作考核的一项重要指标。

2021年4月，中央全面依法治国委员会把坚持"少捕慎诉慎押"刑事司法政策列入2021年工作要点，将"少捕慎诉慎押"从司法理念上升为党和国家的刑事司法政策，这一工作短时间内取得较好成效，大幅扭转了我国审前羁押率过高的被动局面。根据《2023年最高人民检察院工作报告》，"政法机关协同落实，诉前羁押率从2018年54.9%降至2022年26.7%，为有司法统计以来最低；不捕率从22.1%升至43.4%，不诉率从7.7%升至26.3%，均为有司法统计以来最高"。但相较于国际人权公约的要求和我国轻罪为主的犯罪结构，这项工作还远没有达到可以歇脚停步的程度。

在"少捕慎诉慎押"的政策指引下，我们应当探求多样化的减少未决羁押路径，而刑事案件合并审理制度在缩短未决羁押期限、保障被追诉人人权方面可以发挥非常重要的作用。合并审理可以避免"一人一事一诉一审"引发的诉讼拖延，缩短羁押期限。以共同犯罪案件的审理为例，同一法院对某一刑事案件中几个共同犯罪被告人分别进行审理，在时间上不可避免地有前有后，抛其他的诉讼资源消耗不论，至少会成倍地延长审判期间，造成排期靠后被告人的未决羁押期限较长，而一旦将相关联案件合并审理，将会从整体上明显缩短共同被告人的未决羁押期限，避免诉讼拖延。

有美国学者质疑认为，由于合并审理，当被告人、辩护人、证人等人数众多时，法院很难安排一个共同的时间作为审判期日，所以合并审理所排定的审判期日，通常比分别审判的期日要长，造成诉讼的拖延。②

---

① 相关改革如，2012年《刑事诉讼法》第93条规定："犯罪嫌疑人、被告人被逮捕后，人民检察院仍应当对羁押的必要性进行审查。对不需要继续羁押的，应当建议予以释放或者变更强制措施。有关机关应当在十日以内将处理情况通知人民检察院。"这只是要求对未决羁押的必要性进行监督。类似的条文并没有对我国未决羁押制度进行司法化改革等重大结构性修改。

② ROBERT O. DAWSON. Joint Trials of Defendants in Criminal Cases：An Analysis of Efficiencies and Prejudices [J]. Michigan Law Review, 1979, 77 (6): 1379-1385.

这一忧虑在我国其实并不存在。正如上文所言，在职权主义诉讼模式下，我国刑事案件犯罪嫌疑人、被告人的逮捕率很高，安排多个被告人在某一时间参与诉讼不存在技术上的困难。我国刑事诉讼的辩护率一直不高，证人出庭率低至今仍是顽疾，不过从另一视角来看，这些共同促成法院在开庭排期时基本上不会存在太多的阻碍。实际上，根据长期形成的诉讼习惯，法院对刑事案件的排期除了考虑到法律规定的诸多期间外，在司法操作中基本上都是法院主导，依职权行事，不会刻意征询当事人的意见。与此同时，与西方国家不同的是，我国刑事诉讼法对案件审判期间有着严格的规定，并且基层法院工作量较大，法院通常不会主动拖延复杂刑事案件的审理时间，以致造成诉讼拖延或者案件积压的局面。

（五）满足重大、疑难和复杂案件处理的需要

德国学者魏吉德认为，犯罪学研究证明，造成司法负担的原因在于两大方面：一是20世纪60年代以来普通刑事犯罪和所谓的"轻微犯罪"的大幅增长；二是在经济和环境领域内各种新的复杂刑事犯罪的出现。[①]我们可以较为容易地寻找到各种普通刑事案件简化处理的方式，但是对重大、疑难和复杂案件中的诉讼效率问题，我们一直没有太好的应对办法。对司法机关而言，复杂刑事案件本身的处理难度较一般刑事案件更大，所需要消耗的社会资源更多，也许有人会认为这是诉讼资源的必要消耗，但笔者认为，即便是处理重大、疑难和复杂案件，我们也应当尽可能地减少司法成本的支出。

一方面，"难办"案件数量大幅增加。如果仅看绝对数量，我国刑事案件增速比较平稳，根据前文《中国统计年鉴》的数据，2011年至2022年一审审结刑事案件增加了49.48%。并且重罪案件的数量在持续下降，甚至犯罪结构已经发生了变化，"若按宣告刑5年有期徒刑及以上为重刑标准，2012年以来的重刑率年均占比均在20%以内，其中2014年、2015

---

① 〔德〕T. 魏吉德. 刑事诉讼法中不可放弃的原则［A］. 樊文，译. 陈泽宪. 刑事法前沿（2）［C］. 北京：中国人民公安大学出版社，2005：204.

年、2016年甚至在10%以内，而轻刑案件的占比则在80%甚至90%以上"。[①] 最高人民检察院也高度重视重罪案件数量减少的问题，根据《2021年最高人民检察院工作报告》，"专项斗争荡涤效果凸显，社会治安秩序持续向好，与2020年相比，起诉涉黑涉恶犯罪下降70.5%，杀人、抢劫、绑架犯罪下降6.6%，聚众斗殴、寻衅滋事犯罪下降20.9%，毒品犯罪下降18%"。但需要注意两个问题：一是网络诈骗、非法集资等重罪案件高发，此类案件犯罪事实数量多，情况复杂，证据收集、审查、认定难度大，且被告人人数多，责任认定较难，案件卷宗动辄数十上百卷，需要投入大量的审判资源；二是我国犯罪圈持续扩张，轻罪入刑较多，由于立法初创，细则不明，基层法院在审理时也屡有困难，需要反复审慎论证，增加了审判消耗，在这种意义上，此类轻罪案件在一定程度上也属于"疑难"案件和"复杂"案件。案件结构变化引发的司法资源配置调整是新兴研究课题，时任最高人民法院院长周强同志在《2023年最高人民法院工作报告》中也提出："部分中级、基层法院办案压力大，一些审判领域专业化人才短缺。对这些问题和困难，人民法院将采取有力措施，努力加以解决。"

另一方面，随着我国法治环境的改善，人们法治意识的提高，当事人和社会公众对人民法院审理重大、疑难和复杂案件的能力提出了更高的要求，这也会加大司法机关的诉讼压力。重大、疑难和复杂案件的被告人的辩护率远高于一般刑事案件，上诉率也高于一般刑事案件，通常而言，重大、疑难和复杂案件也更能够引起媒体的关注，引入社会力量的参与。这些情形都促使司法机关在处理案件的时候在程序上更加谨慎，规则适用更加清晰，审判结果更加公正，因此必然会加大司法资源的消耗。

以上几点可以看出，我们有必要特别关注重大、疑难和复杂案件处理程序的效率问题。毫无疑问，在重大、疑难和复杂案件中，诉的合并

---

① 卢建平. 为什么说我国已经进入轻罪时代 [J]. 中国应用法学，2022，(3)：134.

情况明显会高于一般的刑事案件，即便法律不作明确的规定，出于趋利避害的本能，法官都会在裁量权之内自觉或不自觉地选用有利于自己的审判方式。刑事案件合并审理就是司法机关用于提高诉讼效率的主要审理方式之一。所以笔者认为，对刑事案件合并审理问题进行研究，是建立我国重大、疑难和复杂案件专门诉讼程序的有益尝试，在学理上，可以为优化我国重大、疑难和复杂案件的处理程序打开新的研究视野。

二 有利于实现实体公正

达成诉讼经济是刑事案件合并审理的主要价值，国内的研究成果中，也有不少将其视作合并审理唯一的价值加以论述。不过从刑事案件合并审理的诸多具体制度所发挥的作用来看，笔者认为，某些时候，刑事案件合并审理制度也能够在实现实体公正方面发挥重要作用，这一功能同样不可忽视。

在现代刑事司法中，打击犯罪与保障人权两者之间何者更为重要并不是一个可以轻易回答的问题，但至少我们知道，在任何一个法治国家，过分轻视"打击犯罪"或者过分轻视"保障人权"都是一种极不明智的选择。我们宣扬程序的独立价值，但不可否认，惩罚犯罪是刑事诉讼产生和存在的原始根据。[1] 特别是在我国，案件处理的实体公正至少是司法机关普遍追求的重要目标之一（甚至是主要目标）。而实现这一目标并不容易，需要审判机关同时具备若干个条件，团藤重光教授认为："这是以正确认定事实（实体真实主义）和正确、公正地适用法令及量定刑罚为条件的。"[2] 正确认定事实是公正审判的前提基础，精确量刑是前者的自然衍生，在这样的情况下，可以达到"正确定罪量刑"的最终效果。而刑事案件合并审理制度在正确认定事实和精确量刑这两个方面完全可以发挥一定的作用。

---

[1] 樊崇义. 诉讼原理 [M]. 北京：法律出版社，2004：15.
[2] 〔日〕团藤重光. 新刑事诉讼法纲要 [M]. 创文社，1984：28-29. 转引自肖建国. 司法公正的理念与制度研究 [M]. 北京：中国人民公安大学出版社，2006：60.

（一）有助于正确认定事实

受西方法律解释学的影响，我国大部分学者偏好于研究事实认定问题，但在"法官造法""法官释法""法与道德"等法律适用方面出现了疑难案件（如许霆盗窃 ATM 机案）。[①] 实际上，就刑事办案的实际情况来看，在罪刑法定原则影响下，法律适用难题并不是常见现象。相反，"实践当中如果有一千个事实问题，那么真正的法律问题还不到事实问题的千分之一"[②]，案件事实认定是出现争议最多的领域。方金刚博士调查了中部某省某一时间段的 1657 份刑事二审终审判决书，其中将"事实不清"等事实问题存在争议作为上诉理由的案件有 1640 件。在二审法院获得改判的案件有 309 件，发回重审的案件有 94 件。[③]

事实认定存在争议并不一定代表案件属于错案，但一般而言，事实认定争议越多，出现错案的比率也会越高，如果整个社会充满了对刑事案件事实认定的争议，这对判决权威性、司法公信力的影响将会是摧毁性的，所以我们必然需要采取一定的措施来解决案件事实的认定问题。实际上，从早期"疑罪从无"原则在我国能否得到认可，到后来的证明标准"客观真实"和"法律真实"之争，一直到现在如何避免刑事冤假错案的种种讨论，都可以看出学者们在事实认定问题上的种种努力。甚至可以认为，我国证据法在理论上的每一个前进的脚印中，都镶嵌着学者对事实认定的执着。

早期的案件事实认定理论将刑事事实证明的过程视作为人们主观上对客观世界的一种认识活动，而且仅仅是一种认识活动。"证据制度要解决的核心问题是如何保证司法人员能够正确认识案件事实，亦即如何能

---

① 代表论文有：韩新华. 试析德沃金的疑难案件理论 [J]. 东方论坛，2003，(1)：95-99；李启成. "常识"与传统中国州县司法——从一个疑难案件（新会田坦案）展开的思考 [J]. 政法论坛，2007，(1)：111-123；梁迎修. 寻求一种温和的司法能动主义——论疑难案件中法官的司法哲学 [J]. 河北法学，2008，(2)：73-77.
② [德] 伯恩·魏德士. 法理学 [M]. 丁小春，吴越，译. 北京：法律出版社，2003：208.
③ 参见方金刚. 案件事实认定论 [D]. 北京：中国政法大学，2004：2.

够保证其主观符合客观。"① 时至今日，这一观点已经得到了很大的修正，通说认为，刑事证明应当具有客观性、相对性和正当性。② 刑事案件合并审理制度可以从法官、当事人和社会公众等多重角度促成案件最终的裁判能够正确认定案件事实。

1. 法官角度

证明制度的发展史表明，在早期的人类社会中，证明要求非常低下，或者仅满足于臆想中的"真实"，或者仅满足于"形式的真实"。③ 在刑事诉讼理论和刑事司法科技都已经大幅度进步的今天，我们当然不能对事实认定持有如此低的要求。为了形成准确的裁判结果，审判者必然会在能力的最大范围内将法律真实向客观真实靠拢。这是裁判者说服当事人和社会公众的最基本要求，也是司法公正的基本前提。

从法官的角度看，合并审判能够帮助发现案件真实。台湾学者主要从以下两个方面来阐述理由。第一，合并审判不会切割事实与证据，裁判者能够窥得案件全貌。相牵连的案件如果分别进行审判，在各自的审判中，事实与证据均被切割，大部分情况下，个案的审判者无法看到全部的事实与证据。相反，如果能够将案件合并审判，全部的事实与证据在一个审判中提出，审判人员能够轻易地知悉案件的全貌。第二，防止推诿卸责。如果共同被告分别审判，被告人甲会将责任推诿于在另外案件审判的被告乙，同理，被告乙也会坚持认为自己是无辜的而将责任推给甲。如果分案进行审判，审判甲的法官不知道有甲的指证，审判乙的法官也不知道有甲的供述，如果两个法官各信其词，即可能二者皆获得无罪判决。反之，如果合并审判，二共同被告相互推诿之事实必为同一法官所审视，得防止共犯间相互推诿卸责而均获无罪判决。④

---

① 陈一云. 证据法学 [M]. 北京：中国政法大学出版社，1991：96.
② 卞建林. 刑事证明理论 [M]. 北京：中国人民公安大学出版社，2004：27.
③ 肖胜喜. 刑事诉讼证明论 [M]. 北京：中国政法大学出版社，1994：145.
④ 此处观点综述参见王兆鹏. 论共同被告之合并及分离审判 [J]. 台大法学评论，2004，33(6)：8-9.

在司法实践中,以上观点很容易得到具体案例的验证。有法官认为,在间接证据充分的情况下,犯罪嫌疑人的口供尚可以说是无关紧要,但一些突发性案件中,如夜深人静时发生的抢劫、强奸案等,受客观因素制约,证据材料往往非常有限,这时被告人的口供就有举足轻重的作用。特别是对于多名被告人的供述,通过质证、对证,比较容易找出口供中的不实之处,辨别口供的真伪,从而确定口供能否作为定案证据。但如果大部分犯罪嫌疑人在逃,被告人翻供之后,其口供的真伪就较难辨析,定罪就比较难。即使是被告人供认,其证据也显薄弱,证据标准不高。[①]

在号称"中国股市第一案"的深圳市中科创业投资股份有限公司操纵证券交易价格案中,两大庄家之一的吕某在监视居住期间脱逃,另一名庄家朱某某在事发前也已经逃跑,案件被迫进行了分案处理。北京市第二中级人民法院在2002年6月12日进行了持续三天的开庭审理,最终于2003年4月1日对此案一审进行了公开宣判。以操纵证券交易价格罪分别判处丁某某、董某某、何某某、李某、边某某、庞某6名被告人2年零2个月至4年有期徒刑,并对丁某某、边某某、庞某分别判处罚金10万元至50万元。由于两名主犯均在逃,案件的事实认定陷入了很大的困境,本案严重地超过了法定期限。有媒体甚至从案情的证据推断认为主犯的吕某如果一旦到庭,案件事实将会是颠覆性的结果,"特殊之中的特殊还在于这是一起主犯没有到庭的审判,这个主犯策划、操作了所有的过程,甚至直接发出了'中科系雪崩内幕'的新闻稿,并且相当长一段时间并不认为自己的行为触犯法律,只是感到事态失控才直接'跳'出来,如果吕某在押,也许中科创业案会是另外一幕情景,也许只是巧合,四月的第一天就是'愚人节'"。[②]

除此之外,从查明案件事实的基础——案件证据的存在特点来看,

---

① 周晓娟. 部分共犯在逃刑事案件处理的几点思考[N]. 人民法院报,2001-01-30 (03).
② 本案相关资料参见新浪网专题报告. 中科创业案[EB/OL]. http://finance.sina.com.cn/nz/zkcy/, 2012-01-01.

刑事案件的合并审理也有着重要的意义。正如上文所论述，刑事案件合并审理在提高案件审理效率上有着重要作用。而证据的真实性会随着时间的拖延而变得模糊不清，"如果诉讼过分拖延，刑事审判开始的越晚，持续的越长，证据就越可能灭失，随着时间的流逝，证人对案件事实的记忆会逐渐模糊甚至消失，他对案件的描述会越来越不准确甚至会与之前的描述产生矛盾"。[①] 要准确地查明案件事实，就应当在证人记忆效果最佳的时候及时地对案件进行审理，同理，其他证据也不同程度地存在随着时间的推移证明力降低的情况。

再者，对法官而言，"刑罚应该尽可能紧随罪行而发生，因为它对人心理的效果将伴随时间间隔而减弱。此外，间隔通过提供逃脱制裁的新机会而将增加刑罚的不确定性"。[②] 审判人员不加耽搁，及时地作出裁判，其心证的结果正确的可能性自然更高，能够更有效地确保判决结果的准确性。

综上，从法官角度看，由于刑事案件合并审理能够有效缩短审判阶段的时间，故而可以多方面地促成案件更大程度的实体公正。

2. 当事人及社会公众角度

当事人和案件结果有着直接的利害关系，无论是犯罪嫌疑人、被告人的供述和辩解还是被害人的陈述，都对案件事实认定的结果有着一定的作用。基于上文论及的证据时效性因素，刑事案件合并审理制度因为往往能够有效地提高诉讼效率，避免诉讼拖延，故而能够更大程度地保证当事人方面证据的准确性。除此之外，笔者还认为，刑事案件合并审理能够增强当事人及社会公众对案件判决的可接受性。这主要是因为它能够弥补由于主客观原因，很多案件的法律真实和客观真实不可避免地有较大距离的巨大缺点，从而增加了刑事判决的公信力，对加强司法权威、维护社会稳定有着重要意义。

[①] 陈瑞华. 刑事审判原理论（第二版）[M]. 北京：北京大学出版社，2003：86.
[②] 〔意〕恩里科·菲利. 犯罪社会学 [M]. 郭建安，译. 北京：中国人民大学出版社，1990：69.

由于时间的不可逆性，从认识论的角度看，刑事案件中的事实认定结果只能是相对真实而不可能是绝对真实。事实认定的主体是法官，尽管法官会穷尽各种办法来让案件最终认定的结果更加精确，但是这一结果并不一定能被当事人或者社会公众认可。出于诉讼利益或者认识角度的差异，不同主体对案件事实认定有不同看法是无法避免的。由于案件客观真实没有被完美再现，在南京彭宇案①、广东梁丽拾金案②等案件中，对案件事实的认定至今仍然是仁者见仁，智者见智，这一现象是如此常见，甚至荷兰学者Schuyt直接表明，是否认为判决正确主要取决于判决对当事人是否有利，与审判的过程等因素无关。③ 这种诉讼主体对事实认定的"不同看法"在合理的司法体制引导下并不会表现出来，不会影响诉讼正常进行。但在司法体制不能很好地消除司法质疑的情况下，"不同看法"可能会激化为事实认定"争议"，并且加以外化，直接影响诉讼的社会效果。这不仅和国家强调的诉讼要"辨法析理，输赢皆服"相违背，而且将会进一步地损害群众对司法的信任，造成一种恶性循环。

这种尴尬局面出现的主要原因是诉讼主体对证明标准的不同理解。不同主体对同一案件事实认定有着不同的看法属于事实认定制度设计上无法避免的尴尬。无论是大陆法系国家的"内心确信"，还是英美法系的"排除合理怀疑"，这两个证明标准的共同特点都是主观色彩浓厚，没有具体操作标准。事实认定都存在一定程度的"黑箱操作"。虽然法官的自由心证并非完全自由，有着诸多的约束，"心证系指合理的心证、科学的心证，即裁判官应本其健全之理性而为合理之判断，并非许裁判官任意

---

① 彭宇真撞了人 业界热议：媒体和法院应真正尊重和执行法律[N].光明日报，2012-01-17（10）.
② 王卿.女清洁工梁丽认定为"侵占罪" 检方决定不起诉[EB/OL].http：//news.enorth.com.cn/system/2009/09/26/004216637.shtml，2009-09-26.
③〔荷〕Mick Laemers.荷兰对法官和司法机关的投诉[A].怀效锋.司法惩戒与保障[C].北京：法律出版社，2006：186.

擅断，亦非纯粹的自由裁量"，①但法官是"擅断"还是"裁量"却很难得到客观的印证。例如，在法国，"在重罪法庭休庭前，审判长应责令宣读下列训示，并将内容大字书写成布告，张贴在评议室最显眼处：法律并不考虑法官通过何种途径达成内心确信；法律并不要求他们必须追求充分和足够的证据；法律只要求他们心平气和、精神集中，凭自己的诚实和良心，依靠自己的理智，根据有罪证据和辩护理由，形成印象，作出判断。法律只向他们提出一个问题：你是否已形成内心确信？这是他们的全部职责所在"。② 这个长久不变的规定甚至可以上溯到1795年法兰西国民议会制定的"罪行法典"第372条。③ 内心确信在大陆法系可能会有其他的辅助约束，但最终却只能靠法官的主观自律来完成。而在美国，在案件事实认定标准上，1970年纽约州的上诉案件中，美国联邦最高法院明确，"依据正当程序条款，除非用排除合理怀疑的方式证明构成指控犯罪每一个事实，否则被告不受刑事定罪判决"。④ 和大陆法系国家类似，"排除合理怀疑"是一个理解起来注定非常模糊的概念，因为"在各不同时期各个不同年代，法官对法律的适用不但要完成惩罚犯罪的目的，而且还要考虑到其他的社会价值因素"。⑤

总的来看，西方国家早就认识到司法对事实认定的精确性不能过分苛刻。"在实证领域，不可能达到绝对的确定性，在这一领域所能达到的最高程度的确定性，传统上称之为'道德上的确定性'，一种没有理由怀疑的确定性。"⑥ 诉讼证明中的事实认定有没有客观化和明确化的可能？这个问题至少在当前没有答案。王敏远教授认为，我们现有的制度（如

---

① 陈朴生. 刑事诉讼法实务（增订四版）[M]. 自印，1981：239.
② 法国刑事诉讼法典 [Z]. 余叔通，谢朝华，译，北京：中国政法大学出版社，1997：131-132.
③ 锁正杰. 刑事程序的法哲学原理 [M]. 北京：中国人民公安大学出版社，2002：154.
④ In re Winship, 397 U.S. 358 (1970).
⑤ Paolo tonnimi. la prova penale (quarta edizione) [M]. CEDEM, 2000：55-58. 转引自孙维萍. 中意刑事诉讼证明制度比较 [M]. 上海：上海交通大学出版社，2007：71.
⑥〔美〕巴巴拉·J. 夏皮罗. 对英美"排除合理怀疑"主义之历史透视 [A]. 熊秋红，译. 王敏远. 公法（4）[C]. 北京：法律出版社，2003：78.

非法证据排除规则等）讨论"都是为了'否定性'的证明规则提供正当性基础，而不是为（具有肯定性的）证明标准提供正当性的基础"。① 理论上我们确实也很难在事实不清时对如何定罪给出一个相对明晰的划分。张卫平教授更加直接地表述，由于法官认识难以捉摸，证明标准的量化和客观化只能是"乌托邦式"的设想。②

但严格设计程序和制度却可以在很大程度上减少当事人和社会公众对案件事实认定的异议。例如，在西方，各国大都采用了多种配套制度来保证自由心证的合理性和权威性，其中有一些是共性的做法，如独立的司法体系、法官中立、法官职业精英化等。还有一些是具有特色的措施，例如大陆法系国家的鉴定结论制度，英美法系国家的专家证人、法院之友制度等。西方国家在长期的法制建设中已经建立了完善的司法信任体系，该体制内的各项制度能够相互支撑，共同促成民众对疑罪判决结果的高度认可。在这里，事实认定的结果似乎只与道德、信任、品格有关，甚至有西方法官认为，对法官的任命首先考虑的并不是法律，"实际上我只要找到一个品德良好的绅士就可以了，当然，如果他正好懂得法律就更好了"。③ 故而尽管证明的具体表现形式可能有差异，证明的过程充满了对裁判者主观认知的"偏好"，但是"英美法系和大陆法系似乎都赞成——至少在原则上或者说表面上看起来是这样——将这种偏好作为组织其技术性裁判制度的基本框架"。④ 可以认为，法治国家对于司法判决的尊重不在于案件本身处理的公正与否，而在于对司法制度的高度认同。正是良好的制度设计减少了公众的质疑和法院的判决风险。

在我国，社会公众对司法体制的认同感还不是很强，我们无法通过刑事司法体制来完全化解对案件事实认定的不同看法。在这种情况下，

---

① 王敏远. 一个谬误、两句废话、三种学说 [A]. 王敏远. 公法 (4) [C]. 北京：法律出版社, 2003: 233.
② 张卫平. 证明标准建构的乌托邦 [J]. 法学研究, 2003, (4): 60-69.
③ 怀效锋. 法院与法官 [M]. 北京：法律出版社, 2006: 序言5.
④ 〔美〕米尔吉安·R. 达马斯卡. 比较法视野中的证据制度 [M]. 吴宏耀, 魏晓娜, 等译, 北京：中国人民公安大学出版社, 2006: 218.

我们应当对其他能够提高判决可接受性的审判制度及方式给予极大关注。而刑事案件的合并审理，能够将案件的全景呈现给当事人及社会公众，主犯、从犯、胁从犯和教唆犯等不同类型共同犯罪人的责任划分和罪行比较一目了然。在一人犯数罪的案件中，"就高不就低"的管辖规定也最大限度地体现了审判机关对案件审理程序的重视和对当事人人权的保障。在这种情况下，案件中的事实认定及最终判决结果更容易为当事人及社会公众接受。程序能够较大程度地发挥吸收社会不满的作用，从另一个角度实现事实认定结果更加"精确"的社会效果。因此，可以认为合并审理在此处有着很重要的诉讼价值。

（二）有助于精确量刑

在刑法理论中，罪责刑相适应早已成为公认的基本原则之一。除了定罪程序之外，量刑程序也应当是刑事审判程序的主要环节之一，是刑事司法公正的必然组成部分。不少国家由于量刑不公，曾经引发较严重的负面后果。"今天，量刑是国家的丑闻。每天，不同的法官对被指控有类似罪行的被告科以截然不同的刑罚，一位可能被判处缓刑，而另一位罪行相似的被告则可能被长期监禁。"[①] 但量刑也是刑事审判的难点，"由于刑法所设定的法定刑幅度范围宽广，准确预测法官的量刑结果在现实中极为困难，即使明确了量刑基础及情节，在裁判所或者法官的思想方法中也会产生出量刑差异，所以多数被告人所关心的问题主要集中在刑罚量定上"。[②]

为进一步规范刑罚裁量权，贯彻落实宽严相济的刑事政策，增强量刑的公开性，实现量刑均衡，维护司法公正，最高人民法院、最高人民检察院、公安部、国家安全部、司法部于2010年9月13日印发了《关于规范量刑程序若干问题的意见（试行）》，全面正式启动量刑规范化改革。

---

① 〔美〕克莱门斯·巴特勒斯. 矫正导论［M］.孙晓雳，等译，北京：中国人民公安大学出版社，1991：75.
② 〔日〕西原春夫. 日本刑事法的形成与特色：日本法学家论日本刑事法［M］.李海东，等译，北京：法律出版社，1997：140－150.

作为直接责任主体，法院系统更是较早就启动了量刑规范化工作，最高人民法院在2008年8月推出了《人民法院量刑指导意见（试行）》，并在2009年4月进行修订。在前述两院三部推出《关于规范量刑程序若干问题的意见（试行）》之后，最高人民法院决定自2010年10月1日起将《人民法院量刑指导意见（试行）》在全国法院全面试行，用于指导人民法院量刑工作。该文件规定了量刑的指导原则、量刑的基本方法、常见量刑情节的适用以及故意伤害、盗窃等15种常见犯罪的量刑，并授权各高级人民法院在此基础上制定实施细则。该项工作得到了政法机关的高度重视，最高人民法院于2013年出台《最高人民法院关于常见犯罪的量刑指导意见》，2017年出台《最高人民法院关于常见犯罪的量刑指导意见（二）（试行）》，陆续优化细节条款。2021年6月，最高人民法院和最高人民检察院联合印发《关于常见犯罪的量刑指导意见（试行）》，取代2017年颁布的司法解释，成为当前指导量刑的最权威生效文件。

上述文件内容更迭虽然较快，细节优化较多，但内容基本一脉相传。2021年《关于常见犯罪的量刑指导意见（试行）》较好地实现了"以定性分析为主，定量分析为辅"的量刑方法，量刑精准性有较大幅度的提升。如"已满十二周岁不满十六周岁的未成年人犯罪，减少基准刑的30%-60%"，"对于被告人认罪认罚的，综合考虑犯罪的性质、罪行的轻重、认罪认罚的阶段、程度、价值、悔罪表现等情况，可以减少基准刑的30%以下"等，对统一法律适用有着明显积极的指导作用。但是从文件的具体运用来看，仍然有一些配套制度需要完善，刑事案件合并审理制度就是其中一个重要内容。无论是刑事案件主体合并审理，还是刑事案件客体合并审理，都会对量刑产生较为明显的影响，为了达成量刑的精确性，应当对刑事案件合并审理问题进行必要的关注。

1. 主体合并审理对量刑的意义

在我国的刑罚体系中，共同犯罪的共犯人分类主要是按照共犯人在共同犯罪中的作用大小进行的划分。我国立法选择这种分类方法主要是为了正确区分共犯人的刑事责任。刑事责任的大小取决于其行为的危害程度（包括法益侵犯程度与主观罪过程度）大小，故共犯人分类的实质标准是各共犯人行为的危害程度大小；而共犯人在共同犯罪中所起作用的大小（应从主客观两个方面分析），直接、明确地反映了共犯人行为的危害程度大小，因此，作用分类法能正确解决共犯人的刑事责任问题。①

基于以上原因，要想对共同犯罪的各共犯人进行准确的定罪量刑，最理想的状态必然是将共同犯罪中的多个被告人放置于同一审判程序，由同一审判组织进行审理。《中华人民共和国刑法》（以下简称《刑法》）第26条至第28条，按照作用大小对共同犯罪人进行了主犯、从犯、胁从犯的划分并规定了处罚原则。《刑法》第26条规定："组织、领导犯罪集团进行犯罪活动的或者在共同犯罪中起主要作用的，是主犯。三人以上为共同实施犯罪而组成的较为固定的犯罪组织，是犯罪集团。对组织、领导犯罪集团的首要分子，按照集团所犯的全部罪行处罚。对于第三款规定以外的主犯，应当按照其所参与的或者组织、指挥的全部犯罪处罚。"《刑法》第27条规定："在共同犯罪中起次要或者辅助作用的，是从犯。对于从犯，应当从轻、减轻处罚或者免除处罚。"《刑法》第28条规定："对于被胁迫参加犯罪的，应当按照他的犯罪情节减轻处罚或者免除处罚。"

在具体案件中，想要对共同犯罪中的某一犯罪人进行准确的量刑，必然首先要对该犯罪人是主犯、从犯还是胁从犯作出认定。2021年《关于常见犯罪的量刑指导意见（试行）》"常见量刑情节的适用"第5项规定："对于从犯，综合考虑其在共同犯罪中的地位、作用等情况，应当予以从宽处罚，减少基准刑的20%－50%；犯罪较轻的，减少基准刑的50%以上或者依法免除处罚。"

但在很多时候，共同犯罪中各被告人的作用确定并不容易。最典型的如某些共同犯罪人在逃导致案件不能合并审理的情况。共同犯罪中，

---

① 参见张明楷. 刑法学（第四版）[M]. 北京：法律出版社，2011：348－350.

共同犯罪人少则三五个，多则十几人、几十人，所以同案被告人未能全部归案的情况经常出现。譬如，甲、乙和丙三个人共同实施抢劫，发案后甲和乙潜逃，只有丙一人到案。考虑到审限等因素，在基本证据齐全的情况下，本案中的丙仍然会被交付审判。出于利己的考虑，被告人丙极易为了开脱罪责而进行虚假的供述和辩解。在这种情况下，往往会导致对丙抢劫罪的定罪相对容易，但在案件其他证据并不充分的情况下，基于"疑罪从无"的处理原则，很难对丙在共同犯罪中的身份进行认定，进而影响量刑。实际上，这一情况一直是困扰刑事审判法官的顽疾。以至于在审判操作中，如果多名共犯在逃，导致在案的共同犯罪人责任难以划分，司法机关通常会不区分主从犯。这样一来，比较容易导致量刑过重或过轻的判决后果。比如，一名和他人共同抢劫3次的未成年被告人，如果将其划为从犯，再加上犯罪时不满18周岁这个法定情节，量刑完全可能会在法定刑十年以下。如不区分主从犯，仅一个法定情节，很可能就只会采用从轻处罚而在十年以上量刑。同样，如果被提起公诉的是主犯，则又有可能因为同案犯在逃而仅以普通犯罪论处。① 这种情况从反面支持了一个观点，即为了量刑的精确性，应当对共同犯罪案件各被告人进行合并审理。

2. 客体合并审理对量刑的意义

罪行的合并审理和被告人的合并审理一样，也会对案件的最终量刑产生直接的影响。在当前，对被告人的多个未决罪行进行合并审理是一种常态。《日本刑法典》的第45条规定："未经确定判决的两个以上的罪，是并合罪。对某罪作出的禁锢以上刑罚的判决已经确定时，该罪只与该判决确定以前实施的犯罪，构成并合罪。"② 这种并合罪在我国刑法中被规定为数罪并罚制度。

对于某一犯罪人涉嫌数个未被处罚犯罪时，德日等大陆法系国家处

---

① 周晓娟. 部分共犯在逃刑事案件处理的几点思考 [N]. 人民法院报, 2001-01-30 (03).
② 日本刑法及特别法总览 [Z]. 张凌, 于秀峰, 译, 北京: 人民法院出版社, 2017: 18.

理方式均为合并审理。只是在理论划分上，有的划分为同种类的并合罪与异种类的并合罪，有的划分为同时的并合罪和事后的并合罪。① 而在英美法系国家中，英美法系国家对于数罪采取并科主义以确定应执行之刑，但同时，数罪也是同时受审判，应当分别确定其刑罚。②

值得注意的是，在对各个罪行分别进行宣判之后，在数罪并罚的具体方式上，各国并不一致，当前主要有吸收主义、并科主义、限制加重主义和折中主义。我国1979年《刑法》第64条至第66条采取的是以限制加重为主，兼顾吸收主义、并科主义的折中主义。现行的2020年《刑法》第69条至第71条继承了这种数罪并罚方式。其中《刑法》第69条第1款与本书中论述的案件合并审理有着直接的关系，"判决宣告以前一人犯数罪的，除判处死刑和无期徒刑的以外，应当在总和刑期以下、数刑中最高刑期以上，酌情决定执行的刑期，但是管制最高不能超过三年，拘役最高不能超过一年，有期徒刑总和刑期不满三十五年的，最高不能超过二十年，总和刑期在三十五年以上的，最高不能超过二十五年"。

由于我国刑法对有期徒刑采取的是限制加重原则，故而罪行的合并对最终的量刑有着重要影响。这主要是因为，刑法中"应当在总和刑期以下、数刑中最高刑期以上"的指导原则弹性很大，法律规定，法官"酌情决定执行的刑期"，那么此处的"酌情"自然是需要综合数个犯罪的情况进行处理。除了刑法总则和分则明文规定的从轻、减轻和免除处罚的法定量刑情节之外，法官还应当考虑酌定量刑情节，一般而言，至少包括犯罪的手段、时间和空间条件、犯罪对象、危害结果、犯罪动机、认罪态度和平时表现等。对若干个犯罪酌定情节综合考虑，既能够反映犯罪人的人身危险性，也能够体现其社会危害性。这一裁量环节需要法官立足全案，综合考虑各种量刑要素，是限制加重主义比简单的并科主义更加合理的重要原因。

---

① 童德华. 外国刑法原论 [M]. 北京：北京大学出版社，2005：375-377.
② 参见黄荣坚主持的《刑法第五十条至第五十六条之评释研究》。转引自时延安. 数罪并罚制度之比较研究 [A]. 赵秉志. 刑法评论（6）[C]. 北京：法律出版社，2005：78.

而一旦对刑事案件进行合并审理,正好可以满足法官全面考察的需要。如果对案件进行分离审理,则法官会失去对案件进行全案审查的机会,无法全面、合理地综合分析全案的犯罪情节,这样至少在犯罪的酌定情节分析上,不如合并审理更加精确。那么法官在"总和刑期以下、数刑中最高刑期以上"之间寻找量刑点时,显然会面临更大的困难。从这个角度看,我们不能忽视罪行的合并审理在量刑准确性上的重要意义。

第二节　刑事分离审理的价值

从功利的角度看,刑事案件合并审理可以节约司法资源,因此尽管法律规定较少,但是刑事司法实践中各种形式的刑事案件合并审理制度几乎成为司法实践中的常态。相比而言,刑事案件分离审理的价值研究成果较少。虽然另案处理等刑事案件分案审理的表现形式在我国刑事司法实践中一直存在,但直到近年,随着刑事案件分离审理在未成年人犯罪等刑事案件中的特殊作用为人们所逐渐认知,刑事案件分离审理制度才开始得到重视。总的来说,在当前,刑事案件分案审理制度所发挥的是弥补刑事案件合并审理制度不足的作用。

具体表现上,刑事案件分离审理首先能够满足诉讼正常进行的需要,同时由于和某些证据规则密切关联,因此在保障诉讼当事人诉讼利益方面有着重要作用。例如,刑事案件分案审理避免了被告人自证其罪的风险,还可以避免裁判者被共同犯罪人干扰,保障了定罪量刑的客观性。同时,由于刑事案件分案审理的适用条件比较复杂,在某些时候,也能在诉讼经济、实现特殊诉讼目的等方面发挥一定的作用。以下将从两个角度分别详细论述之。

一　保障诉讼顺利进行

在某些时候,刑事案件分案审理是刑事诉讼中必须存在的程序。刑事诉讼要想顺利进行,达成追究犯罪嫌疑人、被告人刑事责任的目的,不可能缺少刑事案件分案审理的情况。和并案审理一样,对刑事案件的分案审理可以界分为罪行的分案和被告人的分案。1993年《最高人民检察院、最高人民法院、公安部、国家安全部关于严格执行刑事案件办案期限切实纠正超期羁押问题的通知》中对这两种情况都有原则性的规定："对于复杂、疑难和重大案件，要坚持'两个基本'的原则，采取果断措施进行处理。对于犯有数罪的案犯，其主要罪行基本事实清楚，基本证据确实的，应对其主要罪行起诉、判刑；对于共同犯罪案件中主犯或从犯在逃，在押犯的犯罪事实清楚，证据确实的，应对在押犯起诉、判刑。"

在罪行的分离审理方面，由于我国对侦查终结和提起公诉设立了较为严格的条件，因此对犯罪嫌疑人涉及几个罪行的，可以将案件分案审理，对已经查清的罪行先行审理。这既符合司法规律，也符合我国的立法规定。如果以后查清犯罪人的其他罪行，则可以根据其他司法解释的规定，用刑法中数罪并罚等方式加以解决。这种情况的分离审理并不困难。

由于各种原因，涉及不同被告人的分案处理现象比较复杂。在我国，这种被告人的分案审理被表述为"另案审理"制度，该制度在保障诉讼进行上有着重要的作用，是司法审判中不可缺少的内容。

"另案处理"是公安机关起诉意见书、检察机关起诉书以及法院判决书中常见的字眼。一般而言，另案处理是指在共同犯罪案件中，由于部分同案犯罪嫌疑人在逃或者有其他原因，不与此案同步提请批准逮捕或提请审查起诉，而是从此案中分离出来，待在逃的或者有其他原因的犯罪嫌疑人到案后再另案移送审查起诉或者进入其他诉讼程序。[①] "另案处理"是一种典型的刑事案件分案审理具体制度。这种制度在我国刑事司法实践中是一种常态，尽管没有全国性的权威统计数据，但是据不完全统计，"另案处理"案件在侦查机关提请批捕、移送起诉的案件中一般约占25%以上，数量之大、比例之高，引发关注。[②] 从以下几个地区的统计数据中也可以窥见这一制度适用的普遍性。

---

① 岳红革，郑越超，李鲲鹏．让"另案处理"案件得到"热"处理［N］．检察日报，2010 – 06 – 14（02）．
② 邓建华．另案处理或终成另案不理［N］．春城晚报，2012 – 04 – 06（A15）．

"2014年—2020年8月，S省X市B区公安机关制作的《起诉意见书》进行梳理分析。从总体情况来看，发现期间共2621份《起诉意见书》，其中被'另案处理'225份，占比8.58%。"①

刘仁文教授于2021年统计，"从公开的裁判文书统计数据看，2015年全国刑事案件中涉及另案处理的案件数量为9.4万余件，2019年增长到10.7万余件，适用地域也已覆盖全国各地"。②

根据最高人民检察院相关工作负责同志介绍，"据专项检查统计，2011年全国'另案处理'案件人数占公安机关提请批准逮捕、移送审查起诉案件总人数的比例分别为19.21%和18.68%"。③

我国现行法律对另案处理的规定比较粗略。《刑事诉讼法》对"另案处理"长期没有明确规定，直到2014年，最高人民检察院、公安部才通过《关于规范刑事案件"另案处理"适用的指导意见》填补了司法解释的空缺。有关"另案处理"的早期权威司法解释为1982年4月5日发布的《最高人民法院、最高人民检察院、公安部关于如何处理有同案犯在逃的共同犯罪案件的通知》，这一司法解释第2项规定，"同案犯在逃，对在押犯的犯罪事实已查清并有确实、充分证据的，应按照刑事诉讼法规定的诉讼程序，该起诉的起诉，该定罪判刑的定罪判刑"。该条款从侧面要求对共同犯罪中在押的犯罪嫌疑人和在逃的犯罪嫌疑人分案进行处理。最高人民检察院、公安部于2014年出台的《关于规范刑事案件"另案处理"适用的指导意见》，在第3条第3项写明"在同案犯罪嫌疑人被提请批准逮捕或者移送审查起诉时在逃，无法到案的"属于可以另案处理的情形。最高人民检察院《规则》第158条第3款也对1982年司法解释该项内容予以简单继承："对于移送起诉的案件，犯罪嫌疑人在逃的，应当要求

---

① 刘栖萌. 公安机关办理刑事案件适用另案处理程序问题研究 [D]. 北京：中国人民公安大学，2021：14.
② 刘仁文. 刑事案件另案处理的检视与完善 [J]. 政治与法律，2021，(5)：138.
③ 元明，张庆彬.《关于规范刑事案件"另案处理"适用的指导意见》理解与适用 [J]. 人民检察，2014，(8)：25.

公安机关采取措施保证犯罪嫌疑人到案后再移送起诉。共同犯罪案件中部分犯罪嫌疑人在逃的，对在案犯罪嫌疑人的移送起诉应当受理。"

虽然法律规定并不十分清晰，但是由于"另案处理"在案件处理陷入僵局时能够保障诉讼的顺利进行，因此在司法实践中被广泛运用，其巨大的程序保障作用得到了实务部门的一致认可。2010年12月31日，最高人民检察院在《最高人民检察院关于印发第一批指导性案例的通知》中列举了三个案例作为全国检察机关检察工作的指导依据，其中第三个案例"林某徇私舞弊暂予监外执行案"就存在共同犯罪的犯罪嫌疑人王某某被标注为"另案处理"的情况。[1]

根据总结，"另案处理"主要在以下情况出现时能够发挥比较积极的作用：（1）犯罪嫌疑人在逃，且在同案犯罪嫌疑人刑事拘留期限届满前无法抓获的；（2）因犯罪情节较轻或患有严重疾病，不宜与同案其他犯罪嫌疑人一并提请逮捕或移送起诉而被取保候审的；（3）涉嫌共同犯罪的嫌疑人，在提请逮捕或移送起诉前，其犯罪事实尚未查清，因侦查需要已延长羁押期限或被监视居住的；（4）犯罪嫌疑人涉嫌其他犯罪，且他罪为重刑犯罪，适用另案处理更为合适的；（5）在本地、异地均有犯罪事实发生，在异地处理更为适当的；（6）被认定为不构成犯罪，拟作行政处罚的；（7）需要移送管辖的。[2] 在这几种情况中，除了被另案处理的人不构成刑事犯罪等极少数情况之外，其他大多数情况均属于刑事案件分案审理的范畴。

在以上的诸多情况中，"从统计数据来看，其中部分犯罪嫌疑人、被告人在逃而导致的另案处理占了所有另案处理的绝大多数"。[3] 这种情况

---

[1] 最高检发布第一批指导性案例 [EB/OL]. https://www.spp.gov.cn/spp/gfwj/201012/t20101231_365567.shtml，2010-12-31.
[2] 陈克义. 建立"另案处理"监督机制的思考 [J]. 天津检察，2010，(3)：47.
[3] 南昌市的统计显示该市因为犯罪嫌疑人在逃而另案处理的占所有另案处理案件数量80%左右，这一数据在湖州为60%左右。参见刘莉芬，熊红文. 规范另案处理 强化侦查监督——南昌市检察机关"另案处理"专项检查工作报告 [J]. 人民检察，2007，(24)：47；方海明，朱再良. 刑事诉讼中"另案处理"情形的实证分析——以浙江湖州市为视角 [J]. 法学，2010，(10)：152-158.

下分案审理的程序保障作用非常明显，它正是诉讼程序顺利进行不得已而为之的行为。出于避免诉讼过分拖延的考虑，我国对刑事案件的审限进行了明确的规定，虽然在共同犯罪中，所有犯罪嫌疑人、被告人一同到案进行合并审理既有利于节约司法资源，又有利于查明案件真相，但是当共同犯罪案件出现部分犯罪嫌疑人到案，部分没有到案的情况时，为了避免案件的过分拖延会突破审限的规定，也为了减少犯罪嫌疑人的讼累，让他们尽早摆脱身份不明的窘境，摆脱责任不确定的状态，有必要将到案的犯罪嫌疑人和未到案的犯罪嫌疑人分案进行审理。这种刑事案件分离审理制度可以有效防止刑事诉讼陷入停滞不前的僵局，推动诉讼正常进行。

二　保障被告人诉讼权益

在西方国家，刑事案件分离审理一向是被告方努力争取的程序性内容。一般而言，控方倾向于将案件合并审理，而辩护方经常申请将案件分离审理。因为"有一个常见的推测，刑事被告人在一个有着数个指控的审判中将会比那些将罪状分开来进行个别审判的被告人面临更大的困难"。[①] 从诉讼原理层面进行分析，适当地分案审理确实对被告人的诉讼人权有着较为明显的保护。以下将从维护诉讼结构的平衡、避免强迫自证其罪、避免未决羁押的不当延长等角度分别论述。

（一）维护诉讼结构的平衡

在某些合并审理的案件中，经常会出现被告人之间诉讼主张不一致的情况，出于利己的目的，共同被告人经常相互攻击，"特别是当共同被告人之间利害关系相反之时，共同被告人极有可能互相嫁祸或者推卸责任，将本应由自己承担的责任栽赃给其他的共同被告人"。[②] 如果仅仅从

[①] 〔美〕伟恩·R. 拉费弗, 杰罗德·H. 伊斯雷尔, 南西·J. 金. 刑事诉讼法（下册）[M]. 卞建林, 沙丽金, 等译, 北京: 中国政法大学出版社, 2003: 902.

[②] 张泽涛. 刑事案件分案审理程序研究——以关联性为主线 [J]. 中国法学, 2010, (5): 145.

诉讼结果而言，我们可以轻易发现，这种共同犯罪人之间的相互攻击会导致案件最终结果的不公正，"避重就轻，诬攀他人，因而造成冤狱者，数见不鲜"。[①] 从更深层次而言，这种情况违背了现代刑事诉讼结构的基本要求，打破了诉讼平衡，严重增加了被告人的诉讼压力，不利于被告人的利益的实现。

刑事诉讼的三方构造中，控辩审各司其职，共同推进诉讼进程，这是公认的正当程序要求。在刑事审判中，公诉人和辩护人是法庭庭审对抗的主要参与者，在法庭调查和法庭辩论等环节中，在举证、质证等程序中双方依照举证责任的规定平等对抗。与此同时，审判人员必然是处于居中裁判的角色。如果说刑事诉讼的庭审如同一个没有硝烟的战场，那么战场上的攻守双方主体只能是控诉方检察机关和辩护方被告人。经过长期的发展，控辩审三方在诉讼中各自的地位和作用都已经明确。即便在诉讼模式上存在大陆法系和英美法系的区别，但是无论是哪一种诉讼模式，在现代刑事诉讼理念中，都重视了对被告一方辩护权的保护，只是各国在保护的方式方法和保护的程度等方面存在一定的差异。

而在刑事案件合并审理时，一旦出现若干个被告人相互攻击的情况，就会出现一种尴尬的局面。某一被告人不仅要面对来自公诉方的诘难，还要面对来自其他被告人的诉讼压力。这种情况使得原本在控辩双方之间的对抗变成了辩护方的"内战"。"审判更多的是被告人之间的对抗而不是被告人和人民的对抗，这就会造成人们经常袖手旁观并且目睹被告人为毁灭彼此的战斗。"[②] 这种情况破坏了诉讼平衡，使得原本在诉讼中与国家机关相比本就处于劣势的被告人一方进一步陷入了水深火热的境地。这种破坏了稳定的控辩审三角诉讼模式的行为很难在诉讼法理上得到辩解。

[①] 蔡佩芬. 论刑事诉讼法第六条及合并审判之立法缺失与建议（一）[J]. 法务通讯，2001，(2031)：3.

[②] 〔美〕伟恩·R. 拉费弗，杰罗德·H. 伊斯雷尔，南西·J. 金. 刑事诉讼法（下册）[M]. 卞建林，沙丽金，等译，北京：中国政法大学出版社，2003：905.

正是因为如此，尽管出于诉讼效率等原因，审判机关并不愿意主动将案件分离审理，但是刑事案件分离审理在这个时候仍然显得非常有必要。美国联邦最高法院在杰菲洛诉合众国一案中表述道："当合并审判存在牺牲某一个被告人特定的审判权利的风险时，或者这是妨碍陪审团对案件有罪还是无罪作出令人信服的判决时，法院应当被授予分离审理的权利。"①

（二）避免强迫自证其罪

避免强迫自证其罪是现代刑事诉讼法中得到普遍认可的原则。该原则从明确举证责任的角度，保障了刑事诉讼中犯罪嫌疑人、被告人的基本人权，在各国的刑事诉讼法中基本上都有明确的规定。

在诉讼证明制度中，证明责任的分担有着极为重要的地位。"确立证明责任有两个最基本的目的：其一，是要解决证明主体问题，即对所主张的事实谁负证明的义务；其二，是要确立证明的具体场合（occasion），即两造当事人在哪些情形下负证明事实的义务，以及用何种方法履行此种义务的问题，因此，证明责任的分担方式是证据法所要解决的根本问题。"②

"谁主张谁举证"是一项公认的诉讼准则。虽然证明责任的分配问题是证据制度中非常困难的一个基本问题。但是与民事诉讼相比，学界对刑事诉讼中的证明责任分担的争议相对较小，即刑事案件中控方承担证明责任已经得到了诉讼法学界的公认。"若论举证责任之法则，在民刑有所差别，其最重要之点，意味其分配之标准，如前述证据法例，对于刑事案件，几将证明负担完全置之于控方；……此已为公认之通说。"③

虽然不自证其罪是各国公认的刑事诉讼原则之一，但是由于国情的差异，各国对不自证其罪的内容理解并不完全一致。不自证其罪和沉默权问题密切相关。受到无罪推定原则的影响，在强调人权保障的英美法系国家，"其中刑事被告人不承担证明自己有罪的责任，这一原则是绝对

---

① 506 U.S. 534，113 S. Ct. 933，122 L. Ed. 2d 317（1993）.
② 李浩. 英国证据法中的证明责任 [J]. 比较法研究，1992，(4)：38.
③ 李学灯. 证据法比较研究 [M]. 台北：五南图书出版股份有限公司，1992：391.

的、无条件的"。①例如美国宪法第五修正案就明确规定,任何人不得被强迫在任何刑事诉讼中作为反对他自己的证人。在职权主义色彩浓厚的大陆法系国家,虽然在一些程序性场合和比较特殊的判例要求中,被告人会承担一定的证明责任,例如,法国"在正当防卫问题上,法院判例似乎强制被告应当提出其正在进行防卫的证据",②但总体而言,大陆法系的被告人原则上也并不承担证明责任。

不得强迫自证其罪又被表述为自白任意性规则。在刑事诉讼中,虽然不得自证其罪,但是犯罪嫌疑人、被告人的自白在我国的定罪量刑上有着不可忽视的重要意义。蔡敦铭教授认为:"被告之供述可否作为被告犯罪之证据,民主法治先进国家之刑事诉讼法大多不作证明规定,此足以表示刑事证据不重视自白,而重视自白意外之证据如物证或科学证据是。但在中国,无论古代或现代,莫不有条件的承认被告之自白得作为证据。"③

诚然,在历史上,口供曾经被称为"证据之王",即便现在在我国,考虑到传统观念、办案条件和破案压力等各方面因素的综合影响,犯罪嫌疑人、被告人的供述和辩解在司法实践中仍然受到高度重视。为了获取口供,侦查人员甚至不惜使用非法手段进行刑讯逼供。

在被告人众多的刑事案件中,有一个和不得强迫自证其罪原则密切相关的问题,即共同被告的证言作为同案其他被告人定罪证据时的证据力问题。我国台湾地区2022年"刑事诉讼法"第287条之二规定,"法院就被告本人之案件调查共同被告时,该共同被告准用有关人证之规定",这一法条将同案被告人供述的适用等同于普通的证人证言,这一点和以前很不相同。在此之前,我国台湾地区也"严格区分被告和证人两种证据方法","同一诉讼程序中,被告(含共同被告),不是也不得作

---

① 卞建林.刑事证明理论[M].北京:中国人民公安大学出版社,2004:27.
② [法]卡斯东·斯特法尼,等.法国刑事诉讼法精义[M].罗结珍,译,北京:中国政法大学出版社,1999:38.
③ 蔡敦铭.刑事证据法论[M].台北:五南图书出版股份有限公司,1999:53.

为证人"。① 被告人和证人身份上的区别，会造成同案被告人在诉讼中享有的诉讼权利存在很大差异。将同案被告人界定为证人，使得共同犯罪案件中的被告人某些情况下丧失了禁止强迫自证其罪原则的庇护，不少被告人可能会受到同伙的指控，进而影响其诉讼利益，所以这种立法的改变引起了很大的争议。我国台湾地区"大法官会议释字第582号解释"对立法上为什么改变进行了进一步的说明："刑事审判上之共同被告人，系为诉讼经济等原因，由检察官或自诉人合并或追加起诉，或由法院合并审判形成，其间个别被告及犯罪事实仍独立存在。故共同被告对其他共同被告之案件而言，为被告以外之第三人，本质上属证人，自不能因案件合并关系而影响其他共同被告享有之宪法上权利。"但是"个别被告及犯罪事实仍独立存在"的辩解理由并不充分，不能减少人们对此规定违反禁止强迫自证其罪原则的担忧。这一问题至今仍然是台湾地区学界讨论的热点问题之一。台湾地区律师公会刑事程序法委员会主委罗秉成律师总结："所谓共同被告不利于其他共同被告的供述，究竟是自白或者是证述，对被告或其辩护人而言，都是一道长期以来难解的古老谜题，甚至是一场挥之不去的共同噩梦。"②

台湾地区有关规定的转变并不是凭空自创的。将共同犯罪被告人的陈述作为证人证言是英美法系的常见做法，在英美法系，将同案被告人陈述界定为证人证言，受到证人证言相关制度的约束，如除了具有免证资格的证人外，证人一般都有如实作证的义务。而大陆法系，将同案被告人陈述界定为被告人的自白，则受到被告人陈述相关规则的制约，例如遵守不得强迫自证其罪规则等。证人和被告人所涉权利不同，影响重大。

两种身份界定做法各有利弊，孰优孰劣尚不好评判，但是至少我国

---

① 林钰雄. 严格证明与刑事证据[M]. 北京：法律出版社，2008：229.
② 罗秉成. 释字第582号解释的争议及其后继影响——以具有共同被告身份的"公共证人"法律地位为中心[EB/OL]. http://www.jrf.org.tw/newjrf/RTE/myform_search_detail.asp？txt=%E7%BE%85%E7%A7%89%E6%88%90&Submit=%E9%96%8B%E5%A7%8B%E6%90%9C%E5%B0%8B&sel=%E4%BD%9C%E8%80%85%E5%90%8D&id=1171，2023-01-01.

台湾地区有关规定的这种转变有非常明显的规避不得强迫自证其罪规则的嫌疑。同时由于证人证言和被告人口供这两种证据类型各自的特点不同，在审判阶段，"案件有证人证言"还是"案件有被告人口供"很有可能对法官最终认定案件事实产生不同的影响。英美法系国家普遍有着规定十分详尽的交叉询问制度，能够较好地解决同案被告人作为证人时陈述的准确性问题，可以打消法官采信证人证言的顾虑。但即便如此，"也无法避免合并审判将会产生风险：即陪审团会使用被告人X有罪的证据来反对被告人Y，即使证据在用来反对Y时不具有可采性，甚至初审法官指示陪审团不要这么做"。而且，无辜的被告人（或者指控缺乏充分证据的被告人）会发现，"对那些相信物以类聚的陪审员而言，他们很难根据案件自身的是非曲直作出独立的证明"。最后，被告人之间不一致辩护的问题"可能会升级为相互控告……结果是检察官静坐在一边，而被告人相互定罪"。①

适当地运用刑事案件分离审理制度，可以避免英美法系上述司法运作中的尴尬。在德国，当犯罪嫌疑人乙有必要就同案犯甲的行为作证时，检察官一般不会合并起诉并审判；如果是合并起诉、审判之后发现的，则法院会将程序拆开而予以分别审理，解除其共同被告的法律地位，并且相互于他人的诉讼程序作为证人。②

因此，在世界各国对共同犯罪被告人陈述的性质界定仍然存在争议的情况下，适时对案件进行分离审理，这种程序上的变通回避了法理上的争议，遵守了不强迫自证其罪等刑事诉讼基本原则，有着很明显的程序性意义。

（三）避免未决羁押的不当延长

正如上文所言，在我国，未决羁押是司法实践中的常态。在我国，未决羁押和逮捕几乎可以画上等号，未决羁押和案件诉讼期限也几乎可

---

① 参见〔美〕约书亚·德雷斯勒，爱伦·C. 迈克尔斯. 美国刑事诉讼精解（第二卷·刑事审判）[M]. 魏晓娜，译，北京：北京大学出版社，2009：136-137.
② 林钰雄. 严格证明与刑事证据 [M]. 北京：法律出版社，2008：229.

以画上等号。大部分案件的犯罪嫌疑人都曾经被未决羁押,而且一旦犯罪嫌疑人被逮捕,很难变更强制措施,这已经成了司法界的共识。对刑事案件进行合并审理,可以明显地缩短诉讼时间,从而可以大幅度减少未决羁押的时间。但在某些时候,对刑事案件进行适当的分案审理,也会在避免不当的未决羁押、缩短未决羁押的期限等方面发挥一定的作用。

案件合并审理会大幅度增加案件严重程度,使得共同被告人被不当未决羁押的可能性大增。虽然我国有取保候审、监视居住等非羁押方式可以替代未决羁押,但是刑事案件未决羁押率长期居高不下,至今仍然还有较大下降空间。在2012年修法时,我国大幅度地改革了取保候审和监视居住的适用条件,试图以此改变大量存在的未决羁押的现象。但在刑事案件合并审理过程中,基于办案的需要,很容易出现对案件涉案被告人全部进行羁押的现象,即便是犯罪情节较轻的犯罪嫌疑人,因为受到同案被告人的牵连,也难以被取保候审或监视居住。

笔者参加过一起国企贪污挪用案件的论证工作,该案共有数名犯罪嫌疑人,其中一人是单位的出纳,所处工作位置十分重要,但其并非核心工作人员,并不在涉案的经理、副经理、会计科领导等人的交际小圈子之内,在该案件中只是一个经手人。因为在年终时部门领导语焉不详地给了其2万元现金,声称是单位福利,结果该出纳被办案机关认为是贪污挪用的共犯,先是被拘留,随后又被批捕。即便经过初步侦查之后,办案机关发现该犯罪嫌疑人并没有明确的犯罪事实,但考虑到案件办理整体需要,办案机关仍然以案件重大为由,屡次拒绝取保候审申请,最终,该犯罪嫌疑人在审查起诉阶段被不起诉处理。这种情况并不是个案,特别是在涉黑等重大案件中,出于办案方便和保密等因素考虑,办案机关并不愿意对并案处理的被告人采取取保候审等非羁押措施。例如,在我国近几年的足坛打黑反赌系列案件中,不少被告人最终只是被判缓刑,但是羁押时间都已经长达2年。2012年2月18日,辽宁省铁岭市中级人民法院对中国足坛反赌案涉案人员,原成都谢菲联足球俱乐部有限公司总经理许××进行一审宣判,被告人许××犯对非国家工作人员行贿罪，被判处有期徒刑1年，缓刑1年，罚金10万元。此案中，许××不仅被判处1年，而且还是缓刑，但此时，被告人被羁押时间已有2年左右。①

情况更为严峻的是，我国刑事案件审限的不确定性，可能会造成合并审理时罪行较轻的同案被告人未决羁押的情形进一步恶化。1996年《刑事诉讼法》第168条第1款规定："人民法院审理公诉案件，应当在受理后一个月以内宣判，至迟不得超过一个半月。有本法第一百二十六条规定情形之一的，经省、自治区、直辖市高级人民法院批准或者决定，可以再延长一个月。"由于刑事案件日益复杂化，原有法律规定的办案期限过短，已经不能适应客观需要。故而，2012年《刑事诉讼法》对刑事案件的审判期限进行了较大幅度的延长，该法第202条第1款规定："人民法院审理公诉案件，应当在受理后二个月以内宣判，至迟不得超过三个月。对于可能判处死刑的案件或者附带民事诉讼的案件，以及有本法第一百五十六条规定情形之一的，经上一级人民法院批准，可以延长三个月；因特殊情况还需要延长的，报请最高人民法院批准。"② 2018年立法延续了这一规定。审判期限的延长固然可以缓解法官办理复杂案件的时间压力，但在另一个方面，也加大了共同犯罪中涉案人员被更长时间未决羁押的可能性。陈光中教授等直接表示了对延长期限这一规定的担心，认为可能会导致"无限期羁押"的情况，这就相当于审判机关可以把案件"挂"起来，不符合程序正义的基本要求。③

对此类刑事案件进行分离审理，就可以规避对罪行较轻的被告人长期不当羁押的窘境。这种措施并不需要过多地调整我国现行司法制度，不会影响过多的诉讼主体利益，改革的成本较低，具有较大的现实意义。

---

① 参见刘峰. 成足原老总许宏涛被判刑1年缓刑1年获得当庭释放［EB/OL］. http://sports.people.com.cn/GB/22134/86728/180343/17149477.html，2012-02-18.
② 该条为2018年《刑事诉讼法》第208条第1款。
③ 李婧，陈光中. 新刑诉法有利于打击腐败、有效遏制刑讯［EB/OL］. http://lianghui.people.com.cn/2012npc/GB/239313/17338881.html，2012-03-09.

（四）避免误导裁判者

刑事裁判的过程是一个发现真实的过程，这个过程必然包含了法官的主观判断。"自有法律以来，所有的法官从一个具有普遍性的规范判断和一个具体事实判断推出另外一个具体的规范判断，都是以一种跳跃的、直觉式的思维方式完成的。"① 在法理上，这种"跳跃的、直觉式"的思维方式当然并不是完全自由的，而是受到一定规则的约束。但在具体的刑事审判中，这种带有明显不可捉摸色彩的自由心证很难被真正地制约。正是因为如此，我们应当给法官尽可能地提供一个良好的办案环境，避免其受到不当干扰。刑事案件合并审理，可以给法官提供全面审查案件的良好氛围，这是刑事案件合并审理的重要价值体现。但在不少刑事案件中，如果机械地进行合并审理，将会导致案件情节过于复杂，被告人人数过多，反而会误导裁判者，不利于作出准确的裁判。

如前文对刑事裁判形成过程的分析，总的来看，西方国家一致认为事实认定存在一定的"黑箱"。虽然裁判者的思维方式很难被真正的外部因素决定，但是其仍然可能被刑事审判过程中的某些外部因素所引导。这一点在某些不当合并审理时表现得比较明显。

一方面，在存在多个罪行合并审理的案件中，可能会出现歧视现象。"相对于分离审判而言，多个指控的同时出现可能会引导陪审团得出被告人具有犯罪气质的结论。"除此之外，还"可能会使陪审团了解到被告人的更多不良行为"。② 毫无疑问，不论是被告人具有"犯罪气质"还是具有"不良行为"，都足以让裁判者形成一定的主观预断，诱导裁判者走上错误的道路。这个推论得到了美国学者不止一次的证实，例如，"有些研究陪审制度的学者将陪审团视为容易犯错误的，并且通常不具有可靠性的裁判者。他们很容易被引入歧途。在那些涉及令人厌恶的被告人和能

---

① 张继成. 从案件事实之"是"到当事人之"应当"——法律推理机制及其正当理由的逻辑研究 [J]. 法学研究, 2003, (1): 64-82.
② 〔美〕约书亚·德雷斯勒, 爱伦·C. 迈克尔斯. 美国刑事诉讼精解（第二卷·刑事审判）[M]. 魏晓娜, 译, 北京: 北京大学出版社, 2009: 134.

够激发陪审员同情心的被害人的暴力犯罪中，上述情况表现得尤为明显"。[①] 西方国家对品格证据有着较为系统的规定，其仍然得出了上述结论，可以预想，在我国尚没有对品格证据进行全面细致立法的情况下，刑事案件不当合并审理引发的偏见和歧视很有可能更为严重。

另一方面，在存在多个被告人合并审理的案件中，也有可能会出现歧视现象。"陪审团中存在一种认识，只有同样的羽毛才会汇集在一起。"[②] 在审判时，裁判者经常会对同一案件当中的不同被告人进行比较，这样并不利于案件公正审理，特别是对罪行较轻的被告人并不公平。"在设想中，合并审理的辩护是有效率的，相关的被告人一个接一个地参加庭审，但是正如之前论及的，像这样先后有序的情况在那样的场景当中并不可能出现，因为第一个的出现可能会给没有在最开始审判中出现的其他人带来偏见。实际上，第一个被审判的程度给后继的案子树立了一个标准。"[③] 这种偏见是毫无理由的，自然属于应当避免的范畴。有的研究者认识到，指导陪审团共同被告人必须"同时沉下去或者浮起来"是一件错误的事情，无论证据显示两个被告人如何应当被一致对待，法庭都应当向陪审团指明可能存在一个罪行适用于某一个被告人而不适用于另外一个被告人的情况。[④] 这种对陪审团的指导明显属于"治标不治本"的行为，要想彻底避免出现偏见，应该在程序上寻求更加彻底的解决方案。

正是因为无论是在主体合并还是客体合并的案件中，都可能存在裁判者因为受到错误引导而产生偏见，从而形成对被告人不公正审理的情况。故而，从避免误导裁判者、保证案件公正审理的角度出发，我们可

[①] 〔美〕布莱恩·福斯特. 司法错误论：性质、来源和救济 [M]. 刘静坤, 译, 北京：中国人民公安大学出版社，2007：189.

[②] 336U. S. 440, 69S. Ct. 716, 93L. Ed. 790 (1949).

[③] ROBERT O. DAWSON. Joint Trials of Defendants in Criminal Cases：An Analysis of Efficiencies and Prejudices [J]. Michigan Law Review, 1979, 77 (6)：1393.

[④] ROBERT O. DAWSON. Joint Trials of Defendants in Criminal Cases：An Analysis of Efficiencies and Prejudices [J]. Michigan Law Review, 1979, 77 (6)：1393.

以对某些刑事案件进行分离审理。这也是美国在《联邦刑事诉讼规则》第 14 条作出法院可以对案件分离审理的授权性规定的主要原因。①

（五）有利于实现特殊诉讼目的

司法实践中，司法机关对案件的处理方式一方面会受到案件方面因素的影响，另一方面还会受到刑事政策、司法传统等司法机关内部因素的影响。在不同的时间段，各国经常对刑事诉讼中的一些具体制度进行调整，以满足本国司法实践的特定需要。在一些时候，刑事案件分离审理可以实现刑事诉讼中的一些特殊目的。在我国，最为典型的是对共同犯罪中未成年被告人的分案处理制度。

未成年人的犯罪问题是一个严重的社会问题，根据 2022 年《中国统计年鉴》，2010 年至 2021 年全国人民法院判处未满 18 周岁的未成年人犯罪人数分别为：68193 人、67280 人、63782 人、55817 人、50415 人、43839 人、35743 人、32778 人、34365 人、43038 人、33768 人、34616 人。② 未成年人犯罪绝对数量虽然有所下降，但一直在高位运行，整体形势还是不容乐观，不过我国也早已认识到未成年人是一个非常特殊的社会群体，他们正处于向成年人过渡的关键转型期，面临诸多生理上的变化和心理成熟过程中的困惑，即便是触犯刑罚，但是可塑性较强，易于改造。故而，世界大部分国家对未成年人的犯罪在刑事实体法和程序法上都作出了特别的规定，我国也遵循了国际惯例。例如，在实体法上，《刑法》第 49 条第 1 款规定："犯罪的时候不满十八周岁的人和审判的时候怀孕的妇女，不适用死刑。"在程序法上，2013 年《人民检察院办理未成年人刑事案件的规定》第 27 条规定："对于未成年人实施的轻伤害案件、初次犯罪、过失犯罪、犯罪未遂的案件以及被诱骗或者被教唆实施

---

① 《联邦刑事诉讼规则》第 14 条规定："如果显示在一份大陪审团起诉书或检察官起诉书中，对数种罪行或数名被告一并指控或合并审理可能对被告人或政府方产生不公正影响，法庭可以命令从数种罪行中进行选择或者分开进行审理，同意将共同被告人分开或者提供其他救济性的司法命令。"美国联邦刑事诉讼规则和证据规则［Z］.卞建林，译，北京：中国政法大学出版社，1996：52.

② 数据参见国家统计局.中国统计年鉴［Z］.北京：中国统计出版社，2022：776.

的犯罪案件等,情节轻微,犯罪嫌疑人确有悔罪表现,当事人双方自愿就民事赔偿达成协议并切实履行或者经被害人同意并提供有效担保,符合刑法第三十七条规定的,人民检察院可以依照刑事诉讼法第一百七十三条第二款的规定作出不起诉决定,并可以根据案件的不同情况,予以训诫或者责令具结悔过、赔礼道歉、赔偿损失,或者由主管部门予以行政处罚。"这些都体现了国家对未成年人在诉讼程序中的特殊照顾。

考虑到各国的刑事实体法是以成年人为标尺构建的,在未成年人和成年人共同犯罪案件中容易忽视对未成年人应有的司法保护,同时出于对未成年被告人特殊的人性关怀、保护未成年被告人隐私等多重原因,各国大多将共同犯罪中的未成年人与成年人分案处理。"自1899年少年法院建立之日起,少年司法机构已经遍布各地,他们形式各异,可见于美国的所有辖区内、全世界的工业化国家,以及许多发展中国家。"[1]

在我国,最高人民检察院在未成年人分案起诉方面做了大量的工作。[2] 2002年3月25日通过的《人民检察院办理未成年人刑事案件的规定》第20条规定:"人民检察院提起公诉的未成年人与成年人共同犯罪案件,不妨碍案件审理的,应当分开办理。"2006年12月28日通过的《人民检察院办理未成年人刑事案件的规定》,对未成年人分案起诉制度作了进一步规定,"人民检察院审查未成年人与成年人共同犯罪案件,一般应当将未成年人与成年人分案起诉",这一司法解释还对可以不分案起诉的四种情形、分案起诉之后的材料移送等问题,都作出了较为详细的规定。2013年12月27日施行的《人民检察院办理未成年人刑事案件的规定》继承了2006年司法解释的相关内容。

根据最高人民检察院的指示,各地检察机关也对未成年人分案起诉

---

[1] 〔美〕玛格丽特·K.罗森海姆,等.少年司法的一个世纪[M].高维俭,译,北京:商务印书馆,2008:379.
[2] 审判机关方面,最高人民法院至今尚未有相应行动与最高人民检察院在这一问题上进行配合,但是在广东、上海等地,已经出现了大量的省市县各级法院和检察院携手,一起推进这一制度在该地区的适用。

进行了大量的试点工作，有的地区还对工作进行了总结，提出了制度性方案。例如2006年2月14日下发的《上海市高级人民法院、上海市人民检察院关于对未成年人与成年人共同犯罪的案件实行分案起诉、分庭审理的意见》（沪高法〔2006〕48号），就对该市的分案起诉和分案审理问题进行了明确规定，该文件第2条规定："人民检察院受理未成人与成年人共同犯罪的案件，可以将未成年人与成年人分案提起公诉。对于分案起诉的案件，人民法院应当分庭审理。"通过法院和检察院之间的协调，刑事案件的分案起诉拓展到分案审理阶段。这种分案审理行为，毫无疑问是对未成年被告人诉讼利益的高度重视，体现了对未成年被告人人权的尊重。

第三章

域外刑事案件合并与分离审理评析

我国正处于社会转型时期,现有的强职权主义的诉讼模式和诉讼制度由于时代局限性,在有效解决社会纠纷、维护社会稳定、保障公民正当权益方面存在的不足开始逐渐凸显,故而我国刑事诉讼研究中的"拿来主义"现象比较普遍。在研究刑事案件合并与分离问题时也是如此。我国对这一问题的立法规定非常零散,理论上对这一问题基本上也没有太多深入的研究。而西方发达国家和地区对这一问题研究得较为透彻,也大多形成了完善的富有各自特色的制度性规定。基于这些原因,有必要对域外刑事案件合并与分离审理机制进行较为详细的考察,以期为我国制度设计提供有力的参考依据。

第一节 英美法系的制度考察

一 美国立法及评析

(一) 立法概述

美国对该国的刑事案件合并审理问题有一个比较全面的统计数据。

在联邦法院1999年至2003年审理的375720个被告人中,只有65%的被告人是被独立指控,有11%的被告人是两个人同时被指控,甚至有14%的被告人在案件中是以五个或者五个以上的被告人共同起诉的。从罪状上分析,49%的被告人因一项罪状被指控,50%的被告人则是因为多项诉因被指控(26%是因为两项诉因,甚至有8%因为五项以上)。综合而言,所有被告人中,一个被告人以一个罪状被起诉的为150276人,大约占全部人数的40%,既与多人一起被指控,又同时是以多项罪状被指控的有96881人,占所有被告人的26%。[①]

正是因为刑事案件中有大量涉及被告人的合并及罪行的合并,因此,美国以立法为基础,以判例为支撑,形成了比较完善的刑事案件合并与分离审理的立法体系。在这个体系中,合并审理是主要内容,分离审理在立法,特别是判例中,以合并审理的例外情形出现。以下以美国《联邦刑事诉讼规则》为研究蓝本,以相关案例为辅助,对美国的立法制度进行详细评析。

(二) 立法具体内容

在《联邦刑事诉讼规则》中,对刑事案件合并与分离审理的内容主要由三个法条构成,即第8条、第13条和第14条。

1. 第8条述评

第8条为"共同犯罪和共同被告"。[②] 该条分为两项,分别从犯罪客体合并和犯罪主体合并两个方面规定了合并审理的具体内容。具体而言,此条内容是起诉阶段检察官或大陪审团起诉共同犯罪和共同被告时的注意事项。虽然案件合并与分离审判的最终决定权在法院,程序最终也落脚在法院,但检察官或大陪审团的起诉方式仍然对案件的审理方式有着直接的影响。基于诉讼效率的考虑,起诉方更倾向于将刑事案件进行合

---

① 参见 tables A, B, C (Reporting statistics for federal criminal defendants between 1999 and 2003).
② 美国联邦刑事诉讼规则和证据规则 [Z]. 卞建林,译,北京:中国政法大学出版社,1996:40.

并起诉,故而为了保护辩护方的利益,避免起诉方滥用合并审理,本条实际上是对起诉方行为的一种约束。

(1) 第8条a项

第8条a项是对罪行合并的规定。因为本项内容内涵极为丰富,所以本书将对条文进行分解后作出详细说明。这一部分"共同犯罪"的内容可以分为三个层次。

首先,"如果被指控的罪行,不管是重罪还是轻罪,或既有重罪又有轻罪"。为了有效地控制犯罪,美国联邦和各州颁布了很多严厉打击各种刑事犯罪的法律。"这些法律加大了对各种犯罪的惩罚力度。由于法律太多,法律重叠现象十分严重。在很多情况下,一种犯罪都会同时触犯几项法律。"[1]在美国的刑事法体系中,因为某一个简单犯罪行为触及多个刑法上罪名的情况屡见不鲜。例如,2011年5月,国际货币基金组织(IMF)总裁斯特劳斯·卡恩涉嫌在其下榻的索菲特酒店套间内,性侵32岁的几内亚移民迪亚洛。在这个情节并不复杂的刑事案件中,检方提出被媒体称为"七宗罪"的7项指控,包括2项一级刑事性行为、1项一级强奸未遂、1项一级性虐待、1项二级非法监禁、1项三级性虐待和1项强行接触。根据法新社报道,如果所有罪名成立,预计卡恩最长入狱74年3个月。[2]

同时,在美国,根据犯罪行为的危害程度可以将犯罪分为重罪和轻罪,这是美国刑法中最为基本的犯罪分类。重罪和轻罪的划分不仅有着实体法意义,而且在程序法上也有着重要的作用,因为这会引发程序的区别对待。"根据普通法,在具有合理的理由认为某人犯了重罪的情况下准许实行无逮捕令逮捕;而对轻罪犯实施无逮捕令逮捕,必须在当场实施轻罪的情况下才被允许。"[3]

《联邦刑事诉讼规则》在此处强调刑事案件的合并不区分重罪还是轻罪,正是基于该国刑事实体法规定的复杂性。此外,由于辩诉交易制度

---

[1] 马跃.美国刑事司法制度[M].北京:中国政法大学出版社,2004:296.
[2] 参见宗禾.卡恩被控"七宗罪",最多坐牢74年[N].广州日报,2011-05-18(A12).
[3] 储槐植.美国刑法(第三版)[M].北京:北京大学出版社,2006:5.

的存在，即便是被告人一开始被起诉了很多罪名，有可能被判处很重的刑罚，但作为检察官和被告人进行交易的重要筹码，不少罪名和量刑可能被放弃。所以，刑事案件部分轻罪和重罪的合并起诉，也为检察官和被告人之间的辩诉交易打下了基础。

其次，"属于同一性质或类似性质，或者基于同一行为或同一交易，或者虽是两个或者两个以上的行为或交易，但相互联系或是一共同计划中的组成部分"。本部分内容是对刑事案件进行合并审理条件的列举式规定，主要有三个方面。

其中"同一性质或类似性质"的规定存在较大的争议，"根据这一规定，同一犯罪的几个行为，比如抢劫银行，虽然被告人在不同的时间和地点，而且也并非是作为一个意图的一部分，但也允许将其合在一起"。[①] 这种规定过于模糊，很可能会引发不当的合并审理，所以美国专门又强调了对不当合并的救济程序，例如，《美国律师协会刑事司法准则》第13章"合并与分离"中第3条1（a）项就表明，"当两个或者以上的不相关的罪行被合并审理，辩护人和被告人应当有权利分离这些罪行"。在某些州的判例中，也着重强调案件的合并审理应当保持审慎，如在 Smithers 涉嫌杀害 Cristy Cowan 和 Denise Roach 一案中，佛罗里达州法院强调："如果罪行在发生时间和先后顺序方面没有联系的话，对案件的合并是没有保障的。"[②]

而"同一行为或同一交易"的规定理解则较为容易，它和大陆法系的刑法竞合中一行为触犯数罪名的想象竞合犯有很多相似之处，例如，"如果D被指控在枪口下抢劫V并在这一过程中导致V受伤，那么D被指控的各种罪行就是'相同行为或交易的组成部分'"。[③]

至于第三个方面——"两个或者两个以上的行为或者交易"的合

[①] 〔美〕伟恩·R.拉费弗，杰罗德·H.伊斯雷尔，南西·J.金.刑事诉讼法（下册）[M].卞建林，沙丽金，等译，北京：中国政法大学出版社，2003：896.

[②] Smithers v. State, 826 So. 2d 916 (Fla. 2002).

[③] 〔美〕约书亚·德雷斯勒，爱伦·C.迈克尔斯.美国刑事诉讼精解（第二卷·刑事审判）[M].魏晓娜，译，北京：北京大学出版社，2009：133.

并，法条则强调它们之间的关联性，即"相互联系或是一共同计划中的组成部分"。譬如，在一个谋划方案中，D向V1、V2、V3邮寄欺骗性信件——例如为并不存在的战争受害人慈善机构募集捐款。因每次邮寄而分别提出的欺诈指控就可以合并在一个公诉书中。①

这一部分包含的三个不同方面所强调的内容各有侧重。根据美国法院的理解，联邦规定的"共同的意图或计划"的一部分，将允许那些在时空观念上可能联系不那么紧密但可能将其视为一个普通犯罪事件的组成部分而合并起诉。相比之下，标准的"紧密相关"部分，更多地关注犯罪之间的时空关系，而不要求他们在犯罪动机上具有关联性。②

最后，"那么在一份大陪审团起诉书或者检察官起诉书中，可以对两个或两个以上的罪行逐项分别提出指控"。根据这一部分的规定，刑事案件的合并审理的建议主体应该是大陪审团或者检察官，而且在美国的司法实务中，法官一般会尊重检察官的起诉，故而，大陪审团或检察官的合并起诉内容对后面的案件合并审理有着非常重要的影响。③

（2）第8条b项

第8条b项是对多个被告人进行合并起诉的条件的规定。

该项条文的全文为："在一份大陪审团起诉书或者检察官起诉书中，可以对两个或两个以上的被告提出指控，如果他们被指控参加同一行为或者同一交易，或者参加构成一项犯罪或者数项犯罪的一系列行为或交易。这样的被告可以在一条或数条罪状中共同或分别被指控，不需要在每份罪状中对所有被告都提出指控。"

根据这一项的规定，"参加同一行为或者同一交易"与"参加构成一项犯罪或者数项犯罪的一系列行为或交易"是可以被指控合并起诉和审

---

① 〔美〕约书亚·德雷斯勒，爱伦·C.迈克尔斯.美国刑事诉讼精解（第二卷·刑事审判）[M].魏晓娜，译，北京：北京大学出版社，2009：133.
② 〔美〕伟恩·R.拉费弗，杰罗德·H.伊斯雷尔，南西·J.金.刑事诉讼法（下册）[M].卞建林，沙丽金，等译，北京：中国政法大学出版社，2003：895.
③ STEPHEN A. SALTZBURG, DANIEL J. CAPRA. American Criminal Procedure (6th Ed) [M]. Minnesota：West Group Publishing，2000：163-170.

理多个被告人的实际条件。与第 8 条 a 项中的罪行合并条件相比，其缺少了"同一性质或类似性质"这一条件，因为很明显，在日常审判中，不可能仅仅因为 A 和 B 两个被告人都犯了盗窃罪，就将他们两个人在一起合并起诉和审理。除了这点不同之外，刑事案件罪行的合并与被告人的合并在适用条件上并没有其他的区别。

但在适用中，由于诉讼效益等因素的影响，"联邦法院倾向于在案件中进行合并审判"。① 故而，美国在对刑事案件合并审理的具体条件理解上还有一些特殊的规定。例如，具有共谋关系是进行合并审理的当然条件之一，"但是将其在共谋期间意外所犯的罪行或对不属于共谋成员的被告人所犯的罪行的指控也合在一起就不适当了"，特别是在比较复杂的诉讼中，"对有多个共谋犯罪，但这些共谋除了些微的成员关系相互重合之外，没有其他关联的合并起诉是不适当的"。②

2. 第 13、14 条述评

《联邦刑事诉讼规则》第 13 条"将大陪审团起诉书或检察官起诉书合并审理"与第 14 条"将可能有不公正影响的共同诉讼分开"相呼应。③ 这两条共同表明，尽管检察官或大陪审团对刑事案件的指控方式有选择权，但是案件合并还是分离审理的最终决定权仍然掌握在法院手中。

相比较而言，第 13 条的内容较为简单，包含了两层含义：一是明确法官可以将案件进行合并审理；二是合并后复杂案件的审理程序与主体或客体单一的案件审理程序相同。在联邦最高法院的认识中，因为案件合并审理不仅是检察官所期望的，同时对司法审判有着直接的益处，故而，《联邦刑事诉讼规则》在此处并没有规定法院可以将案件进行合并审理的条件。当然，法院不能无原则地进行合并审理，联邦最高法院在此

---

① Zafiro v. United States, 506 U. S. 534, 537 (1993).
② 〔美〕伟恩·R. 拉费弗, 杰罗德·H. 伊斯雷尔, 南西·J. 金. 刑事诉讼法（下册）[M]. 卞建林, 沙丽金, 等译, 北京: 中国政法大学出版社, 2003: 899.
③ 美国联邦刑事诉讼规则和证据规则 [Z]. 卞建林, 译, 北京: 中国政法大学出版社, 1996: 52.

问题的阐释上比较模糊,在 Richardson 诉 Marsh 一案中,他们认为合并应当符合"司法利益"的需要,即"合并审理避免了案件分别审理时结果的不一致,使得案件判决更加精确,因此通常更加有利于司法利益"。①在实务中,一般可以认为,诉讼效率应该是法官重点考量的因素。

第 14 条的内容较为复杂,对实践的指导意义也更为明显。第 14 条首先声明法院对检察官或大陪审团原本提出的合并指控可以分开进行审理。在分开审理的条件上,原来的一并指控或合并审理"可能对被告人或政府方产生偏见"成为唯一的分离条件。②并且在第 14 条最后规定,当出现被告人请求进行分开审理时,法院如何进行处理的具体操作程序。"法庭可以命令检察官秘密向法庭移送政府准备在审判时作为证据提供的由被告人所作的陈述或坦白,以供审查。"

第 14 条虽然对法院在何种情况下可以对控方提出的指控进行分离审理作出了原则性的规定,但是这种规定并不明确,法院享有非常大的自由裁量权。因为法官对"偏见"的解释可以非常多样化,而且在审判中还有可能会发生一些其他的变通。法院也许会以保障诉讼正常进行等任何一个相对合理的理由来决定将案件分离审理,"一个更好的观点认为,即使控方或被告人没有具体提出这种要求(合并审理),法院也有权决定分离诉讼,因为法院有责任使审判程序有秩序地进行"。③

不过总的来说,偏见的理解基本上还是有章可循的。美国学者认为,从保护被告人角度而言,可能的偏见主要有三种:"(1)在提出独立辩护时他可能感到窘迫不安或惊慌失措;(2)陪审团可能使用被指控犯罪中的某个犯罪的证据推论被告人有罪,因此裁决他在某被指控的某个或某些犯罪有罪;或者(3)陪审团可能积累了各种被控犯罪的证据,裁决其有罪,但

---

① Richardson v. Marsh, 481 U. U. 200, 210 (1987).
② 此处的原文表述为"If the joinder of offenses or efendants in an indictment, an information, or a consolidation for trial appears to prejudice a defendant or the government",国内中文版此处将"prejudice"翻译为"不公正影响",为了更加直观,笔者取直译,翻译成"偏见"。
③ 〔美〕伟恩·R. 拉费弗,杰罗德·H. 伊斯雷尔,南西·J. 金. 刑事诉讼法(下册)[M]. 卞建林,沙丽金,等译,北京:中国政法大学出版社,2003:908.

如果这些被控的犯罪被单独考虑，陪审团可能会作出不同的裁决。"①

但毕竟立法并不周详，所以联邦法院对偏见的认识至今仍然备受争议。出于对检察官的尊重，一般情况下法院不会轻易对已经被指控合并的案件进行分离审理。Zafiro 诉合众国一案充分体现了法院将案件分离审理是有着比较严格的要求的。"如果案件中被告人按照第 8（b）条被正常合并审理，只有出现合并审理会严重损害某一被告人审判权利，或是出现妨碍陪审团作出定罪与否的准确判断的严重风险时，地区法庭才应当根据第 14 条进行分离。"②

值得注意的是，联邦法院对合并审理有着过于明显的偏好，以至于即便出现了不当合并审理现象，在美国，这也不被认为是一种严重的程序违法。这一论点在谢弗（Schaffer）诉合众国一案中表现得非常明显。③ 在该案中，4 名被告被指控共谋盗窃，原审法院在控方陈述案件后，虽然否认了谢弗参与共谋的指控，但是仍然将案件进行合并审理。联邦最高法院法官对于此案的表决意见为 5∶4。持大多数意见的法官认为该案虽然程序上有瑕疵，但是考虑到案件证据被认真地分开审查，原审法官的判断是没有受到干扰的，结论也是正确的，因此只需要对法官强调，应当在审理案件时提醒注意损害的发生即可。对于法官如何把握案件结果有没有受到损害等问题，不应当用形式进行更多的约束。而持反对意见的大法官则认为，这是一种严重的程序违法，因为它使得"合并审判毫无意义"。

二 英国立法及评析

（一）立法概述

美国制定法中对刑事案件合并与分离问题的规定非常详细，美国学者的研究成果也非常丰富。相比之下，英国的刑事案件合并与分离审理

---

① 〔美〕伟恩·R. 拉费弗，杰罗德·H. 伊斯雷尔，南西·J. 金. 刑事诉讼法（下册）[M]. 卞建林，沙丽金，等译，北京：中国政法大学出版社，2003：896.
② Zafiro v. United States, 506 U. S. 539 (1993).
③ 362. U. S. 511, 80S. Ct. 945, 4L. ED. 921 (1960).

的相关立法不如美国集中。但毕竟英国是老牌的资本主义法治国家，并不缺乏有关刑事案件合并与分离的规定。众所周知，英国和美国的程序立法有着太多的共同之处。在19世纪之前，英国法对美国法有着直接的影响，"法院制度的改革、诉讼形式的简化、普通法和衡平法的统一以及法律的系统化研究等方面都有所体现"，并且即便到了20世纪，"美国法和英国法由于历史的原因，在法律的演变过程中的一般性特点就总体而言有着不容置疑的相似之处"。[①] 因此，在刑事案件合并与分离审理的具体程序要求上，英国和美国大致上也是相同的。

（二）立法具体内容

1. 程序的提起

和美国一样，刑事案件合并与分离审理的提起最初发生在指控阶段，由起诉者通过提交起诉书来实现。只是在起诉主体的限定上，英国和美国有很大不同，英国的起诉主体并不单一，比较复杂。

在英国，自1985年《犯罪起诉法》施行之后，皇家检控署的检察官承担了原本由警察负责侦查并起诉的案件的起诉工作。随着时间的推移，检察官在案件起诉上的工作职能得到不断重视和加强，但检察官并不是唯一的起诉者，有不少其他的执法部门也能够负责进行其职能管辖范围内特定案件的起诉工作。"除此之外，有许多法律行为和刑事活动是由另外一些机构进行的——比如《税法》是由税务部门执行，而《健康和安全法》由健康和安全部门执行。在这个方面他们的执法情况与1985年警察执法情况一致：这些特殊法律执行机构也负责相关的起诉决定。"[②] 到目前为止，根据2003年《刑事审判法》第29条的规定，能够成为"公诉人"的主体至少有十种之多。[③]

[①] 钱弘道. 英美法讲座 [M]. 北京：清华大学出版社，2004：134-135.
[②] 〔荷〕皮特·J.P. 泰克. 欧盟成员国检察机关的任务和权力 [M]. 吕清，马鹏飞，译，北京：中国检察出版社，2007：56.
[③] 《世界各国刑事诉讼法》编辑委员会. 世界各国刑事诉讼法（欧洲卷·下）[Z]. 北京：中国检察出版社，2016：1913.

2. 合并的类型

根据英国判例的规定，一个陪审团一次只能审判一个案件，[①] 因此，在英国，刑事案件起诉时将罪行进行合并和将被告人进行合并都是一种非常常见的现象。司法实践中有以下几种情况：一份起诉书可以包括对被指控者两项或两项以上的罪状。同时，两名或两名以上的被指控者可以在一项罪状中被指控，如果控方认为他们协同实施了一项犯罪。此外，两名或两名以上的被指控者可以在一份单独的起诉书中被指控，即使他们没有被宣称共同实施一项单独的罪行。[②]

立法对这一问题也有比较详细的规定。根据1915年《起诉书法》第4节、1971年《起诉书规则》第9条等法律条文的规定，特别是2010年《刑事诉讼规则》第14条，立法中有四种合并审理的具体类型：一是两个或两个以上的被告人在一个罪状中；二是不同的被告人在独立的罪状中；三是不同的罪行在不同的罪状中；四是被告人被单独地交付审判。

3. 合并审理的条件

刑事案件合并审理的条件要分为罪行合并与被告人合并两个不同类型的合并情况，分别进行讨论。

在罪行合并方面，不管是以上四种类型中的哪一种形式的合并审理，都要符合一定的条件。1971年《起诉书规则》第9条规定了刑事案件客体合并的条件："对任何犯罪的指控可以合并在一份起诉书中，如果这些指控是建立在相同事实上，或者构成一系列相同或类似性质的罪行的一部分。"从这一规定可以看出，英国在罪行的合并审理上有"相同事实"或者"相同或类似性质"两大类。

建立在"相同事实"基础上的合并比较容易理解。例如，"如果X抢劫了银行，驾驶着他的"逃离车"在一片布满建筑的区域高速驾驶摆

[①] Crane v. DPP [1921] AC 299.
[②] 〔英〕约翰·斯普莱克. 英国刑事诉讼程序（第九版）[M]. 徐美君，杨立涛，译，北京：中国人民大学出版社，2006：314.

脱追踪,而接着最终被包围走投无路时,与逮捕他的警察扭打以避免被捕,他可以在一份起诉书中被指控抢劫、危险驾驶和为拒绝逮捕而袭击警察。如果他携带了猎枪和/或偷窃了逃跑汽车,可以再添加偷窃和拥有枪支实施可控诉罪行而被进一步指控"。[①] 值得注意的是,英国1979年的一个判例表明,建立在相同事实之上的各种罪行在时间上并不强调同时性或紧接性。"如果没有先前的罪行,后继的罪行就不会发生,那么就可以说这些罪行是建立在同一事实基础之上的。"[②]

"相同或类似性质"则比较容易出现争议,这一点和美国法在此处出现的问题颇为雷同。在1970年的判例中,上议院认为,两个或者两个以上的罪行要构成符合"相同或类似性质"的一个系列或一系列中的一部分,那么它们必须具有一个连接点(connection)。而这个连接点必然是在组成罪行方面的法律或者事实上的共同点。[③] 对"相同事实"的理解并不困难,但是在英国法中,对"相似性"的把握就显得非常关键,而此时,对不同罪行是不是一个系列、是不是一个系列的一个部分、是不是具有相似性来说,连接点的认定很重要。

英国的多个判例表明,法律对连接点的要求条件比较低。就1970年的判例本身来看,被告人Ludlow被指控犯有两个罪行,盗窃未遂和抢劫,分别在两个罪状中加以起诉,上议院认为该案的事实具有相似性,因而赞同将两个罪状放置于同一个起诉书,这一案件本身看起来似乎除了地点和时间可能会存在一些相近因素外,没有太多的连接点,但仍然被合并审理,这其实说明了第9条的规定其实并没有被十分严格地遵守。1969年的一个判例(R v. Kray [1969] 53 Cr. App. R. 569)在两个罪状构成一个系列方面的认定,也表达了类似的观点。

只是要注意的是,随着制定法的快速修订,1971年《起诉书规则》

---

① 〔英〕约翰·斯普莱克. 英国刑事诉讼程序(第九版)[M]. 徐美君,杨立涛,译,北京:中国人民大学出版社,2006:306-307.
② R v. Barrell [1979] 69 Cr. App. R. 250.
③ Ludlow v. Met. Pol. Comm. [1970] 54 Cr. App. R. 233.

被 2010 年《刑事诉讼规则》所取代,[①] 当然,以 1971 年《起诉书规则》为基础的判例仍然还在发挥着重要作用。例如,虽然法院对第 9 条的理解一直非常宽松,但是在 1981 年的霍华德案中,上诉法院认为将被告使用支票从银行诈骗钱财与处理非法持有的音响设备之间合并审理并不合法。[②] 在该案中,仅仅将不诚实作为合并审理的理由被认为是不充分的。尽管法律被取代了,但这种问题处理思路至今仍然在英国司法中发挥着重要的作用。

在被告人合并方面,英国的立法作出了区别处理。一方面,对于刑事实体法上的共同犯罪,即几个被告人共同合谋实施了犯罪,通常会在一项单独的罪状中被指控,这一点立法上也非常明确。1861 年《从犯和教唆犯法》规定,各个被告人都可以"像主犯那样被审判、起诉和惩罚"。

另一方面,如果案件被告人的合并是因为不同罪状,则法律对这些罪状的关联性有一定的要求,尽管这些要求也许并不非常精确。在英国,由于一份起诉书可以包含多个独立的罪状,皇家检控署颁布的《法律指南》明确指出了司法实践中的一个复杂情形:"很容易出现一个起诉书中包含了两个或两个以上罪状,这些罪状指控了犯有不同罪行的被告人,尽管这些被告人之间没有一个共同的罪状。"[③] 和其他有着明确理由的案件合并审理不同,"可以这样做的情形没有被精确地定义"。法律当然不会纵容无理由地对不同案件的被告人进行合并审理,故而他们强调被合并的案件之间应当有一定的"关联因素","但肯定是犯罪之间有一些关联的因素以说明将他们宣称的犯罪者合并在一份起诉书中具有正当性。关联因素可以是虽然被告人实施了不同的犯罪,但他们显然协同行动,

---

① 这一结论参见英国皇家检控署颁布的《法律指南》中"起诉书起草"内容部分的开头部分,原文为"The Indictment Rules 1971 have been revoked and (by and large) incorporated into the Criminal Procedure Rules 2010 (CPR 2010)"。
② Harward (1981) 73 Cr. App. R. 168.
③ 法律文本载自英国皇家检控署网站,http://www.cps.gov.uk/legal/d_to_g/drafting_the_indictment/#offsimchar, 2011 - 08 - 01.

或者犯罪都发生在一个事件中"。①

4. 合并审理的决定

决定案件合并与分离的权力掌握在法院手中。如果法官认为，通过对被指控者一份起诉书中的所有罪状进行一次单一的审判将"对他的辩护造成歧视或尴尬"，或者因为任何其他的原因对其中至少一项罪状进行分离的审判更可取的话，那么他可以作出这样的命令：IA 第 5（3）条。②和美国一样，由于立法的模糊性，法官在案件的合并与分离审理上有着很大的自由裁量权。法官除了能够将起诉时的不当合并进行分离，还能够通过命令修改起诉书的方式来增加新的罪状。值得注意的是，法官对案件作出分离审理的决定虽然没有严格的立法制约，但是"是否会影响案件公正审理"这一比较虚无的理念对法官分离案件有重大影响。例如，根据既往的判例，法官一般不会同意公诉人在修改起诉书时增加新的内容，因为"如果一项包含全新指控的罪状在证据开示后被添加进来，这几乎肯定会导致不公正"。③

5. 合并审理的救济

在案件的合并与分离审理问题上，英国设置了多样化的救济程序。一般而言，对于不当的合并，被告人可以提出上诉，例如在 1978 年 Thorne 案中，被告人对不当合并审理提出上诉。④辩护方如果认为罪状是应当分开的，或者不应当在起诉书中与其他被告人共同审判，那么可以提出分别起诉的请求。对于这种合并与分离审理的救济问题，英国非常重视，并在 2003 年《刑事审判法》中专门进行了修订。根据 2003 年《刑事审判法》释义第 665 项，该法第 310 条"处理指控的分离与合并的

---

① 〔英〕约翰·斯普莱克.英国刑事诉讼程序（第九版）[M].徐美君，杨立涛，译，北京：中国人民大学出版社，2006：316.
② 〔英〕约翰·斯普莱克.英国刑事诉讼程序（第九版）[M].徐美君，杨立涛，译，北京：中国人民大学出版社，2006：310.
③ 〔英〕约翰·斯普莱克.英国刑事诉讼程序（第九版）[M].徐美君，杨立涛，译，北京：中国人民大学出版社，2006：320.
④ Thorne（1978）66 Cr. APP. R. 6.

预备听证"已经进行了修改。这个修改调整了1987年《刑事审判法》和1996年《刑事程序与侦查法》的相关条文。"本条在根据这些法律举行的预备听证的目的中增加了分离与合并指控的问题，并规定法官可以在预备听证中对分离与合并指控作出裁决。"并且，"根据《1987年法》或《1966年法》，在得到法官或者上诉法院许可后，控辩双方都可以对这些裁决提出上诉"。①

除了以上的一般性规定，在某些特别制定法中，英国对特殊类型案件的合并与分离也专门作出了规定，如1998年《犯罪与骚乱法》第51条对涉及未成年人的案件移送方式作出特别规定，送交法院审判而不进行移交程序，避免未成年被告人和成年被告人之间相互交叉感染。

第二节 大陆法系的制度考察

一 德国立法及评析

（一）立法概述

德国刑事诉讼法有关刑事案件合并与分离审理的立法和理论对大陆法系国家和地区有着比较深远的影响。就内容来看，它直接影响了日本的立法和我国台湾地区的有关规定。在体例安排上，《德国刑事诉讼法典》的前两章"法院事务管辖权"和"地域管辖权"，分别比较详细地规定了案件的合并与分离问题，并且还通过规定追加起诉等内容，对审判过程中的案件合并与分离审理进行了补充规定。

（二）立法的具体内容

1. 第2条评析

《德国刑事诉讼法典》第2条"相牵连案件的合并与分离"明确承认

---

① 英国2003年《刑事审判法》及其释义 [Z]. 孙长永，等译，北京：法律出版社，2005：651.

了合并与分离审理是诉讼当中常见的情况，并对合并与分离的内容进行了一般性的规定："（一）对分别属于不同级别法院管辖的、相牵连的刑事案件可以合并，向具有较高级别管辖权的法院起诉。相牵连案件中的个别案件，依照《德国法院组织法》第七十四条第二款、第七十四条 a 和第七十四条 c 由特别刑事庭管辖的，可以合并，向依照《德国法院组织法》第七十四条 e 具有优先管辖权的刑事庭起诉。"[①] 这部分条文虽然没有说明实施合并起诉行为的主体，但显而易见，将案件自开始就合并处理，是检察官的一个重要职能。

和英美法系国家不同，德国法院组织体系呈现出高度专业化的特点。其法院由五部分组成，分别为普通法院、劳工法院、行政法院、福利法院和财政法院。而普通法院又分为初级法院、州法院、州高级法院和联邦法院。德国普通法院根据刑事案件的严重程度不同，有着非常详细的审判管辖划分，例如，初级法院是刑事案件的初审法院，管辖轻微的刑事案件，即一般被指控 4 年以下监禁刑的犯罪。而州法院也承担一审职能，其中的刑庭审理所有法定刑为 4 年以上监禁的案件，或者交付精神病院强制医疗或者预期在服刑后需处以预防性拘押的案件。[②] 也正是因为如此，法典第 2 条专门规定了涉及合并管辖时"就高不就低"和涉及专门管辖时"专门管辖优先"的两个基本原则。

在第 2 条第 2 款中，法典对分离审理作了比较粗略的描述。"出于合目的性原因，法院可以裁定将已合并的刑事案件分离。"这一条并没有对分离审理的具体条件进行详细表述，"更为适宜审判"这一条件似乎过于广泛。这一点和英美国家的规定颇为类似。不过我们至少可以从这一条内容得知，法院对案件的不当合并有着分离审理的最终决定权。

2. 第 3 条评析

对"相牵连"一词的理解在法典第 2 条的理解和实施中具有非常重

[①] 德国刑事诉讼法典 [Z]. 宗玉琨，译，北京：知识产权出版社，2013：3.
[②] 德国法院组织设置及详细管辖安排参见卞建林，刘玫. 外国刑事诉讼法 [M]. 北京：人民法院出版社，中国社会科学出版社，2002：7-11.

要的作用。故而,法典的第3条对"相牵连"的含义进行了专门的解释:"如果一人被指控犯有数个犯罪行为,或者在一个犯罪行为中数人被指控为正犯、共犯或者犯有包庇犯罪利益罪、阻碍刑罚罪或窝赃罪,即为相牵连。"[1] 这一规定结合了实体法和程序法的内容,对其他大陆法系国家和地区的立法有着直接的影响。

3. 第4、5条评析

法典第4条"诉讼未决案件的合并或分离"重点规定了法院在审判过程进行中,对案件合并审理的情况。

该条分为两款,[2] 第1款规定:"开启审判程序后,法院依检察院或被告人的申请,或者依职权,亦可以裁定将相牵连刑事案件合并或分离。"该条在第2条第2款的基础之上,进一步明确了法院对刑事案件合并与分离的最终决定权。同时,根据本条的规定还可以得知,审判程序开始之后,检察官和被告人的申请、法院的依职权主动行为都是法院将案件合并与分离审理的动因。

法典第4条第2款对能够在审判阶段作出合并审理的法院的级别作出了要求。"数个具有管辖权的法院均在一个较高级别法院的辖区内,由此较高级别法院负责裁定。无此法院时,则由共同上级法院裁定。"如果A、B、C、D四地各有一起案件起诉,且四地在地域上并不相交,则尽管其中A地的法院认为自己符合将该案件合并审理的"关联性"条件,但是仍然不能自行决定将案件进行合并审理,因为A法院并不是法律中所说的"更高级别的法院",没有决定权。

法律对法庭在还没有开始进行案件审理时发现存在数个案件相牵连的情况作了另外的规定。法典第209条"开启的管辖权"规定:"(一)收到公诉书的法院,认为其辖区较低级别法院对案件有管辖权时,则其在该较低级别法院开启审判程序。(二)收到公诉书的法院,认为其所在辖区

---

[1] 德国刑事诉讼法典 [Z]. 宗玉琨, 译, 北京: 知识产权出版社, 2013: 4.
[2] 德国刑事诉讼法典 [Z]. 宗玉琨, 译, 北京: 知识产权出版社, 2013: 2.

较高级别法院对案件有管辖权时,通过检察院将案卷移送至该较高级别法院裁定。"

第5条"程序之标准"是对第4条中合并审理具体操作程序的要求,"在合并期间,以属于较高级别法院管辖之案件,作为适用程序之标准"。根据李昌珂教授的解释,此条所规定的是案件合并后在诉讼程序方面的结果,即案件合并导致程序统一,整个程序都应当依照更高级别法院管辖案件的审理规则来进行,譬如,法官依法回避时,则应当对所有合并案件回避。当然,这种交由更高级别法院管辖的做法符合基本法理,在我国也有类似规定。①

4. 小结及余论

从法典第2条到第5条的规定来看,刑事案件合并的建议权掌握在检察官手中,但是控辩审三方都可以启动对案件合并的质疑。上级法院在案件的最终合并与分离审理方式上有着非常大的决定权。例如,在案件起诉后,即便是案件已经处于合并审理状态,"该上级法院在考量后,仍得随时将合并的诉讼程序加以分别审理"。② 更为典型的立法是法典第237条的规定:"法院对在其处诉讼未决的数个相牵连的刑事案件,即使非第三条所称之牵连,为同时审理之目的,可以命令合并。"而实践中,对"同时审理"的理解是非常宽泛的,法官拥有近似于不受制约的裁量权。③

在打击犯罪理念的支撑下,德国刑事诉讼法还对刑事审判过程中的另外一种形式的合并——追加起诉的具体程序作了比较详细的规定。法典第266条规定:"在法庭审理中检察官将公诉延伸至被告人的其他犯罪

---

① 德国刑事诉讼法典[Z].李昌珂,译,北京:中国政法大学出版社,1995:2.
② 〔德〕克劳思·罗科信.刑事诉讼法(第二十四版)[M].吴丽琪,译,北京:法律出版社,2003:41.
③ 李昌珂教授解释,这种"同时审理"会出现于行为人或者受害人是同样的人员,或者证据相同,或者是要澄清的法律问题是同类的问题等情况,法院认为适合同时审理时就可以合并。参见德国刑事诉讼法典[Z].李昌珂,译,北京:中国政法大学出版社,1995:99.

行为时,如果法院对案件有管辖权且被告人同意,法院可以裁定将其他犯罪行为纳入程序。"由此,法院在审判中享有将其他案件合并到现有案件中的权力。当然,这种做法有可能会侵害被告人的诉讼权益,因此,第266条第2款规定,对追加起诉要载入法庭笔录,并且审判长要给予被告人辩护机会。

二 日本立法及评析

(一)立法概述

日本的刑事诉讼立法经历过颇多的曲折,"就比较刑事诉讼法的角度而言,再也没有一个国家像日本这样经历了诉讼模式的多次变迁"。[①] 自第二次世界大战之后,该国逐渐由传统的大陆法系国家向英美法系国家转型,形成了具有自己特色的诸多诉讼制度。但在刑事案件合并与分离审理问题上,基本保留了大陆法系国家的做法,所以笔者将其纳入大陆法系国家中进行论述。该国的立法较为系统和全面。不仅对审判开始前的案件合并与分离问题进行了详细规定,对审判过程中的案件程序上的合并与分离也作出了规定。这对后继的我国台湾地区相关规定有着很大的影响。

(二)立法的具体内容

1. 审判前的案件合并与分离审理

在案件审判开始之前,日本利用刑事诉讼法典的第3条到第9条,在"法院的管辖"一章中,全面规定了相牵连案件的合并与分离审理问题。这七个条文规定了四个方面的内容,即牵连案件的合并管辖、牵连案件的分案审判、牵连案件的合并审判和"牵连案件"的界定。

牵连案件的合并管辖。这一部分内容由第3条和第6条两个条文构成。第3条说明的是当出现数个案件相牵连需要合并管辖时,涉及不同级别法院管辖时的处理问题。"级别管辖不同的数个案件有牵连的,上级

[①] 汪振林.日本刑事诉讼模式变迁研究[M].北京:四川大学出版社,2011:1.

法院可以合并管辖该类案件。属于高等法院特别权限管辖的案件与其他案件有牵连的，高等法院可以合并审判的，可以决定将案件移送给有管辖权的下级法院。"① 日本的这种规定比较具有可操作性，也符合其司法传统。第6条说明的是数个有牵连的案件分属于不同地区时的处理情况，法律规定其中任意一个有管辖权的法院都可以享有管辖权，当然，属于特殊管辖的情况除外。"地域管辖不同的数个案件有牵连时，对其中一个案件有管辖权的法院，可以合并管辖其他案件。但是，对于依照其他法律规定属于特定法院管辖的案件，不得合并管辖。"②

牵连案件的分案审判。这一部分的内容由第4条和第7条两个条文构成。根据法律规定，即便是检察官根据合并管辖的规定，将相牵连案件起诉到某一法院，但不管是涉及级别管辖的合并还是涉及地区管辖的合并，法院都享有将已经合并的案件再次裁定分别审理的权力。在涉及不同级别管辖的合并起诉时，可以作出裁定的法院是上级法院；在涉及不同地区管辖的合并起诉时，移送的是根据第6条的规定已经取得管辖权的那个法院。"级别管辖不同的数个有牵连的案件系属于上级法院时，上级法院认为没有必要合并审判的，可以决定将案件移送到有管辖权的下级法院。""地域管辖不同的数个有牵连的案件系属于同一法院时，该法院认为没有必要合并审判的，可用裁定将案件移送有管辖权的其他法院。"③

牵连案件的合并审判。这一部分的内容由第5条和第8条两个条文构成。当检察官并没有将案件进行合并起诉，而是分别起诉时，如果上级法院认为有合并审理的必要，也可以裁定将下级法院的案件进行合并审判。这个情况和法典第3条和第6条的合并管辖在时间上正好是前后衔接的。

根据日本的《法院组织法》等相关法律的规定，高等法院的管辖范

---

① 日本刑事诉讼法律总览［Z］.张凌，于秀峰，译，北京：人民法院出版社，2017：11.
② 日本刑事诉讼法律总览［Z］.张凌，于秀峰，译，北京：人民法院出版社，2017：11.
③ 日本刑事诉讼法律总览［Z］.张凌，于秀峰，译，北京：人民法院出版社，2017：11.

围为"特别权限案件",① 法律专门规定，对于和这些"特别权限案件"相关联的普通案件，高等法院可以进行合并审判。法典第 5 条规定："数个有牵连的案件分别系属上级法院和下级法院时，上级法院可以不受级别管辖的限制，决定合并审理属于下级法院管辖的案件。属于高等法院特别权限内的案件正由高等法院处理，而与该案件有牵连的案件系属于下级法院时，高等法院可用裁定合并审理属于下级法院管辖的案件。"此外，由于考虑到第 6 条可能会出现较多的管辖权重叠，这时法律规定由共同直属上级法院进行解决。法典第 8 条规定："数个牵连案件分别系属于同级别的数个法院时，各法院依据检察官或者被告人的请求，可用裁定由一个法院合并审理。在前款情况下，各法院的决定不一致时，各法院的共同直属上级法院依据检察官或者被告人的请求，可用裁定该案件由一个法院合并审理。"②

"牵连案件"的界定。在前面六个条文中，牵连案件的界定是合并与分离审理的最重要前提。故而，法典第 9 条对案件的牵连问题进行了列举式的规定。从日本的立法来看，在一个人实施数个犯罪时，或者在多个人共同实施或"同谋"时，不管该人是实体法上的主犯还是从犯，都可以进行合并审理。"数个案件有下列情形之一的，视为牵连案件。一、一人犯数罪的；二、数人共犯同一犯罪或者不同的犯罪的；三、数人同谋而分别实施犯罪的。藏匿犯罪人罪，毁灭证据罪，伪证罪，虚假鉴定、翻译罪及赃物罪，与上述的本犯之罪，视为共同实施的犯罪。"③ 松尾浩也教授认为，日本立法中的"相牵连案件"的范围是非常广泛的，因为"对'一人犯数罪时'的解释，几乎不存在问题。无论是否有适用并合罪（数罪并罚）的规定都包含在其中。'数人共同'或者'同谋'，除了包

---

① 特别权限案件的范围"包括内乱罪（包括未遂、预备、阴谋、帮助）以及《关于禁止私人垄以及确保公正交易的法律》中第 89 条到第 91 条规定的犯罪"，参见〔日〕松尾浩也. 日本刑事诉讼法（上卷新版）[M]. 丁相顺，译，北京：中国人民大学出版社，2005：19.
② 条文参见日本刑事诉讼法律总览 [Z]. 张凌，于秀峰，译，北京：法律出版社，2017：11.
③ 日本刑事诉讼法律总览 [Z]. 张凌，于秀峰，译，北京：法律出版社，2017：11 – 12.

括刑法总则上的共犯,也包括必要共犯、两罚规定的行为人与业主。同时,未达到共谋程度的意思联络的场合也包括在内。此外,隐匿犯人罪、销毁证据罪、虚伪鉴定翻译罪以及赃物罪等,与本犯一起,也被看作'共同'犯罪"。①

2. 审判中的案件合并与分离审理

（1）追加起诉问题

日本的刑事诉讼法典中并没有直接规定检察官可以在案件进入审判阶段之后追加起诉,进而引发案件的合并审理问题,但在实际操作中,日本的相牵连案件追加起诉的情况却是经常出现的。"实际运作上,检察官仍系依日本刑事诉讼法二百五十六条规定以提出起诉书方式为之,经检察官向同一法院追加起诉后,再由法院依据刑事诉讼法第三百十三条裁定合并辩论的方式进行审判,惟实务上也有部分法院将此项合并辩论的程序予以省略。而追加起诉结果,亦有上述合并、分离审判规定适用。"② 日本的实务做法并非无法可依,日本《刑事诉讼规则》第18条之二规定："刑诉法第30条规定的人对一个案件聘请了辩护人的,在该案件被提起公诉以后,对又向同一法院提起公诉且与该案件合并处理的另一个案件,也具有效力。但是,被告人或者辩护人对此提出异议的,不在此限。"③ 从此条对辩护人权限的规定可以看出,法律承认了存在案件提起公诉之后,可能还有另行提起公诉而与之合并的情况。

至于同一案件内部涉及的案件诉因追加问题,《日本刑事诉讼法》第256条和第312条、《刑事诉讼规则》第209条作了比较详细的规定,特别是《日本刑事诉讼法》第312条第1款规定："在检察官提出请求时,只要不侵害公诉事实的同一性,法院应当准许追加、撤回或者变更记载

---

① 〔日〕松尾浩也. 日本刑事诉讼法（上卷新版）[M]. 丁相顺, 译, 北京：中国人民大学出版社, 2005：200.
② 许炎灶. 合并与分离审判——实务运作之检讨与建议 [D]. 台北：台湾大学, 2005：111-112.
③ 日本刑事诉讼法律总览 [Z]. 张凌, 于秀峰, 译, 北京：人民法院出版社, 2017：132.

在起诉书中的诉因或者处罚条款。"① 此处可以看出，刑事案件诉因增加的启动主体是检察官，法律同时设置了启动的条件是"不妨碍公诉事实的同一性"。并且，对诉因追加的请求是否准许，最终的决定权掌握在法官手中。和其他国家一样，法官的决定权并非不受任何约束，在实务中，法院一般从诉因变更的时期、阶段，两诉因的关系，审理的经过，对被告人不意打击的程度，变更后所可以想见的对被告人方产生的不利及负担，事实的重大性五个方面进行考虑。②

（2）辩论程序的分离和合并问题

《日本刑事诉讼法》第313条规定了"辩论的分离、合并和再开始"，这一条的规定是日本刑事诉讼法在案件合并与分离方面的重要特色。"①法院认为适当时，依据检察官、被告人或辩护人的请求，或者依职权，可以用裁定将辩论分离或合并，或者再次开始已经终结的辩论。②法院为保护被告人的权利，在必要时，依照法院规则的规定，应当用裁定将辩论分离进行。"上述第313条的规定看似比较简单，但是内涵十分丰富。从表面上，这一条文至少说明了三个方面的内容：一是辩论可以分离、合并和再分离；二是这种程序的合并与分离的启动可能是依控辩双方的请求，也可能是法院依职权进行；三是这种合并与分离的决定权属于法院。根据日本学者藤永幸治等人的理解，此处"辩论"应当作广义的理解，即包含了日本刑事审判流程中除了显示判决之外的其他所有环节。③

日本学者认为，日本辩论程序的合并与分离制度解决了三个问题：涉及同一法院不同法官之间的合并与分离；涉及同一法官原属不同诉讼的数个案件的合并与分离；涉及同一法官同一诉讼中数个案件的调查程

---

① 日本刑事诉讼法律总览［Z］.张凌，于秀峰，译，北京：人民法院出版社，2017：79.
② 参见〔日〕三井诚.刑事诉讼法Ⅱ［M］.东京：有斐阁，2003：234. 转引自张琳琳.日本诉因制度研究［D］.北京：北京大学，2005：74-75.
③ 包括审判准备程序、审判的审理（开头程序、调查证据程序、最后辩论程序）。转引自许炎灶.合并与分离审判——实务运作之检讨与建议［D］.台北：台湾大学，2005：115.

序、辩论程序的合并与分离。① 日本对辩论的合并与分离有着较为严格的程序要求，实务界认为，"依刑事诉讼法第六条、第八条之合并审判后，不过是将诉讼合并在同一法院，欲同时审理，审理法院必须重新依第三百十三条决定合并辩论"。② 当然，这是一个较高的要求，实践中可能无法做到，不过将不同案件合并到一个法院，将一个法院内部的案件合并到一个诉讼中非常常见，因为这些原本联系非常紧密的案件如果分开审理会非常不符合诉讼效率的要求。日本实务界普遍认为，虽然没有下合并审理的裁定，实际上法院却采取了合并审理的行为，如果被告及辩护人对此没有提出任何异议，且审理程序并没有侵害被告的权利，此违法事项不影响判决的效力。③

三 我国台湾地区规定及评析

（一）规定概述

我国台湾地区的刑事诉讼规定原本属于典型的大陆法系模式，以职权主义为其典型特征，但是，"进入 21 世纪，在台湾，刑事诉讼制度正处于跃动蜕变的转型期"。④ 在经历了 14 年 16 次修改之后，台湾地区的"刑事诉讼法"模式已经初步实现了向英美法系的当事人主义的重大转变。⑤ 在十余次的修改中，2003 年的修改幅度最大，删除、修改、增订条文达到 120 多处。该次修订对刑事案件合并与分离审理问题进行了突破性的规定，通过了第 287 条之一"共同被告之调查证据、辩论程序分离或合并"，该条规定："法院认为适当时，得依职权或当事人或辩护人之

---

① 许炎灶. 合并与分离审判——实务运作之检讨与建议 [D]. 台北：台湾大学，2005：116.
② 〔日〕藤永幸治，等. 刑事诉讼法第 4 卷 [M]. 日本：青林书院，1997：795. 转引自许炎灶. 合并与分离审判——实务运作之检讨与建议 [D]. 台北：台湾大学，2005：11.
③ 〔日〕藤永幸治，等. 刑事诉讼法第 4 卷 [M]. 日本：青林书院，1997，798. 转引自许炎灶. 合并与分离审判——实务运作之检讨与建议 [D]. 台北：台湾大学，2005：117.
④ 陈运财. 刑事诉讼制度之改革及其课题 [J]. 月旦法学杂志，2003，(9)：73.
⑤ 台湾"刑事诉讼法"14 年 16 次修改的基本内容可见 2011 年 11 月搜狐网"点击今日"专题第 746 期所作的《台湾刑法 14 年 16 改——公权力步步退让，当事人权利不断加大》专题报道，http://news.sohu.com/s2011/dianji-746/，2012-01-01.

声请,以裁定将共同被告之调查证据或辩论程序分离或合并。前项情形,因共同被告之利害相反,而有保护被告权利之必要者,应分离调查证据或辩论。"这一条款是对审判过程中的刑事案件合并与分离的专门性规定。此规定与原有的刑事审判管辖一起,构成了我国台湾地区的刑事案件合并与分离审理体系并沿用至今,且无重大修订。一方面,考虑到台湾地区谋求刑事诉讼规定转变的思路和大陆地区较为接近;另一方面,台湾地区的规定吸收了英美德日等国的成熟立法经验,但后来陆续出现的诸多案件,仍然揭露出该地区的规定和研究对刑事案件合并与分离问题还有比较大的缺漏。无论从哪一个角度看,我们都应当对台湾地区的规定高度关注。

和日本的立法相似,以诉讼阶段为限,台湾地区的刑事案件合并与分离基本可以划分为审判程序开始前的合并与分离及审判程序开始后的合并与分离两大类。其中前者规定于"刑事诉讼法"第二章"法院之管辖"中,内容比较成熟,历史悠久。而审判程序开始后的合并与分离的规定主要在 2003 年增订时形成,当时并没有吸引太多关注,后来由于徐××案及陈××案的特殊影响,案件合并与分离审理问题得到了岛内各界的高度重视。针对这两起案件,"司法院大法官会议"专门形成了释字 582 号解释及 665 号解释。直到今天,陈××案引发的合并与分离审理问题仍然是台湾地区诉讼法学界关注的重点问题之一。

(二)规定的具体内容

1. 审判程序开始前的案件管辖

台湾地区通过"刑事诉讼法"第 6 条对审判程序开始之前的相牵连的案件管辖进行了比较详细的规定。这一规定有着非常悠久的历史,笔者对比发现,1935 年 1 月施行的民国时期《刑事诉讼法》和我国台湾地区最新版本的"刑事诉讼法"在这一条文上没有任何差异。该条的内容非常丰富,详细分析如下。

该条第 1 项中首先规定:"数同级法院管辖之案件相牵连者,得合并由其中一法院管辖。"这肯定了出于诉讼经济等需要,可能会出现案件合并审理的情况。和该条第 2 项相比较，这里所列情况发生的前提是案件还没有被某一有管辖权的法院受理。早在 1939 年，"28 年上字第 3635 号"判例就分析过这条规定："本件自诉人向某地方法院自诉甲、乙、丙、丁共同背信，虽甲、乙、丙三人散居别县，其犯罪地亦属于他县辖境，而丁则仍居住该地方法院所辖境内，该地方法院依法既得合并管辖，即不能谓无管辖权，乃竟对于甲、乙、丙部分谕知管辖错误之判决，殊属违误。"这个判例至今仍然被时常引用，如台湾彰化地方法院"96 年度易字第 796 号"刑事判决书在程序理由部分描述："按刑事案件除有特别规定外，固由犯罪地或被告之住所、居所或所在地之法院管辖。但数同级法院管辖之案件相牵连而未系属于数法院者，自得依刑事诉讼法第 6 条第 1 项，由其中一法院合并管辖。"

该条第 3 项前半段的内容和第 1 项的内容在时间上一致，都属于案件系属于某一法院之前的案件合并审理问题。其背后的潜台词均是，检察机关对此处案件的合并侦查与合并起诉问题具有启动权。① 两者的区别在于，第 1 项所陈述的内容是同级法院之间的合并，而本部分内容是不同级别法院的合并。"不同级法院管辖之案件相牵连者，得合并由其上级法院管辖。"根据本项内容，涉及不同级别法院合并审理案件的管辖主体是上级法院，这一点规定和德日等大陆法系国家的做法没有区别。

该条第 2 项及第 3 项后半段规定的都是案件已经系属于某一法院之后的合并审理问题。如第 2 项规定："前项情形，如各案件已系属于数法院者，经各该法院之同意，得以裁定将其案件移件送于一法院合并审判之。有不同意者，由共同之直接上级法院裁定之。"法律肯定了在案件检察官没有合并起诉的情况下，案件系属于数个不同法院之后，仍然可能存在合并审判的问题。根据本项的规定，无论涉及牵连案件的数个法院之间是否达成一致，都可能会出现合并问题。第 3 项后半段的规定和第 2 项保

---

① 台湾地区"刑事诉讼法"第 15 条（牵连管辖之侦查与起诉的规定）对负责案件侦查和起诉的检察官作出了规定："第六条所规定之案件，得由一检察官合并侦查或合并起诉；如该管他检察官有不同意者，由共同之直接上级法院首席检察官或检察长命令之。"

持一致："已系属于下级法院者，其上级法院得以裁定命其移送上级法院合并审判。但第七条第三款之情形，不在此限。"第 3 项后半段的规定专门提及的例外情况为"数人同时在同一处所各别犯罪者"的情形。

和日本刑事诉讼法中的规定相类似，台湾地区"刑事诉讼法"在第 7 条（相牵连之案件）中专门列举了认定为"相牵连之案件"的四种情况。"有左列情形之一者，为相牵连之案件：一、一人犯数罪者。二、数人共犯一罪或数罪者。三、数人同时在同一处所各别犯罪者。四、犯与本罪有关系之藏匿人犯、湮灭证据、伪证、赃物各罪者。"与《日本刑事诉讼法》第 9 条相比，台湾地区对相牵连案件的界定基本一致。在对第 7 条的理解中，值得专门注意的是对第 6 条中提及的例外情形——第 3 款的理解。黄东熊教授等认为："数人同时在同一处所各别犯罪，未必犯事物管辖相同之罪，而数人各别所犯之罪既属不同事物管辖之罪，则即是犯罪事件、地点均相同，亦无合并审判之必要，故于此情形，则应由不同事物管辖之各法院分别审判。"①

在审判前进行的案件合并与分离审理的要件要求上，除了第 6 条和第 7 条的条件外，台湾地区的实务界和学术界普遍还认为存在审判权相同、诉讼程序相同、诉讼程度相同三个条件。李知远教授总结为："（1）审判权相同：若一归军法审判，一归司法审判则不得合并。（2）诉讼程度相同：若一为公诉程序、一为自诉程序；或一为通常程序、一为简易程序；或一为一般刑案、一为少年事件则不得合并。（3）诉讼程度相同：通说认为须各案件均在判决前方得合并。惟亦有学者认为以原系属法院对该案是否开始证据调查为准，否则将影响当事人之诉讼权。"②

2. 审判过程中的案件合并与分离

（1）追加起诉问题

我国台湾地区"刑事诉讼法"借鉴了日本的诉因制度，对刑事案件

---

① 黄东熊，吴景芳. 刑事诉讼法论［M］. 台北：三民书局股份有限公司，2010：78.
② 李知远. 刑事诉讼法释论［M］. 台北：一品文化出版社，2008：85.

的审理过程中的追加起诉问题也作了规定。当然，和日本诉因研究相比，台湾地区还处于学习和借鉴的层次，故而在此处的规定较日本而言相对比较粗略。我国台湾地区"刑事诉讼法"第265条（追加起诉之期间、限制及方式）规定，"于第一审辩论终结前，得就与本案相牵连之犯罪或本罪之诬告罪，追加起诉。追加起诉，得于审判期日以言词为之"。按照本条之规定，检察官可以就与本案相牵连的犯罪及本罪的诬告罪追加起诉，从而产生合并审理的情况。本条与"刑事诉讼法"第7条的内容相结合，构成了追加起诉的完整内容。在实践操作中，可能出现的追加起诉的情况主要有三种："（1）被告之追加。即扩大旧诉之被告，如起诉甲盗窃后，追加乙为共同被告。（2）犯罪事实之追加。即扩大旧诉之犯罪事实，如起诉甲盗窃后，再追加其犯欺诈罪。（3）案件之追加。即扩大旧诉之诉的范围，亦即增加新案件是。如起诉甲盗窃后，追加丙之诬告罪。"[1]

（2）调查证据和辩论程序之合并与分离

在2003年的修改中，我国台湾地区新增了第287条之一，专门规定了调查证据和辩论程序之合并与分离的内容。"法院认为适当时，得依职权或当事人或辩护人之声请，以裁定将共同被告之调查证据或辩论程序分离或合并。前项情形，因共同被告之利害相反，而有保护被告权利之必要者，应分离调查证据或辩论。"这一条明显参照了《日本刑事诉讼法》第313条和《刑事诉讼规则》第210条的规定。本条文将此处的案件合并与分离限定在存在"共同被告"的主体合并的情形，不包括对"一人犯数罪"的适用。从立法的文字表述可以推导出，条文的设立目的主要是保护共同被告人的诉讼权利。

台湾地区的学术界和实务界对第287条之一的立法争议较大，主要集中在本条适用时间段的理解上，有的认为"辩论程序"指的是法庭庭审中，在证据调查之后出现的法庭辩论环节；有的认为"辩论程序"指

---

[1] 陈朴生. 刑事诉讼实务（增订四版）[M]. 自印，1981：345-346.

的是整个法庭开庭审理的过程,这种争议至今尚未有统一的解释。①

经过2003年的修改,台湾地区"刑事诉讼法"在案件的合并与分离审理立法上有很大的进步,但是仍然有一些问题尚未解决,值得我们特别关注。例如,同一法官先后接手的两起案件,如果案件之间相牵连如何处理,这一问题立法上并没有明确。"实务运作上,因案件系属在同一法官中,多是利用诉讼指挥方式为处理,以主观合并类型为例,法官先后收到同一被告二案件,定庭期时,以相近之时间传讯,一次讯问后制作一份笔录,再影印附于二案内,实际上已如同合并审判,但此方式究非正办。"②

第三节 域外立法总结

对美国、英国等国家和地区的立法进行比较,可以为下文我国进行相关的制度设计提供有益的参考。此处,笔者对域外的相关立法进行简单的小结,以期发现各个国家和地区刑事案件合并与分离审理制度的共性和差别。

首先,刑事案件合并与分离问题的程序价值毋庸置疑。世界大部分国家和地区的刑事诉讼法中对刑事案件合并与分案审理的立法都给予了高度的重视。不仅在大陆法系国家如此,在英美法系国家同样也是如此。域外立法的积极性来源于制度本身的程序价值非常明显。例如在美国刑事诉讼中,诉讼经济和避免偏见成为案件合并审理还是分离审理博弈的主战场。出于诉讼利益的考量,检察官和法官都倾向于将案件合并审理,但为了避免各种形式的偏见可能对被告人的不公正,美国用成文法和判例对案件分离审理的必要情形作出了规定。也许在具体的立法内容上还有不小的差异,但是无论如何,刑事案件合并与分离的价值已经为各个

---

① 许炎灶.合并与分离审判——实务运作之检讨与建议[D].台北:台湾大学,2005:26-32.

② 许炎灶.合并与分离审判——实务运作之检讨与建议[D].台北:台湾大学,2005:34.

国家和地区所认同。刑事案件的合并与分离审理不能被认为是法院的事务性行为，更不能不接受任何的外来监督，它应当由精密的法律进行规制。

其次，刑事案件合并与分离审理行为的参与主体非常广泛。刑事案件合并与分离审理并不是一个简单的诉讼活动。在参与主体上，基本上各个国家和地区都规定了控辩审三方共同参与，这使得合并与分离审理行为表现出了非常明显的诉讼行为特点。例如，在审判开始前的案件合并审理上，大多规定了启动主体是检察机关，这是检察机关的公诉权基本属性使然。而合并与分离审理从操作上看是法院的一种裁判行为，最终的决定权自然也被放置于法院。这一点各个国家和地区的规定也没有本质的差异。因为案件的合并与分离审理对当事人，特别是犯罪嫌疑人、被告人的诉讼利益有着直接的影响，故而，法律一般允许当事人，特别是被追诉人一方对案件的不当合并提出异议，申请分离。

再次，关联性是案件合并与分离审理的核心内容。在诉讼法理上，"一人一事一诉一审"最为符合诉讼逻辑。但现代立法中，存在大量的案件合并审理现象，检察机关对案件进行合并起诉，法院对案件进行合并审理。这种合并必然需要符合一定的条件。总的来说，数起案件之间具有关联性，是案件可以进行合并审理的主要理由，对于这一点，各个国家和地区的具体内容虽然不同，但是大都通过列举式的规定，解释了各国对关联性的理解。事实上，关联性是遏制检察机关和审判机关不当合并的重要手段，是维护当事人权益的重要工具，对关联性的理解不同，直接影响了一国刑事案件合并审理的范围，故而，可以认为，关联性是案件合并与分离审理的核心内容。

最后，两大法系的区别在追加起诉等制度设计上表现得非常明显。虽然随着时间的推移，两大法系之间相互学习，相互借鉴，曾经存在于两者之间的法律沟壑已经逐渐弥合，但是在刑事案件合并与分离审理的某些具体程序性规定上，仍然可以明显看出法系差异对相关立法的影响。例如，在案件追加起诉问题上，大陆法系比较强调司法机关的作用，故而在追加起诉的制度设计上,德国、日本和我国台湾地区均显得比较开放,大多不会太加以约束,一般直接规定诉讼中可以比较随意地追加起诉。但在英美国家,因为坚持诉因制度所以显得比较保守,对追加起诉的约束较多,例如,"英美国家的诉因变更制度规定相当简单,诉因变更的结果是法官可以改变罪名,但是必须在原有罪名的范围之内进行罪名的缩小,并且不能影响被告人的辩护权的实施"。[①]

[①] 崔凯. 诉因制度之反思 [J]. 武汉大学研究生学报(人文社会科学版), 2006, (4): 114.

第四章

我国刑事案件合并与分离审理现状评析

第一节 合并与分离审理问题的立法评析

一 我国立法的概述

（一）《刑事诉讼法》的规定

有学者认为，我国《刑事诉讼法》中对刑事案件合并与分离审理机制没有任何的法律规定。[①] 这一结论并不严谨。我国 1996 年《刑事诉讼法》在刑事案件合并与分离审理应当集中出现的管辖制度和庭审制度中确实并没有直接规定，2012 年《刑事诉讼法》也仍然没有对刑事案件合并与分离审理问题进行直接规定，刑事案件合并与分离审理的字眼更是在刑事诉讼法中完全没有出现。但如果从内容上分析，1996 年《刑事诉讼法》第 25 条的规定和刑事案件合并与分离审理的研究范围有相交之处。譬如，司法实践中常见的犯罪嫌疑人、被告人流窜作案的案件，虽

---

① 王飞跃. 论我国刑事案件并案诉讼制度的建构 [J]. 中国刑事法杂志，2007，(4)：90.

刑事牵连案件的合并审理

然案件可能涉及多个行政区域，但是最终还是会落到某一地法院进行审判，而处理依据就是1996年《刑事诉讼法》的第25条。这实际上是将多起犯罪行为进行了合并，在一起案件中进行审判，属于刑事案件合并审理的一种典型表现。当然，刑事诉讼法仅有这一条规定远不能对刑事案件合并与分离审理这一重大问题作出完整阐释。我国刑事诉讼法中没有讲明多名被告人的合并审理问题，也没有提及合并审理的例外，更没有对案件的分离审理作出规定，这给司法实践带来了很大困扰。例如，2001年4月21日，重庆市第一中级人民法院、湖南省常德市中级人民法院分别对张君、李泽军特大系列抢劫杀人案[①]作出一审宣判。虽然案件审理的法律效果和社会效果都很好，但是很难说这种将一起案件分解开来分别审理的做法有明确的法律依据。

近年来，刑事诉讼法学研究日益繁荣，但是刑事案件的合并与分离审理问题还远没有成为人们关心的热点。与当事人诉讼权利保障、国家专门机关权力制约等焦点问题相比，刑事案件合并与分离审理问题甚至都还没有引起学界的广泛关注。不过，我国对刑事诉讼法修改进行过系统研究的学者已经认识到刑事案件合并与分离审理制度是刑事诉讼法中不可或缺的内容。中国人民大学提出的《刑事诉讼法模范法典》第16条、西南政法大学提出的《中华人民共和国刑事诉讼法第二修正案（学者建议稿）》第15条中，都不约而同地新增了"牵连管辖"的内容，而且在立法构想上，均对牵连管辖涉及的主体、具体情形、牵连关系的认定等内容进行了规定。中国人民大学的学者还在其建议稿的第420条"审判程序的合并与分离"等多处地方，规定了刑事案件合并与分离审理其他重要制度。西南政法大学的学者也在建议稿第243条规定了"追加、变更起诉"的内容。

（二）其他重要规范性文件规定概述

司法解释等其他规范性文件在我国的刑事诉讼法律体系中有着非

---

① 参见中国法院网．张君、李泽军特大系列抢劫、杀人案［EB/OL］．https://www.china-court.org/article/detail/2019/08/id/4258585.shtml，2019-08-07．

重要的地位。崔敏教授认为，我国刑事诉讼法的条文太少，对许多程序规定得相当粗略，可操作性差，这是"我国刑事诉讼法的主要缺陷之一"。甚至举例，1979年《刑事诉讼法》只有164个条文，"可能是全世界条文最少的刑事诉讼法"，① 即便是数次增加之后，现行的2018年《刑事诉讼法》的条文数量也仅有308条。从世界范围内来看，成文法国家和地区刑事诉讼法典的条文数都远多于我国，例如《法国刑事诉讼法典》条文有803条，《俄罗斯联邦刑事诉讼法典》条文有473条，《德国刑事诉讼法典》条文有447条。还有一个不可忽视的细节是，国外的法典如果用我国的立法方式来表现的话，条文数量一般会更多。因为各国修订法律时，如果增加条款，普遍采用"某条之一"或"第某条—1"等方式，以达到不改变原法律文本条文顺序的目的。

由于我国《刑事诉讼法》的条文较少，不便于操作，在1996年修法之后，刑事诉讼中的主要专门国家机关纷纷制定本部门实施刑事诉讼法的细则性规定。这些司法解释对公检法机关处理刑事案件的影响很大，在司法实践中，甚至出现了本部门规定效力优先于刑事诉讼法的现象。公安机关、检察院和法院是三个参与刑事诉讼的主要国家机关，我国有关刑事案件合并与分离审理的绝大部分法律文件也是由这三个机关颁布的。

根据1981年全国人大颁布的《关于加强法律解释工作的决议》第2点的规定："凡属于法院审判工作中具体应用法律、法令的问题，由最高人民法院进行解释。凡属于检察院检察工作中具体应用法律、法令的问题，由最高人民检察院进行解释。"最高人民法院《解释》是指导各级法院系统审判工作、落实刑事诉讼法典的主要司法解释。由于我国检察院是司法机关，故而最高人民法院和最高人民检察院都可以就刑事诉讼法的适用进行司法解释。当前适用的最高人民法院《解释》于2020年12

---

① 崔敏，李富成，毛立新. 关于刑事诉讼法再次修改的几点意见［A］.中国法学会诉讼法学研究会2004年年会论文集［C］.广州：中山大学法学院编印，2004：17.

月 7 日由最高人民法院审判委员会第 1820 次会议通过，自 2021 年 3 月 1 日起施行，共 655 条，这是最高人民法院制定的有史以来条文数量最多的司法解释，也是内容最为丰富、最为重要的司法解释之一。最高人民检察院《规则》于 2019 年 12 月 2 日由最高人民检察院第十三届检察委员会第二十八次会议通过，自 2019 年 12 月 30 日起施行，共 684 条。需要指出的是，我国对司法解释的功能争议较大，不宜过分放大司法解释在法律体系中的作用。2023 年 3 月最新修正的《中华人民共和国立法法》虽然第一次承认了司法解释的法律属性，但也仅仅是规定在"附则"部分，采取了保守的立法态度，"最高人民法院、最高人民检察院作出的属于审判、检察工作中具体应用法律的解释，应当主要针对具体的法律条文，并符合立法的目的、原则和原意"。当然，无论我国对司法解释这一法律渊源的态度如何，都不影响"两高"司法解释大量规定刑事案件合并与分离审理内容的事实。

另外，根据《关于加强法律解释工作的决议》第 3 点规定，"不属于审判和检察工作中的其他法律、法令如何具体应用的问题，由国务院及主管部门进行解释"。我国公安部在 2020 年 7 月 20 日用"公安部令第 159 号"颁布了《公安机关办理刑事案件程序规定》（以下简称"公安部《规定》"），对公安机关参与刑事案件进行了总的规定。虽然在我国，侦查程序是独立的诉讼程序，公安机关的侦查行为和案件的审判并不直接发生关系。但如上文所言，公安机关在刑事案件侦查阶段的案件处理方式往往会对后继的起诉产生很大的影响，进而间接影响到案件的合并与分离审理，因此，下文涉及公安机关的内容本书并不专门介绍，但为了体系的完整性，可能会在相应部分略有论述。

由于我国刑事诉讼法中各机关"分工负责、互相配合、互相制约"的工作特点，除了最高人民法院和最高人民检察院各自的司法解释，我国还存在一些多部门联合颁布的规范性文件。最为典型的是 2012 年 12 月 26 日最高人民法院、最高人民检察院、公安部、国家安全部、司法部、全国人大常委会法制工作委员会六机关联合下发的《关于实施刑事诉讼法若干问题的规定》。这一司法解释中有关管辖等内容的规定，和刑事案件合并与分离问题的部分内容相交，因此也是刑事案件合并与分离审理的法律依据之一。再如，1981年7月21日最高人民法院、最高人民检察院联合发布的《关于共同犯罪案件中对检察院没有起诉、法院认为需要追究刑事责任的同案人应如何处理问题的联合批复》（2013年已经废止），也有关于刑事案件主体合并审理的重要内容。

除了以上带有普遍适用性的立法，我国公安、司法机关出于处理刑事案件的需要，还会针对一些专门性问题颁布司法解释。例如，最近的十几年中，特别是近年来，对于某些专门性问题（如未成年人案件审理），在某些时间段（如强调严打时期），不仅中央有包含刑事案件合并与分离审理的法律法规，某些地方也颁布了规范性文件。这些都需要我们进行研究，下文将详细论述之。

二　刑事案件合并审理的具体规定

（一）不同法院间案件的合并审理

在西方国家和地区，在审判程序启动之前，案件的合并审理问题主要以牵连管辖的形式被法律所规定。如本书第一章概念比较所分析，牵连管辖主要解决的是多起案件涉及不同法院，最终由某一法院进行合并审理的问题。这其实是合并与分离审理中最为核心的内容之一。和德国、日本等国家不同，我国并没有在《刑事诉讼法》中直接明确规定牵连管辖制度。虽然早在适用1979年《刑事诉讼法》时期就有学者注意到牵连管辖的重要性，但是由于各种原因，在1996年、2012年和2018年三次对刑事诉讼法进行修订时，刑事诉讼法都没有论及牵连管辖的内容。不过由于司法实践中案件合并审理的情况经常出现，急需法律规范进行规制，所以最高人民法院等单位陆续通过最高人民法院《解释》等各种司法解释及规范性文件，对审判程序启动前的案件合并审理问题进行了比较详细的规定。这些司法解释基本上已经包含了其他国家和地区牵连管辖问题的主要内容。

1. 牵连管辖的一般规定

最高人民法院《解释》第15条规定："一人犯数罪、共同犯罪或者其他需要并案审理的案件，其中一人或者一罪属于上级人民法院管辖的，全案由上级人民法院管辖。"笔者认为，这是我国最高审判机关有关刑事案件合并审理的最为基础、最为重要的法律规定。这一条文包含了以下几个方面的含义。

首先，承认了案件合并审理的存在。从最高人民法院《解释》第15条可以推知，"一人犯数罪、共同犯罪"的情形被认为是"需要并案审理的案件"。这一条赋予了我国法院对一人犯数罪进行合并审理（客观合并审理）及对共同犯罪中主从犯进行合并审理（主体合并审理）的合法性。

其次，承认了多种合并审理情况的存在。在我国的刑事实体法中，数罪并罚和共同犯罪是法律明文规定的内容。除此之外，司法实践中还存在大量其他合并审理的内容。不过考虑到立法时并没有其他在法律地位上可以和数罪并罚及共同犯罪并列的内容，所以法律保守地进行了兜底性规定。随着时间的推移，最高人民法院陆续用不少的司法解释，进一步补充了一些"其他需要并案审理的案件"的情况。

再次，本条规定了不同级别法院之间的案件合并审理问题。从第15条的立法本意而言，最高人民法院就是为了解决不同级别法院之间出现的管辖权争议问题。这一条和《德国刑事诉讼法典》第4条、《日本刑事诉讼法》第3条等规定相类似，属于诸多刑事案件合并审理的内容之一。只是由于最高人民法院《解释》对刑事案件并案审理的规定并不全面，使得本条的内容显得非常突兀，但不能否认这条内容的重要作用。

最后，解决了级别管辖纠纷。为了保护诉讼当事人的诉讼利益，最大限度地实现司法公正，我国规定当不同级别法院出现管辖争议时，由上级法院来管辖此类案件。这条规定在司法实践中经常被适用，例如，犯罪嫌疑人A实施了多次普通的盗窃行为，数额都不是很大，在最后一次盗窃中，因为被发现而持刀反抗，造成被害人死亡的严重后果。此案件中，A构成盗窃罪和抢劫罪两罪。一般而言，A所犯的盗窃罪应当由基层人民法院管辖，而根据我国 1996 年《刑事诉讼法》第 20 条的规定，盗窃罪转化为抢劫罪，致人死亡的行为足以可能导致犯罪嫌疑人 A 被判处死刑，案件应当由中级人民法院管辖。最终整个案件数罪并罚，由中级人民法院管辖。

最高人民法院《解释》第 15 条的规定并不是孤立的。考虑到在刑事诉讼的整个流程中，法院是最后一个环节，之前的公安机关和检察机关都可能会面临着类似的问题，因此我国公安机关和检察机关在各自的法律文件中对这一内容都有相近的规定。

出于立法习惯和侦查工作的实际情况，我国刑事诉讼法律法规并没有规定公安机关侦查行为的级别管辖问题。但这不代表公安机关否认内部存在与审判管辖内部相似的职能分工。仅从公安部《规定》就可以得知这一点。公安部《规定》第 22 条规定："对管辖不明确或者有争议的刑事案件，可以由有关公安机关协商。协商不成的，由共同的上级公安机关指定管辖。对情况特殊的刑事案件，可以由共同的上级公安机关指定管辖。提请上级公安机关指定管辖时，应当在有关材料中列明犯罪嫌疑人基本情况、涉嫌罪名、案件基本事实、管辖争议情况、协商情况和指定管辖理由，经公安机关负责人批准后，层报有权指定管辖的上级公安机关。"从这个规定可以看出，实践中公安机关对内部的管辖也会有一定的安排。

在公诉机关方面。考虑到公诉和审判的先后直接衔接关系，故而最高人民检察院《规则》有条文和最高人民法院《解释》第 15 条遥相呼应。最高人民检察院《规则》第 328 条第 4 款规定："一人犯数罪、共同犯罪和其他需要并案审理的案件，只要其中一人或者一罪属于上级人民检察院管辖的，全案由上级人民检察院审查起诉。"从内容上看，最高人民检察院在这一问题上和最高人民法院保持了高度一致。

2. 牵连管辖中的专门管辖

在我国，存在专门法院和普通法院的区分。目前受理刑事案件的专门法院主要为军事法院和铁路运输法院。我国 2018 年《刑事诉讼法》第

28 条规定：“专门人民法院案件的管辖另行规定。”在理论上，普通法院和专门法院之间也会存在案件管辖权冲突的问题。

全国人大法工委介绍，"目前，法律对军事法院的管辖还没有专门的规定，军事法院的管辖范围主要在有关司法解释中予以明确"。[①] 但现行的 2021 年最高人民法院《解释》并没有承继 2012 年《解释》有关军事法院刑事管辖的规定。为了便于说明牵连管辖中的专门管辖，此处仍然以已经失效的 2012 年《解释》为范例，该解释第 20 条规定："现役军人（含军内在编职工，下同）和非军人共同犯罪的，分别由军事法院和地方人民法院或者其他专门法院管辖；涉及国家军事秘密的，全案由军事法院管辖。"根据这一要求，除了涉及国家军事秘密的案件，军人和非军人共同犯罪的案件由军事法院和地方人民法院分案审理。可见，我国在处理专门法院和普通法院之间的案件合并时，基本态度是将案件分案进行审理。这种思路在 2012 年《解释》第 21 条中也有体现。该条规定："下列案件由地方人民法院或者军事法院以外的其他专门法院管辖：……（三）现役军人入伍前犯罪的（需与服役期内犯罪一并审判的除外）。"依据这一项内容，虽然犯罪嫌疑人属于现役军人，但是如果是入伍前犯罪的，尽管由军事法院审理更为便捷，案件并不能由军事法院进行审理。

牵连管辖中的专门管辖问题虽不常见，但是如果处理不当，也会引发负面影响。2011 年的河南天价过路费案中，农民时建锋在 8 个月内，偷逃 368 万元天价过路费，继而一审被判处无期徒刑。在庭审中，被告人时建锋交代自己开的是假军车，他是在河南禹州路边看到有办理假车手续的电话，联系办理了两副假牌照 WJ19-30056、WJ19-30055，同时办理了假的行驶证、驾驶证等。但是，郑石高速公路下汤收费站工作人员李占峰在法庭上提出的证言称，2008 年 5 月的一天，一名自称李金良的人来到郑石高速公路下汤收费站出具了一份证明。证明称，某部队要

---

① 王爱立.《中华人民共和国刑事诉讼法》修改与适用 [M]. 北京：中国民主法制出版社，2019：65.

进行营区建设，派遣车牌号为WJ19-30056、WJ19-30055两辆车运输沙土，敬请协助。①假设该案中真的有部队人员参与，应当可以认定该犯罪嫌疑人在该案的诈骗罪上具有构成共犯的重大嫌疑。根据最高人民法院《解释》的规定，该案中针对军人犯罪嫌疑人的应当进行分案处理。但由于法律对分案处理的程序规定并不详细，从媒体报道的情节来看，法庭并没有对这一细节问题多加审查，而是直接继续进行审理，引起了不少人对该案程序处理方式的质疑。

（二）同一法院的合并审理

当案件被起诉到人民法院之后，由于追加起诉和撤回起诉等，仍然存在案件的并案与分案审理情况。这种情况发生在同一法院内部，甚至同一审判组织内部，不适宜纳入类似于牵连管辖的管辖权讨论的范畴。

1. 审判过程中的合并审理

案件在审判阶段，随着庭审的进行，有可能发现存在遗漏罪行和被告人的情况，这在当前主要是通过追加起诉的方式加以规定。

最高人民法院《解释》第297条涉及案件的并案问题。"审判期间，人民法院发现新的事实，可能影响定罪量刑的，或者需要补查补正的，应当通知人民检察院，由其决定是否补充、变更、追加起诉或者补充侦查。人民检察院不同意或者在指定时间内未回复书面意见的，人民法院应当就起诉指控的事实，依照本解释第二百九十五条的规定作出判决、裁定。"最高人民检察院也有司法解释与此相对应。2007年《最高人民检察院关于公诉案件撤回起诉若干问题的指导意见》第5条第1项规定："……发现遗漏的同案犯罪嫌疑人或者罪行可以一并起诉和审理的，可以要求追加起诉。"此司法解释还进一步规定，即便是追加起诉，案件在审理程序上也有可能是分离审理，该解释第6条规定："……在案件提起公诉后、作出判决前，发现被告人存在新的犯罪事实需要追究刑事责任的，人民检察院如果在法定期限内能够追加起诉的，原则上应当合并审理。

---

① 佚名. 时建锋案疑点重重[N]. 广州日报, 2011-01-15 (A3).

如果人民法院在法定期限内不能将追加部分与原案件一并审结的，可以另行起诉，原案件诉讼程序继续进行。"

故而，根据这些解释，我国法院在庭审中可以通过追加起诉的方式，来实现将遗漏的同案犯或者罪行与原来的被告人或罪行合并审理。并且从司法解释可以看出，对于追加起诉，法院拥有建议权，检察机关拥有决定权。[①]

此外，最高人民法院《解释》还提及了不同程序、不同性质的刑事案件合并审理问题。《解释》第409条规定："第二审人民法院审理对附带民事部分提出上诉，刑事部分已经发生法律效力的案件，应当对全案进行审查，并按照下列情形分别处理：（一）第一审判决的刑事部分并无不当的，只需就附带民事部分作出处理；（二）第一审判决的刑事部分确有错误的，依照审判监督程序对刑事部分进行再审，并将附带民事部分与刑事部分一并审理。"这一条规定的内涵非常丰富。一方面，刑事案件和民事案件在此处存在明显的牵连现象。按照最高人民法院《解释》的规定，某一案件中，附带民事部分即使是按照正常的程序进行上诉，但是由于受到"刑事部分确有错误"的影响，所以不能正常地在二审程序中进行审理，而是必须将其与刑事部分一并放置于审判监督程序，这是一种典型的程序上的合并审理。另一方面，这一规定可能导致一种现象：附带民事诉讼部分处于上诉程序，但是刑事案件部分却启动了审判监督程序。司法解释将处于再审程序和上诉程序的两个不同案件合并审理，跨越了不同性质的程序的界限，这种规定和一般的法理并不相符，非常特殊。

我国司法解释还规定了审判阶段涉及公诉和自诉的合并审理的问题。

---

① 这一结论还可见《最高人民检察院关于公诉案件撤回起诉若干问题的指导意见》第5条其他内容的规定："案件提起公诉后出现如下情况的，不得撤回起诉，应当依照有关规定分别作出处理：……（二）人民法院在审理中发现新的犯罪事实，可能影响定罪量刑，建议人民检察院追加或变更起诉，人民检察院经审查同意的，应当提出追加或变更起诉；不同意的，应当要求人民法院就起诉指控的犯罪事实依法判决……"

最高人民法院《解释》第 324 条规定："被告人实施两个以上犯罪行为，分别属于公诉案件和自诉案件，人民法院可以一并审理。对自诉部分的审理，适用本章的规定。"公诉案件和自诉案件之间原本并无不可逾越的界限。自诉案件的有无和范围的大小与一国的刑事司法传统及诉讼习惯密切相关。总的来说，将公诉案件和自诉案件合并审理，不会侵害自诉人和被告人双方的诉讼利益，而且在安排上更加具有诉讼效率。同时为了满足特殊情况的需要，法律对此类型的合并用词是"可以"一并审理，而不是"应当"一并审理，体现了立法的严谨性。

2. 庭前审查阶段的合并审理

在我国，在庭审之前存在公诉审查的环节，从理论上讲，此时如果发现遗漏的罪行或犯罪嫌疑人，人民法院应当有机会进行处理。这一部分内容在合并与分离审理理论中的重要性不如上述审判过程中合并与分离制度，但仍然是合并与分离审理问题的重要组成部分之一。在我国，这个问题在刑事诉讼法中的规定有一个较为明显的发展变化过程。

早在 1979 年，《刑事诉讼法》就对这一问题作出了规定，该法第 108 条写明："人民法院对提起公诉的案件进行审查后，对于犯罪事实清楚、证据充分的，应当决定开庭审判；对于主要事实不清、证据不足的，可以退回人民检察院补充侦查；对于不需要判刑的，可以要求人民检察院撤回起诉。"据此，人民法院可以在此时通过将案件退回人民检察院补充侦查的方式要求重新进行起诉。在这种方式下，有可能出现案件罪行或被告人分案审理的现象。

为了杜绝司法实践中存在的大量"先定后审""先判后审"的现象，1996 年《刑事诉讼法》对庭前审查的内容进行了重大改革，该法第 150 条规定："人民法院对提起公诉的案件进行审查后，对于起诉书中有明确的指控犯罪事实并且附有证据目录、证人名单和主要证据复印件或者照片的，应当决定开庭审判。"人民法院从此对提起公诉的材料审查由"实质审查"转变为"形式审查"。至此，法院虽然还可以通过审查不完整的证据材料发现案件是否遗漏罪行或被告人，但由于缺乏有效的手段，即便是发现问题,也不能像以前那样"退回侦查"或要求"撤回起诉"。不仅如此,最高人民检察院《规则》甚至还针对人民法院可能在这一环节存在的压制公诉的行为作出了补充规定。1999 年最高人民检察院《规则》第 284 条第 2 款规定:"对于人民法院要求补充提供的材料超越刑事诉讼法第一百五十条规定的范围或者要求补充提供材料的意见有其他不当情况的,人民检察院应当向人民法院说明理由,要求人民法院开庭审判,必要时人民检察院应当根据刑事诉讼法第一百六十九条的规定向人民法院提出纠正意见。"在这一阶段,庭前审查阶段大部分合并与分离审理的操作行为都受到了较大的影响。

2012 年《刑事诉讼法》对 1996 年《刑事诉讼法》第 150 条作出了重大修改,修改后第 172 条为:"人民检察院认为犯罪嫌疑人的犯罪事实已经查清,证据确实、充分,依法应当追究刑事责任的,应当作出起诉决定,按照审判管辖的规定,向人民法院提起公诉,并将案卷材料、证据移送人民法院。"第 181 条规定:"人民法院对提起公诉的案件进行审查后,对于起诉书中有明确的指控犯罪事实的,应当决定开庭审判。"从这两个条文可以看出,我国抛弃了"附有证据目录、证人名单和主要证据复印件或者照片的"这一创新。在刑事案件合并与分离审理问题上,我国在一定程度上又回到了案件庭审过程中可能出现追加起诉、撤回起诉的时代。需要注意的是,2021 年最高人民法院《解释》在庭前审查阶段赋予了法院合并与分离审理的权力,第 220 条规定:"对一案起诉的共同犯罪或者关联犯罪案件,被告人人数众多、案情复杂,人民法院经审查认为,分案审理更有利于保障庭审质量和效率的,可以分案审理。分案审理不得影响当事人质证权等诉讼权利的行使。对分案起诉的共同犯罪或者关联犯罪案件,人民法院经审查认为,合并审理更有利于查明案件事实、保障诉讼权利、准确定罪量刑的,可以并案审理。"从这一规定来看,我国庭前审查阶段的案件合并与分离审理已经得到了立法确认。

3. 其他主体有影响的合并处理

和其他国家一样,具体办案过程中,公诉机关的起诉方式对审判机关有着重要的影响。故而，虽然检察机关和公安机关有关合并审理的内容对案件审理没有决定性的作用，但是其影响不可忽视，故而必须给予一定的关注。

在审查起诉阶段，最高人民检察院《规则》对人民检察院有关案件合并审理问题进行了比较详细的规定，合并起诉在司法解释中成为公诉机关"应当"进行的行为。《规则》第342条规定："人民检察院认为犯罪事实不清、证据不足或者存在遗漏罪行、遗漏同案犯罪嫌疑人等情形需要补充侦查的，应当制作补充侦查提纲，连同案卷材料一并退回公安机关补充侦查。人民检察院也可以自行侦查，必要时可以要求公安机关提供协助。"第343条用近乎同样的内容，对监察机关补充调查作出了规定。这两条规定对遗漏罪行和遗漏同案犯罪嫌疑人的现象进行了确认。随后，根据《刑事诉讼法》和最高人民检察院《规则》的有关规定，对于检察机关退回补充侦查的案件，如果侦查后得到了比较充分证据，又具备其他起诉条件（如遗漏犯罪嫌疑人已经在案），则会对案件进行合并起诉，形成新旧案件并案处理的情况。因为最高人民检察院《规则》第358条对起诉书内容的要求有："案件事实，包括犯罪的时间、地点、经过、手段、动机、目的、危害后果等与定罪量刑有关的事实要素。起诉书叙述的指控犯罪事实的必备要素应当明晰、准确。被告人被控有多项犯罪事实的，应当逐一列举，对于犯罪手段相同的同一犯罪可以概括叙写。"法律在此处表述的是"应当"，公诉机关不能进行选择性起诉，所以对遗漏罪行和遗漏同案犯罪嫌疑人进行合并起诉是公诉机关必须进行的行为。

（三）合并审理的专门立法

除了以上有关刑事案件合并审理的一般性规定之外，在某些特殊情况下，司法机关出于处理刑事案件的需要，也会对一些特殊情况的刑事案件合并审理进行专门立法。我国此类立法中，不少规定的年代比较久远，立法内容已经落后，在立法形式上也并不规范，但大多数的司法解释至今仍然生效，而且对刑事司法实践有着极为重要的作用。所以，有必要对这些合并审理的专门立法进行讨论。

1. 共同犯罪的立法

共同犯罪原本是刑事案件合并审理的重要组成内容，但是我国立法上合并审理的一般性规定非常粗陋，不能妥善解决共同犯罪案件审理时的合并与分离审理问题。不过由于历史原因，我国政府对打击共同犯罪的工作历来十分重视。在1979年之后，我国专门颁布了多个打击共同犯罪的司法解释，里面有很多内容提及了共同犯罪案件的合并与分离审理问题。这些内容都是当前处理共同犯罪案件合并与分离审理的重要法律依据。

1981年7月21日，最高人民法院、最高人民检察院联合下发了《关于共同犯罪案件中对检察院没有起诉、法院认为需要追究刑事责任的同案人应如何处理问题的联合批复》，该司法解释是1979年《刑事诉讼法》颁布之后，有关刑事诉讼中共同犯罪案件并案处理（主体合并）的第一个司法解释。该司法解释的基本思路是法院和检察院分工合作，法院有建议权，检察院有最终决定是否追加起诉的权力。这种做法较好地尊重了"不诉不理"的刑事诉讼基本原则，也被后继的司法解释所继承。

该司法解释的具体相关规定为："一、人民法院按照第一审程序在审理共同犯罪案件中，如果发现人民检察院遗漏了应当追究刑事责任的同案人，可以依照刑事诉讼法第一百零八条或第一百二十三条的有关规定，提出意见，要求人民检察院对遗漏部分补充侦查，由人民检察院查清事实后补充起诉。人民检察院如果发现已经起诉的共同犯罪案件中有需要追究刑事责任的同案人没有起诉时，应当补充侦查后补充起诉。如果人民法院认为人民检察院遗漏了应当追究刑事责任的同案人，而人民检察院仍认为不应起诉的，应由人民检察院作出不起诉或免予起诉的决定。"

这一司法解释的亮点在于，由于是最高人民法院和最高人民检察院联合批复，所以该司法解释对法院和检察院的做法都进行了规定，并对两者之间的关系进行了较好的协调，避免了出现一方规定，但另一方没有规定,导致司法中相互推诿的现象。最高人民法院1981年11月下发的《关于执行刑事诉讼法中若干问题的初步经验总结》中,在"对于没有起诉的同案人的处理办法"中,重申了"两高"这一联合批复在处理类似问题方面的权威性。

但由于共同犯罪案件极其复杂,司法机关对为什么在打击共同犯罪时必须坚持并案审理有着不同的看法,故而"两高一部"联合统一了思想。1984年6月15日,最高人民法院、最高人民检察院和公安部下发了《关于当前办理集团犯罪案件中具体应用法律的若干问题的解答》,其中第3点用问答的方式对集团犯罪的并案审理的必要性进行了解释:"为什么对共同犯罪的案件必须坚持全案审判?办理共同犯罪案件特别是集团犯罪案件,除对其中已逃跑的成员可以另案处理外,一定要把全案的事实查清,然后对应当追究刑事责任的同案人,全案起诉,全案判处。切不要全案事实还没有查清,就急于杀掉首要分子或主犯,或者把案件拆散,分开处理。这样做,不仅可能造成定罪不准,量刑失当,而且会造成死无对证,很容易漏掉同案成员的罪行,甚至漏掉罪犯,难以做到依法'从重从快,一网打尽'。"而在另一个司法解释中,"两高一部"又重申了上述立场。根据1984年最高人民法院、最高人民检察院和公安部出台的《关于怎样认定和处理流氓集团的意见》,"除对已逃跑的流氓集团成员可以另案处理外,都应当一案处理,不要把案件拆散,分开处理",其目的是解决共同犯罪案件中部分犯罪嫌疑人在逃情况下对已经到案的犯罪嫌疑人的起诉和审判问题。

前述规定确立了我国处理同类型案件的基本思路,影响深远。一直到今天,我国实务界无论是对一般犯罪还是集团犯罪,原则上仍然坚持全案审理。但值得注意的是,正是因为司法解释对共同犯罪的案件一再地强调合并审理,所以没有考虑到特殊情况下需要分案审理的情形,这是一个立法的缺陷。

2. *毒品犯罪的立法*

最高人民法院针对毒品犯罪案件召开过两次重要的专门工作会议,

形成了两个会议纪要，即《全国法院审理毒品犯罪案件工作座谈会纪要》（2000年4月4日印发）[①]和《全国部分法院审理毒品犯罪案件工作座谈会纪要》（2008年12月1日印发）[②]。这两个会议纪要对毒品犯罪处理的实体内容和程序内容都提出了一些具体要求，对打击毒品犯罪的司法实践有着非常明显的指导作用。[③]

由于毒品犯罪涉及制造、运输、保存和贩卖等众多环节，犯罪嫌疑人数量往往较多，罪行也较为复杂。在刑事实体法理论上，毒品犯罪中不同环节的数个被告人之间经常不能构成共同犯罪，但在行为内容上，数个被告人之间往往又因为一起毒品犯罪而相互牵连。将此类型案件按照一般情况进行分案审理，则很可能影响案件事实认定，所以司法实务中一直倾向于将这种并不一定是共犯关系的数个被告人合并在一起案件中进行审理。例如，最高人民法院刑一庭的法官王小明认为："在毒品犯罪案件中，由于犯罪行为相互牵连，甚至结为一体，依靠被告人抓获同案犯的情况并不少见。在认定有立功表现时应注意，这里的同案犯不一定是共同犯罪人，贩卖毒品的上家和下家不是共犯，但属于同案犯。"[④]故而，《南宁会议纪要》第二部分第二点专门提出："共同犯罪不应以案发后其他共同犯罪人是否到案为条件。仅在客观上相互关联的毒品犯罪行为，如买卖毒品的双方，不一定构成共犯，但为了诉讼便利可并案审理。"这一点回避了刑法上共同犯罪的争议，满足了各地法院对此类案件进行并案审理的需要，也成为各地法院审理此类案件的重要法律依据，使得毒品犯罪中这种对同案犯的合并审理具有了合法性。

[①] 因为在南宁召开，故以下简称《南宁会议纪要》。
[②] 因为在大连召开，故以下简称《大连会议纪要》。
[③] 根据2013年《最高人民法院关于废止1997年7月1日至2011年12月31日期间发布的部分司法解释和司法解释性质文件（第十批）的决定》，《南宁会议纪要》因为内容被《大连会议纪要》更新而失效。
[④] 王小明．《全国法院审理毒品犯罪工作座谈会纪要》的理解和适用［A］.中华人民共和国最高人民法院．中国刑事审判指导案例（妨害社会管理秩序罪）［C］.北京：法律出版社，2009：339.

在《南宁会议纪要》之后，我国对毒品犯罪的司法解释进行了一些更新，但是主要是对一些实体上内容的调整，对毒品犯罪合并审理的案件处理方式并没有大的改变，此类案件在处理程序上保持了很好的稳定性。例如，《大连会议纪要》将《南宁会议纪要》规定的"买卖毒品的双方，不一定构成共犯"修改为"没有实施毒品犯罪的共同故意，仅在客观上为相互关联的毒品犯罪上下家，不构成共同犯罪"，这种实体变更在某些时候减少了毒品犯罪中共同犯罪认定的数量。但是无论这种实体的内容如何变动，按照《南宁会议纪要》及《大连会议纪要》的规定，我们在对此类案件进行审理时，仍然可以按照"同案犯"的思路进行合并审理，实体上的变动或争议不会被带入诉讼程序中，让刑事法官在审理案件的过程中，仍然可以较好地结合整个案情，有效地发现案件真相。

3. 刑民交叉诉讼的立法

在司法实践中，人民法院在审理案件时，发现某一具体的法律行为既牵涉到刑事法律关系，又牵涉到民事法律关系，这时往往会发生刑事案件和民事案件在处理时合并审理的情况。在刑民案件交叉的问题上，当前处理刑民交叉案件的最主要方式仍然是刑事附带民事诉讼。不过由于司法审判的需要，我国近年来出现了一些其他的有益尝试。[①]

（1）刑事附带民事诉讼的立法

我国在1996年《刑事诉讼法》首次专章规定了刑事附带民事诉讼的内容，对处理刑民交叉案件进行较为详细的规定。在1996年《刑事诉讼法》中，法律首先承认了刑事案件中提起附带民事诉讼的合理性，[②] 随后又规定了案件的一般处理方式，即由犯罪行为引发的民事诉讼和刑事诉

---

① 有关知识产权等案件刑民交叉问题处理的各种司法做法，参见李兰英，陆而启. 从技术到情感：刑民交叉案件管辖 [J]. 法律科学（西北政法大学学报），2008，(4)：103.
② 1996年《刑事诉讼法》第77条规定："被害人由于被告人的犯罪行为而遭受物质损失的，在刑事诉讼过程中，有权提起附带民事诉讼。如果是国家财产、集体财产遭受损失的，人民检察院在提起公诉的时候，可以提起附带民事诉讼。人民法院在必要的时候，可以查封或者扣押被告人的财产。"

讼应当并案审理,除非是特殊情况才能分案。"附带民事诉讼应当同刑事案件一并审判,只有为了防止刑事案件审判的过分迟延,才可以在刑事案件审判后,由同一审判组织继续审理附带民事诉讼。"这一规定一直延续至2018年《刑事诉讼法》,内容没有任何调整。笔者认为,这种将刑事案件和附带民事案件合并审理的做法,在形式上看,是刑事案件合并审理的研究内容。当然,这种合并在法律性质、合并条件等主要问题上,与普通的刑事案件之间的合并审理有本质差异。但是,这不能否认刑事附带民事诉讼也是明显的案件合并审理这一基本事实。

(2)其他刑民交叉处理方式的立法

刑事诉讼法有关附带民事诉讼的规定解决了犯罪引发的民事赔偿问题。但是,司法实践中还存在大量的特殊案件,例如,在处理经济纠纷时,发现夹杂有刑事案件的情况,或者是处理刑事案件,发现夹杂有民事纠纷的情况。这些案件可能比较复杂,一般的刑事附带民事诉讼已经无法满足审判实践的全部需要。在此类案件如何处理的问题上,我国的司法解释陆续作出了不同的规定。

从司法解释的内容来看,我国对刑民交叉问题的处理方式有一个明显的变化发展过程,即分案—并案—分案。

早期的司法解释认为此类情形应当分案处理,具体可参见1985年8月19日最高人民法院、最高人民检察院、公安部颁布的《关于及时查处在经济纠纷案件中发现的经济犯罪的通知》。该通知规定:"最近,全国各级人民法院在审理经济纠纷案件中,发现有不少经济犯罪行为。为了保证及时、合法、准确地打击这些犯罪活动,特通知如下:各级人民法院在审理经济纠纷案件中,如发现有经济犯罪,应按照1979年12月15日最高人民法院、最高人民检察院、公安部《关于执行刑事诉讼法规定的案件管辖范围的通知》,将经济犯罪的有关材料分别移送给有管辖权的公安机关或检察机关侦查、起诉,公安机关或检察机关均应及时予以受理。"

但上述司法解释中移送部分案件材料的要求造成了一定的混乱,法院在移送材料给侦查机关时经常会发生互相扯皮的情况，产生这种现象的最主要的原因就是经济纠纷和经济犯罪内容纠缠在一起，往往很难分离。故而，司法解释很快作了变通。1987年3月，最高人民法院、最高人民检察院、公安部在《关于在审理经济纠纷案件中发现经济犯罪必须及时移送的通知》中对此类案件的处理方式作出了重新规定，即一般全部移送公安机关或检察机关，依照刑事附带民事诉讼的方式并案处理："人民法院在审理经济纠纷案件中，发现经济犯罪时，一般应将经济犯罪与经济纠纷全案移送，依照刑事诉讼法①第五十三条和第五十四条的规定办理。"考虑到某些经济纠纷处理的特殊性，该通知又规定了一些情况下可以并案，甚至即便是全案移送到侦查机关以后，仍然可以出现分案处理的情况。"如果经济纠纷与经济犯罪必须分案审理的，或者是经济纠纷案经审结后又发现有经济犯罪的，可只移送经济犯罪部分。对于经公安、检察机关侦查，犯罪事实搞清楚后，仍需分案审理的，经济纠纷部分应退回人民法院继续审理。"

和1985年司法解释相比，1987年司法解释的内容考虑得比较全面。但是，这种处理方式比较欠缺诉讼效率，大大增加了司法机关的工作压力。"由于对有关规定理解上的偏差以及该规定本身的缺陷，实施效果并不理想，其负面影响较大。"② 故而，1998年4月9日，最高人民法院《关于在审理经济纠纷案件中涉及经济犯罪嫌疑若干问题的规定》对经济纠纷中夹杂刑事犯罪的问题又作了新的解释，对此类案件的处理作了颠覆性的规定。③

这一司法解释内容共有12条，是目前对经济纠纷和经济犯罪混合案件规定最为详细的司法解释。该解释第1条即确定了经济纠纷和经济犯

---

① 此处指的是1979年《刑事诉讼法》，该法第53条和第54条是第七章"刑事附带民事诉讼"的内容。
② 崔军.审理经济纠纷案件中发现经济犯罪问题如何处理[J].人民司法，1994，(6)：19–20.
③ 这一解释在2020年被修正，但其中与本书研究内容相关的第1条和第10条没有调整。

罪混合案件的处理原则是分案审理，"同一公民、法人或其他经济组织因不同的法律事实，分别涉及经济纠纷和经济犯罪嫌疑的，经济纠纷案件和经济犯罪嫌疑案件应当分开审理"。该解释第2条至第9条分别详细规定了合同诈骗等各种容易产生经济犯罪的经济纠纷案件的处理方法，不过基本上是从实体法方面进行的解释。[1] 但该解释第10条规定了法院在分案上的具体做法，特别是对分案条件的规定是以往司法解释中比较少见的："人民法院在审理经济纠纷案件中，发现与本案有牵连，但与本案不是同一法律关系的经济犯罪嫌疑线索、材料，应将犯罪嫌疑线索、材料移送有关公安机关或检察机关查处，经济纠纷案件继续审理。"这一司法解释赋予法院以主动审查的权力，有利于正确区分民事案件和刑事案件这两种不同的法律关系，全面保护涉案当事人的权益。

除了以上的司法解释内容，近年来，一些地方在某些刑民交叉案件的处理方式上又有了一些新的探索。笔者调研时获知，武汉市江岸区法院成立了湖北省的第一个知识产权法庭，对涉及知识产权案件实施民事、刑事和行政案件的"三审合一"。与更早时间推行这一制度的上海浦东法院知识产权庭一样，这些法院对此类形式的案件合并审理问题都有一些内部规范性文件，但因为没有全国性的成文立法，所以本书不专门进行研讨。

三 刑事案件分离审理的具体规定

刑事案件分案审理是对并案审理的重要补充，但我国对刑事案件分离审理在立法上不仅没有集中的规定，而且和合并审理相比，内容上更加模糊，司法机关适用更加困难。具体可以总结为以下几种。

（一）检察院提出的分案审理

在刑事审判过程中，检察机关作为控诉机关，有可能会发现案件不

---

[1] 例如，第3条规定："单位直接负责的主管人员和其他直接责任人员，以该单位的名义对外签订经济合同，将取得的财物部分或全部占为己有构成犯罪的，除依法追究行为人的刑事责任外，该单位对行为人因签订、履行该经济合同造成的后果，依法应当承担民事责任。"

适合并案的情形,从而将已经合并审理的案件通过法定程序进行分离。其中比较常见的为刑事案件中的撤回起诉制度。最高人民法院《解释》第296条规定:"在开庭后、宣告判决前,人民检察院要求撤回起诉的,人民法院应当审查撤回起诉的理由,作出是否准许的裁定。"同时,根据《最高人民检察院关于公诉案件撤回起诉若干问题的指导意见》第2条,撤回起诉可以针对提起公诉的全部被告人,也可能针对部分被告人,"撤回起诉是指人民检察院在案件提起公诉后、人民法院作出判决前,因出现一定法定事由,决定对提起公诉的全部或者部分被告人撤回处理的诉讼活动"。故而,一旦出现部分被告人被撤回起诉的情形,这些被告人在程序上就与其他被告人进行了分离,必然会造成部分被告人被另案处理的客观效果,事实上实现了案件的分案审理。在这种类型的分离审理制度中,分案审理意见一般由公诉机关提出,并且公诉机关撤回起诉的请求发挥的作用较大,不过最终仍需由审判机关决定。

(二) 共同犯罪中的分案审理

尽管强调合并审理的重要价值,但是在人数众多的共同犯罪中,难免会出现一些特殊情况,导致有些时候司法机关无法将所有被告人统一到同一个审判程序中进行合并审判。为了保障诉讼正常进行,这时候必然会出现分离审理的情况。我国有多个司法解释提及了这一问题。

1982年4月5日,最高人民法院、最高人民检察院和公安部联合颁布的《关于如何处理有同案犯在逃的共同犯罪案件的通知》揭露了一些负面现象,"有一些县、市公检法三机关在处理共同犯罪案件过程中,有的案件因同案犯在逃,影响了对在押犯的依法处理。其中有的超过法定羁押时限,长期拖延不决;有的不了了之,放纵了犯罪分子,引起群众不满"。为了解决这个问题,该解释作出了四点规定,其中第2点比较模糊地提出,在不得已的情况下,可以对在押犯和同案犯分案处理,"同案犯在逃,对在押犯的犯罪事实已查清并有确实、充分证据的,应按照刑事诉讼法规定的诉讼程序,该起诉的起诉,该定罪判刑的定罪判刑"。

1985年8月21日,最高人民法院通过了《关于人民法院审判严重刑事犯罪案件中具体应用法律的若干问题的答复》，对共同犯罪中部分被告人因病不能到庭的某些情况进行了说明。有询问为："对于共同犯罪案件中，有一人因病不能到庭时，在不影响全案审理的情况下，可否分案处理？"该解释回答："对于共同犯罪（包括集团犯罪）案件中有一个被告人患病不能到庭时，可以采取依法确能保障被告人诉讼权利的办法，如就地审问、听取该被告人的陈述，尽量避免影响到对整个案件不能及时审判。"

最高人民检察院、公安部于2014年颁布的《关于规范刑事案件"另案处理"适用的指导意见》对人的分离情况进行了规定，该文件第2条即圈定了适用范围："（另案处理）是指在办理刑事案件过程中，对于涉嫌共同犯罪案件或者与该案件有牵连关系的部分犯罪嫌疑人，由于法律有特殊规定或者案件存在特殊情况等原因，不能或者不宜与其他同案犯罪嫌疑人同案处理，而从案件中分离出来单独或者与其他案件并案处理的情形。"虽然承认这一现象，但检察机关对公安环节的案件分离行为进行了较为详细的规定，用以实现有效的法律监督。一方面，严格限定另案处理的具体适用情形；另一方面，对公安机关移送的文书和文件等提出了很详尽的要求。

从这些司法解释的立法倾向可以看出，我国对共同犯罪案件分案处理的态度十分保守，要求各级法院尽可能地对案件进行合并审理。根据司法习惯，我国对刑事案件合并审理还是分离审理出现争议时，一般都是偏向于合并审理。这一点不仅是审判机关的态度，也是公诉机关的态度。在2007年最高人民检察院《关于公诉案件撤回起诉若干问题的指导意见》中，第5条规定了案件提起公诉后不得撤回起诉的几种情况，其中第1项后半部的表述为："发现遗漏的同案犯罪嫌疑人或者罪行可以一并起诉和审理的，可以要求追加起诉。"最高人民检察院在此处将"可以要求追加起诉"作为一种常态性的情况，表现了最高人民检察院倾向于合并审理的司法习惯。

（三）特殊情形的分案审理

刑事司法实务中，一些不同案件之间存在比较明显的牵连关系，但是由于主客观原因，最终以分案的方式进行处理。目前规定比较明确的有以下三点。

1. 审判监督阶段的分案审理

审判监督程序是一种特殊救济程序，虽然在我国，其审判方式和一审程序或二审程序相同，但是审判监督程序的性质和普通程序完全不同。因此，在法理上，按照审判监督程序审理的案件和按照普通程序审理的案件并不适宜进行合并审理。而在我国的司法解释中，也遵循了这种分案审理的基本思路。

1992年，江西省高级人民法院向最高人民法院请示："人民检察院按照审判监督程序向同级人民法院提出抗诉，法院审查后认为要加重处罚，决定提审，由于原判刑罚已执行完毕，故法院又决定逮捕，逮捕后发现该罪犯在刑满释放后又犯有新罪，对新罪应如何处理的问题。"[①] 按照审判监督程序审理的犯罪与刑满释放期间的犯罪分属于不同的案件，原本应当分案处理。但此种情况中两起案件又符合被告人同一的牵连性条件，故而江西省高级人民法院难以取舍。最高人民法院研究室1992年1月29日在《关于审理人民检察院按照审判监督程序提出抗诉的案件有关程序问题的电话答复》中作出了分案审理的回复："我们认为，应当按照刑事诉讼法和有关管辖的司法解释，分别由对该新罪有管辖权的公、检、法机关受理，而不能将抗诉案件与新罪的案件合并审理。新罪案件应当在抗诉案件审结后再作出判决，并按照刑法第六十四条的规定，决定执行的刑罚。"

最高人民法院的答复考虑到了尊重被告人的诉权，同时保证了审判阶段程序的特殊性和严肃性，也尊重了诉讼管辖的一般性规定。没有滥用合并审理的处理方式，具有合理性，最终也被刑事诉讼法及司法解释所吸纳。

---

① 江西省高级人民法院《关于审理人民检察院按照审判监督程序提出抗诉的案件有关程序问题的请示》。

刑事牵连案件的合并审理

2. 同一时间同一被害人多起案件的分案审理

1990年5月26日，最高人民法院研究室在《关于同一被害人在同一晚上分别被多个互不通谋的人在不同地点强奸可否并案审理问题的电话答复》中，否定了广东省高级人民法院试图将案件合并审理的行为。

在该案中，三起独立案件之间的关联性很强，它们针对同一被害人，发生在同一地点，犯罪时间也相当靠近，公安机关也是同时侦破。更为重要的是，将案件合并审理能够较为明显地减少司法资源的消耗，减少对被害人的伤害。故而，检察院以一个案件起诉。但最高人民法院严格按照实体法法律规定对该案作出了解释，不认同合并审理。"根据上述情况，这3个被告人的行为不属于共同犯罪，而是各个被告人分别实施的各自独立的犯罪，因此，应分案审理，不宜并案审理。"该司法答复至今有效，表达了最高司法机关的基本态度。

3. 不同阶段且不同性质的分案判决

前文出现过法院处理多种不同诉讼阶段案件的合并与分离审理情况，也论及过刑民交叉的不同性质案件合并与分离审理问题。在最高人民法院的司法解释中，还出现过一种民事程序正处于上诉阶段但发现还有刑事内容的极其复杂的情况。对这种属于不同阶段且不同性质的案件处理问题，最高人民法院作出了也许并不成熟，但是至今唯一的司法解释，更为重要的是，该司法解释至今仍然处于有效状态。[①]

"你院1958年3月8日〔58〕院民字第185号请示收悉。其中第一个问题，我院已于今年4月5日函复你院。第二个问题，即上诉审人民法院在审理离婚上诉案件中，当事人又提出与民事诉讼有牵连的刑事诉讼，应当如何处理的问题，我们原则上同意你院所提由上诉审人民法院合并审理的意见。这类案件，也并不是民事诉讼附带刑事诉讼。合并审理后以分作两个判决为宜。刑事判决应准许上诉。这种作法的利弊究竟如何，

[①] 《关于与民事诉讼有牵连的刑事诉讼应如何处理问题的复函》，最高人民法院发布于1958年4月7日。

你院可在试行中继续摸索经验。"

依此复函,最高人民法院认识到此类型案件的处理方式还可以继续探讨。虽然最高人民法院在本解释中对为什么要进行合并审理的依据没有阐明,但是最高人民法院"合并审理后以分作两个判决为宜"的做法可以给我们很好的启示,在简单的"合并审理"与"分离审理"处理方式之外开辟了一条新的路径。

四 我国立法的评析

程序设置的目的之一就是让纠纷的解决有一条合理的、公正的和权威的渠道,"各方的利益、诉请和所追求的价值各不相同,要将这多元分歧的复杂利益关系予以整合,就只能通过以程序为基础的法治方式,使得价值上的选择、表达和实现成为可共同操作的,经由形式合理性而实现实质合理性的正当化过程"。[①] 我国刑事案件合并与分离审理制度理应能够承载这种职能。不过由于种种原因,我国合并与分离审理的立法存在较多的不合理性,正确认识这种不合理性,可以为进一步的立法规范打下基础。

在刑事诉讼中,由于现代刑事诉讼法被认为是限定国家机关权力的"小宪法",法律一旦出现偏差,就容易导致放纵公权力的滥用,侵害当事人的合法权益。这一点在刑事诉讼的许多制度构建上都有惨痛的教训。例如,有关强制措施中取保候审期限的规定,辩护制度中的律师调查取证权的规定等。所以制度设计本身的合理性,是一个我们在进行诉讼构建时非常关注的内容。在刑事案件合并与分离审理问题上,我国立法欠缺系统性和科学性,同时立法受政策影响过强,这些立法本身的缺陷值得我们深入剖析,以期在今后的立法中避免这种不足。具体论述如下。

(一) 法律规定缺乏系统性

我国已经初步建成中国特色的社会主义法律体系。根据国务院新闻

[①] 汪栋,刘毅.宪法程序与国家权力——美国联邦宪法的启示[J].理论导刊,2004,(8):27.

办公室2011年10月发布的《中国特色社会主义法律体系》的白皮书，在我国，"由法律、行政法规、地方性法规等多个层次法律规范构成的中国特色社会主义法律体系已经形成，国家经济建设、政治建设、文化建设、社会建设以及生态文明建设的各个方面实现有法可依"。但正如党的二十大报告所述，立法工作不应停歇，我们将完善以宪法为核心的中国特色社会主义法律体系，"推进科学立法、民主立法、依法立法，统筹立改废释纂，增强立法系统性、整体性、协同性、时效性"。在刑事案件合并与分离审理问题上，立法面临的最主要问题是法律规定非常零散，大多以单个要素为调整对象，并且某些重要制度性规定缺失，没有涵盖刑事案件合并与分离审理的所有领域，法律规定严重缺乏系统性。

通过域外的立法比较可以得知，刑事案件合并与分离审理问题在时间跨度上主要分为审判程序前和审判程序中两大部分。审判程序前的合并与分离审理制度主要以牵连管辖的形式体现，包括了案件合并审理的条件（一人犯数罪、数人犯一罪、数罪之间存在牵连等）、案件合并审理的提出主体（公诉机关）、案件合并审理的决定机关（审判机关）、案件合并审理的主持机关（牵连案件以上级法院为主）、不当合并的异议（当事人权利）等诸多内容。审判程序中的合并与分离在审判程序前的合并与分离基础之上，往往会进一步明确合并与分离审理的条件（特别是英美等国对可能导致"偏见"的分案规定可以看出）、合并与分离的当事人权利保障（各国对追加起诉合并的规定、共同被告人陈述证据效力的认定）等内容。从立法安排上，法律以承认单独之诉为起点，以促成合并审理为目的，在合并审理的问题上，系统阐述了"为什么能够合并审理""谁来合并审理""如何合并审理""不当合并审理救济"等各方面内容，形成了完整的体系。

在我国，诸多的司法解释涉及了刑事案件合并审理与分离审理的大部分内容，虽然有的时候并非直接规定，但是审判程序前和审判程序中的大部分合并与分离制度都已经初步设立。例如，一人犯数罪，其中既有公安机关管辖的犯罪行为，也有人民检察院管辖的犯罪行为，甚至还有属于法院管辖的自诉案件；某人犯数罪，既涉及专门法院，又涉及普通法院；一人在审判过程中，如果检察机关发现还有漏罪，需要追加起诉。以上这些情况的处理方法均在司法解释中有比较详细的说明。但是和西方国家相比，我国相关制度比较欠缺系统性。

首先，制度设计缺乏总纲性的规定。刑事案件合并与分离的具体情形非常复杂，需要有总纲性的条文对合并的条件、主体、时间等诸多内容进行总体性的规定，以避免分散立法容易出现挂一漏万的弊端。从刑事诉讼立法的思路来看，我国并没有认识到承认刑事案件中单独之诉存在的法定性，也没有意识到合并审理并不是天然合法的行为。因此，立法"就事论事"的表现非常明显。不仅刑事诉讼法并没有对案件合并与分离审理进行总纲性的规定，即便是最高人民法院或者最高人民检察院的司法解释，也没有对本部门在刑事案件合并与分离审理问题上的权限范围进行总括性的描述。这种"就事论事"的立法方式必然存在法律滞后性的弊端，无法及时解决司法中出现的个别问题。

其他国家和地区的立法也存在细节规定不完善的情况，但是总纲性的条文可以避免司法机关在处理案件时遭遇法律依据不足的质疑。例如，陈××案中涉及的案件合并问题引起台湾岛内很大的争议。由于台湾地区"刑事诉讼法"对案件的合并条件、合并主体等内容有比较明确的规定，台北地方法院也有自己对法律适用的解释性规定，故而，该机构可以理直气壮地声称对该案的合并处理行为符合法律要求，所作合并决定属于法律允许的自由裁量范围之内。而反对者也只能质疑这种处理方式侵犯了被告人的辩护权，或者认为《刑事诉讼法》本身立法的合理性不足，其中允许合并的条款有"违宪"的嫌疑，并没有人直接质疑台北地方法院实施合并行为是没有法律依据的。

其次，制度规定缺乏时间上的纵向衔接性。案件合并与分离审理问题是一个时间跨度较大的诉讼现象，可能发生在侦查阶段、起诉阶段，也可能发生在审判阶段。正是因为如此，法律应当要注意时间前后的衔接性。但是，我国不少立法比较孤立，并没有考虑各个诉讼阶段不同机关的相互配合。

例如，在审理刑民交叉案件时，对经济纠纷和经济犯罪相结合的情况，1987年，最高人民法院、最高人民检察院、公安部在《关于在审理经济纠纷案件中发现经济犯罪必须及时移送的通知》中要求全部移送公安机关或检察机关，依照刑事附带民事诉讼的方式并案处理，"（三）人民法院在审理经济纠纷案件中，发现经济犯罪时，一般应将经济犯罪与经济纠纷全案移送，依照刑事诉讼法第五十三条和第五十四条的规定办理。如果经济纠纷与经济犯罪必须分案审理的，或者是经济纠纷案经审结后又发现有经济犯罪的，可只移送经济犯罪部分。对于经公安、检察机关侦查，犯罪事实搞清楚后，仍需分案审理的，经济纠纷部分应退回人民法院继续审理"。由于这一司法解释是公检法三机关联合作出的，因此较多考虑了侦查、起诉和审判的衔接性。但是当某一机关单独制订司法解释时，则可能更多考虑自己工作的便利性，如，2020年最高人民法院《关于在审理经济纠纷案件中涉及经济犯罪嫌疑若干问题的规定》也规定了经济纠纷类案件中涉及经济犯罪嫌疑的问题，其中第10条较多地考虑审判便利，"人民法院在审理经济纠纷案件中，发现与本案有牵连，但与本案不是同一法律关系的经济犯罪嫌疑线索、材料，应将犯罪嫌疑线索、材料移送有关公安机关或检察机关查处，经济纠纷案件继续审理"。此种"先民后刑"的思路可能并无问题，但处理问题的方式过于绝对化，更为重要的是，1987年三机关联合作出的司法解释至今仍然有效，可以预见，在某些案件中，1987年三机关的司法解释和2020年最高人民法院的司法解释对待合并还是分离审理的态度截然相反，两个法律文件的效力大小无法判定，也许法院系统会依照本系统2020年的解释进行分开审理，但实践中难免会有公安机关和检察机关适用1987年司法解释进行合并侦查或合并起诉。从立法时间和内容精细程度上看，2020年司法解释更加具有合理性，即便如此，最高人民法院单方面的司法解释很难影响到侦查和起诉阶段，使得这一司法解释的先进性大打折扣。

最后，制度规定缺乏部门间的横向协调性。刑事案件合并与分离审理牵涉到诉讼效率、被告人人权保障等一系列内容,在同一时间段,并不能由某一诉讼主体单独决定,需要多主体的协调处理。但由于我国现有相关规定多头立法的天然局限性,各部门制度之间的协调性比较差。例如,为了更好地保护未成年人利益,2013年《人民检察院办理未成年人刑事案件的规定》第51条规定了人民检察院审查未成年人与成年人共同犯罪案件,一般应当将未成年人与成年人分案起诉。这一做法将未成年被告人和成年被告人分开审理,有利于避免二次感染,同时能够突出刑事诉讼程序的教育、感化功能,有非常积极的作用。但这些功能的实现并不能仅仅由检察机关一家去完成,而是需要公安机关、检察机关和审判机关三者分工合作、相互配合,缺一不可。不过尽管最高人民检察院早有立法规定,但在很长时间内没有得到公安部和最高人民法院的立法呼应,故而这一具有很好立法动机的制度在实践中推行得并不是非常顺利,即便是有些地方检察机关对未成年人案件进行了分案处理,但也是形式意义大于实质意义。当然,近年来我国未成年人诉讼权利得到了高度重视,相关工作取得了全面成效,2012年在《刑事诉讼法》特别程序中增设了"未成年人刑事案件诉讼程序",对公检法等各机关提出具体要求,"对被拘留、逮捕和执行刑罚的未成年人与成年人应当分别关押、分别管理、分别教育",2021年最高人民法院《解释》也规定"对分案起诉至同一人民法院的未成年人与成年人共同犯罪案件,可以由同一个审判组织审理;不宜由同一个审判组织审理的,可以分别审理"。但上述这些进步无法抹平在相当长时间内,检察机关对未成年人刑事案件分案处理无人响应的尴尬事实。

（二）现有法律规范缺乏科学性

2023年3月通过的《中华人民共和国立法法》第7条规定:"立法应当从实际出发,适应经济社会发展和全面深化改革的要求,科学合理地规定公民、法人和其他组织的权利与义务、国家机关的权力与责任。法律规范应当明确、具体,具有针对性和可执行性。"立法活动要做到科学合理,就应当符合合法性与合理性,反映客观规律,克服立法中的主观随意性和盲目性。而综观我国刑事案件合并与分离审理的现有立法规定，在法律规范的科学性上有较多的不足。

首先，现有立法的效力级别较低。传统的法理学认为，当代中国法的渊源并不包括司法解释。"当代中国的法的渊源是以宪法为核心的各种制定法为主的形式，如宪法、法律、行政法规、地方性法规等。"① 但新中国成立以后，立法工作开展较晚，出于尽快完善法制的需要，全国人大常委会认可了法律解释的必要性，"第五届全国人民代表大会第二次会议通过几个法律以来，各地、各部门不断提出一些法律问题要求解释。同时，在实际工作中，由于对某些法律条文的理解不一致，也影响了法律的正确实施。为了健全社会主义法制，必须加强立法和法律解释工作"。②

由于工作需要，全国人大常委会授权最高人民法院和最高人民检察院可以进行司法解释，但毕竟司法解释带有比较明显的"造法"特点，而"作为制定法国家，我国司法制度的特点是法官依据法律裁判案件，法官没有通过判例创制法律原则的权力"。③ 故而，和西方国家法官可以通过判例形式进行"造法"相比，我国司法机关创制司法解释的工作受到了比较严格的限制。例如，继《关于加强法律解释工作的决议》之后，2021年修订的《最高人民法院关于司法解释工作的规定》第2条又进一步强调，只有在审判工作中出现的"具体应用法律"的问题，才是最高人民法院作出司法解释的范围。基于这一思路，最高人民法院的司法解释比较适合定位为"锦上添花"的补充式、解释式和说明式的立法，而不能成为"无中生有"的创造性立法。

而在刑事案件合并与分离审理的立法上，一方面，该制度本身是对国家机关控制诉讼过程的行为规定，直接影响到被告人能否受到公正审

---

① 乔克裕. 法理学教程[M].北京：法律出版社，1997：269.
② 参见1981年6月10日第五届全国人民代表大会常务委员会第十九次会议通过的《全国人民代表大会常务委员会关于加强法律解释工作的决议》。
③ 郭卫华."找法"与"造法"——法官适用法律的方法[M].北京：法律出版社，2005：195.

判，影响重大。另一方面，我国刑事诉讼法对这一问题的规定几乎完全空白，司法机关的相关司法解释属于典型的创造性立法。两相对比，我国刑事案件合并与分离审理问题的立法形式明显并不合理。

谢佑平教授和万毅教授甚至直接认为，有关案件合并与分离审理制度的司法解释在合法性上存在很大的疑问，"根据程序法定原则，涉及刑事司法机关的职权配置以及犯罪嫌疑人、被告人诉讼权益保障的重大问题，均应采取立法的形式，由刑事诉讼法作出明确规定。刑事诉讼牵连管辖制度作为刑事审判管辖制度的重要内容之一，关涉法院审判职权的配置，应该由刑事诉讼法作出明确规定，而不应由法院自己通过司法解释形式加以规定，最高人民法院在刑事诉讼法并未对牵连管辖制度作出规定的情况下，擅自通过司法解释的形式对牵连管辖制度作出规定的作法是不合法的"。①

其次，国家机关和当事人权利（权力）配置严重失衡。由于国家利益、社会利益和个人利益的纠结，刑事诉讼中的权利（权力）安排较民事诉讼更为复杂，这种安排稍有不当就会引起主体利益冲突，导致"程序失灵"，问题解决的出路在于制度设计需要真正全面考虑各方的利益，特别是能否保障国家机关、当事人等各方面诉讼主体适当的程序参与。由于诉讼权利（权力）是有价值的，并且是稀缺而有限的，国家机关和当事人都希望获取更多的诉讼权利（权力），这必然容易引起冲突，因此针对国家机关和当事人任何一方的利益安排都不能过分。讲究和谐，甚至偏向于中庸的权利（权力）设计才是理论和实践双重认可的制度，也就是我们要在权利和权力之间进行好协调。

贝勒斯教授认为，程序参与表示当事人应能富有影响地参与法院解决争执的活动。这一原则有助于解决争执，因为能参与诉讼的当事人更易于接受判决；尽管他们有可能不赞成判决，但他们却更有可能服从判决。此原则的根据是参与价值，即参与作出严重影响自己生活的判决。

---

① 谢佑平，万毅. 刑事诉讼牵连管辖制度探讨［J］. 政法学刊，2001，（1）：21.

人们至少有理由期望,在作出关系他们利益的判决之前,法院听取其意见,即他们拥有发言权。某人被允许参与诉讼也表明别人尊重他,即他受到了重视。① 对于强调维护社会稳定、建设和谐社会的中国来说,注重程序参与无疑符合我国社会主义法治理念的基本要求。

为了实现程序参与的目的,在刑事诉讼中,至少应该"让程序所涉及他们利益的人或者他们的代表,能够参加诉讼,对于自己的人身、财产等权利相关的事项,有知悉权和发表意见权"。② 但我们发现,在刑事案件合并与分离审理的诸多现有立法中,国家机关和当事人的权利(权力)配置严重失衡。无论是最高人民法院《解释》还是最高人民检察院《规则》,都是从利己的角度立法,甚少重视当事人在刑事案件合并与分离审理制度中的地位、作用等现实问题。而在国外,当事人在提出申请、提出异议和要求救济等多方面的诉讼权利被明确规定。当然,在大多数时候,当事人在刑事案件合并与分离审理制度中并不适合占有主导性的诉讼地位,但是至少我们应当保证他们一定的程序参与,而我国现有立法在这一点上显然是欠缺的。

最后,部分法律规定不符合司法规律。法律并不是凭空产生的,而是有其来源和适用的社会环境。立法要实现科学化,必然要从我国的社会客观环境出发,认识和把握客观规律,并综合考虑政治、文化、历史传统等多方面因素的影响,立足社会实践,这样制定出来的法律规范才能摆脱"闭门造法"的弊端,让法律规范和社会实践之间无缝对接,不被司法所抛弃,能够发挥出预设的法律功能。但是我国刑事案件合并与分离审理制度的不少法律规定违背了司法规律和社会习惯,立法明显欠缺合理性。

司法解释本身是对法律没有明确之处的补充说明,因此刑事诉讼法的有关司法解释应当是程序性的、具有可操作性的。如前文分析,在处理集

---

① 〔美〕迈克尔·D.贝勒斯.法律的原则——一个规范的分析[M].张文显,等译,北京:中国大百科全书出版社,1996:61.
② 宋英辉.刑事诉讼原理[M].北京:法律出版社,2003:106.

团犯罪的审理方式上，1984年最高人民法院、最高人民检察院和公安部下发的《关于当前办理集团犯罪案件中具体应用法律的若干问题的解答》第3点用问答的方式对集团犯罪的并案审理的必要性进行强调。但在同一司法解释的第5点又规定了分案审理的情形，并且此处专门强调的分案审理现象的立法规定并不清晰。不仅没能起到对第3点的有效补充作用，反而混淆了集团犯罪的具体审理方式。第5问问："有些犯罪分子参加几起共同犯罪活动，应如何办理这些案件?"回答为："对这类案件，应分案判处，不能凑合成一案处理。某罪犯主要参加那个案件的共同犯罪活动，就列入那个案件去处理（在该犯参加的其他案件中可注明该犯已另案处理）。"第5点的规定看似将被告人进行了归类，有利于解决数起不同的犯罪活动，因为都有一名或几名被告人参加而被不当合并审理的情况。但是这种设想过分理想化，并不符合我国的司法实际，也无法充分解决具体问题，因为在共同犯罪案件的审理中，被告人之间的责任划分并不是一个可以轻易达成的共识，这个问题往往是刑事庭审的主要内容，也是刑事辩护和法官审理的重点和难点。寄希望于通过在法庭审理之前的简单审查就可以确定犯罪嫌疑人在共同犯罪中发挥主要作用还是次要作用，这种要求显然过于草率，难以实现，立法难言科学和严谨。

（三）法律规范的政策性过强

和其他很多社会科学中的核心概念一样，我们很难对刑事政策进行一个标准的定义。但是无论如何解释，刑事政策的概念核心应当在于其政策性。特别是在我国，大多数学者都认为，刑事政策的本质应该是党和国家对刑事法制工作的一种指导方略。[1] 在覆盖面上，刑事政策的作用主要体现在刑事立法、刑事司法和刑事执行等刑事法治工作的各个方

---

[1] 此观点可参见几乎国内所有刑事政策的代表性论著，马克昌. 中国刑事政策学［M］.武汉：武汉大学出版社，1992：5；李学斌，薛静. 论我国刑事政策与刑法的关系［J］.青海社会科学，1992，(2)：96－101；肖扬. 中国刑事政策和策略问题［M］.北京：法律出版社，1996：3.

面。① 刑事政策和刑事立法之间有着密切的联系,我国台湾地区学者林纪东认为,刑事立法是刑事目的的实现方式,刑事立法必然受到刑事政策的影响,"刑法之定罪论刑,本身不是目的,而只是达到一定目的——防卫社会,预防犯罪的手段,即是一种政策的作用,刑事政策,也就是为刑法定罪科刑基础的政策。所以,刑法之制定与运用,罪刑之确定与执行,都应从刑事政策的观点出发,以是否合于刑事政策的要求为旨归,不合于刑事政策的立法,是不良的立法,离开刑事政策的裁判和执行,也必定是不良的裁判和执行"。② 曾任最高人民检察院副检察长的张穹进一步表明了其对刑事政策的态度,"刑事政策是刑事立法的依据,刑法的制定和修改不能脱离和违背刑事政策的基本原则,罪刑的确立都应从刑事政策的观点出发,以是否合乎刑事政策的要求为旨归,不合乎刑事政策的刑事立法是要废止的"。③

刑事政策带有明显的政治性色彩,随着党和国家对社会形势的判断,刑事政策有可能会在较短时间内进行较大幅度的调整。故而,刑事政策具有动态特征,具有灵活性,这种特性会对刑事司法实践有着直接引导作用。

例如,刑事政策领域最具中国特色的就是我国自20世纪80年代开始提出的"严打"政策,"严打"政策的产生背景是当时社会治安状况严重恶化,各类暴力犯罪案件频频发生,人民生命财产受到严重威胁。为了有效打击犯罪,国家及时提出了"严打"的刑事政策,利用"从重从快"的手段打击各种严重刑事犯罪。从20世纪80年代开始,我国在1983年、1996年、2001年开展了三次大范围的"严打",赵秉志教授认为,为了实现这一政策,国家进行了大量的立法,"直接导致1982年《关于严惩严重破坏经济的罪犯的决定》和1983年《关于严惩严重危害社会治安的犯罪分子的决定》、《关于迅速审判严重危害社会治安的犯罪

---

① 赵秉志. 刑法基础理论探索 [M]. 北京:法律出版社,2003:338.
② 林纪东. 刑事政策学 [M]. 台北:中正书局,1969:9.
③ 张穹. 司法路上的思考 [M]. 北京:法律出版社,2003:251.

分子的程序的决定》的颁布,从而用法律的形式肯定了'从重、从快'惩处犯罪的方针,使'严打'刑事政策具有了法律依据,现实地转化为刑事立法"。① 而卢建平教授等总结的,为了严打而颁布的各种法律文件数量更多,"上世纪八十年代至九十年代先后颁布《关于严惩严重危害社会治安的犯罪分子的决定》、《关于迅速审判严重危害社会治安的犯罪分子的程序的决定》、《关于刑事案件办案期限的补充规定》、《关于惩治走私罪的补充规定》、《关于惩治贪污罪贿赂罪的补充规定》、《关于惩治泄露国家秘密犯罪的补充规定》以及《关于禁毒的决定》、《关于惩治走私、制作、贩卖、传播淫秽物品的犯罪分子的决定》、《关于严惩拐卖、绑架妇女、儿童的犯罪分子的决定》、《关于严禁卖淫嫖娼的决定》、《关于严惩组织、运送他人偷越国(边)境犯罪的补充规定》、《关于惩治破坏金融秩序犯罪的决定》,等等"。②

如果是从司法解释颁布的时间和内容进行分析,不难发现,我国有关刑事案件合并与分离审理制度的很多司法解释和"严打"政策的实施密切相关。1984年6月15日,最高人民法院、最高人民检察院和公安部下发了《关于当前办理集团犯罪案件中具体应用法律的若干问题的解答》;1985年8月19日,最高人民法院、最高人民检察院、公安部颁布了《关于及时查处在经济纠纷案件中发现的经济犯罪的通知》;1985年8月21日,最高人民法院通过了《关于人民法院审判严重刑事犯罪案件中具体应用法律的若干问题的答复》;1987年3月,最高人民法院、最高人民检察院、公安部颁布了《关于在审理经济纠纷案件中发现经济犯罪必须及时移送的通知》。以上这些包含刑事案件合并与分离审理专门规定的司法解释,都是在"严打"的大背景下产生的,并作为"严打"措施的一部分,曾经发挥了重要的历史作用。

众所周知,"严打"政策在取得丰硕成绩的同时,也给刑事法治建设

---

① 赵秉志. 新中国60年刑事政策的演进对于刑法立法的影响[J]. 中国社会科学报, 2009, (3): 63.
② 卢建平, 刘春花. 我国刑事政策的演进及其立法影响[J]. 人民检察, 2011, (9): 9.

带来了很多不良的后果，所以尽管相关政策的主要决定单位之一曾经表示，"严打"应当作为一种常态化的工作，成为一种经常性的工作机制，①但随着时间的推移，"严打"已经不再适合我国犯罪治理的需要，最终被"宽严相济"的刑事政策所取代。2004年12月22日，中央政法工作会议提出："正确运用宽严相济的刑事政策，对严重危害社会治安的犯罪活动严厉打击，绝不手软，同时要坚持惩办与宽大相结合，才能取得更好的法律和社会效果。"2005年12月召开的全国政法工作会议，将宽严相济的刑事政策进一步确认为我国的基本刑事政策，2006年10月11日通过的《中共中央关于构建社会主义和谐社会若干重大问题的决定》中进一步明确"实施宽严相济的刑事司法政策"。

这种刑事政策的转变对刑法立法也产生了直接影响，这在历次《刑法修正案》中都有明显的表现。例如，我国大规模取消经济犯罪中的死刑罪名，体现了政策之"宽"，提高了有期徒刑数罪并罚的上限，体现了政策之"严"。宽严相济的刑事政策兼顾了打击犯罪和保障人权，符合国际刑事司法发展潮流，契合构建和谐社会的国情现状，在我国有着良好的适用空间。

但随之而来的问题就是，贯彻"严打"理念时形成的大量刑事案件合并与分离审理的很多制度现在已经失去了当年的适用环境，甚至和当前的刑事政策意旨相违背，司法机关在是否适用以前解释的问题上存在很大的疑惑。例如，以2012年1月宣判的浙江吴英非法集资案②为典型，可以预见，在我国现在及将来的较长时间内，此类案件将很有可能会高发。而这些案件，既可能涉及刑事犯罪中的非法集资、非法吸收公众存款、集资诈骗和诈骗等各种罪名，又可能夹杂着普通的民间借贷纠纷。1987年，最高人民法院、最高人民检察院、公安部颁布的《关于在审理经济纠纷案件中发现经济犯罪必须及时移送的通知》是对此案的权威司

---

① 中央政法委员会研究室. 严打：走进经常性工作机制［N］.人民日报, 2004-02-04 (16).
② 浙江省高级人民法院刑事裁定书,（2010）浙刑二终字第27号。

法解释，考虑到对经济犯罪严厉打击的工作需要，司法解释规定了解决刑事案件优先的处理方式，仅在"必须分案审理"的情况下，可只移送经济犯罪部分。但一般而言，此类案件都忽视了经济纠纷的解决。以吴英非法集资案为例，因为刑事犯罪部分案情复杂，自吴英2007年被刑事拘留开始，到2012年1月18日被判处死刑，一共耗时5年。该案的刑事部分和民事部分并没有分开审理。案件中牵涉的经济纠纷拖延如此之久，显然可以有更佳的处理方案。以吴英非法集资案为代表，我们应当反思，是否还应当坚持当年所树立的以解决刑事犯罪为主、解决经济纠纷为辅的问题处理思路。①

不仅是"严打"背景下产生的司法解释面临着合理性质疑，其他不少诞生较早，但一直沿用至今的司法解释也或多或少会出现合理性质疑的窘境。实际上，刑事案件合并与分离审理的不少制度因为法律适用环境与制定司法解释时相比已经发生了巨大变化，就出现了司法机关在适用法律时"偷工减料"的情况，有实务部门的同志一针见血地指出，"实践中，对一些答复内容也并未完全执行，如对患病不能参加诉讼的被告人往往将其与其他同案被告人分案处理，而不采用类似答复要求的就地审理等方法"。②

第二节 合并与分离审理问题的司法评析

中国共产党历来高度重视法治工作，党的二十大报告将"坚持全面依法治国，推进法治中国建设"独立成章，提出了四个方面的任务和要

---

① 学者们围绕这个问题已经展开了较多研讨，如，赵龙. 先决裁量：民刑交叉诉讼中止裁量事由的法定化探索［J］.中国政法大学学报，2023，(1)：246-264；李玉林. 民刑交叉案件并行处理原则的理解与适用——以《九民会议纪要》第128条的规定为中心［J］. 法律适用，2022，(8)：85-92；杨志国. 民法典时代：从"民刑交叉"到"民刑协同"［N］.检察日报，2020-12-03 (03)；等等。

② 金为群. 刑事案件分、并案问题研究——兼论公正与效率的平衡［D］.上海：华东政法大学，2006：12.

求,可以预见,在习近平法治思想的引领下,我国的法治工作将会持续稳步推进。从 1979 年《刑事诉讼法》颁布之后,我国也没有间断对刑事案件合并与分离审理问题的立法完善。从本章第一节的法律综述可以看出,各个机关在刑事案件合并与分离审理制度的立法上做了大量的工作。但"实践是检验真理的唯一标准",相关立法必须经过司法实践的验证,才能总结经验,发现不足,实现法律的进一步完善。刑事司法历来是我国法律运作中的"短板",刑事司法中有法不依、执法不严、违法不究的情况不时出现,司法中的"潜规则"在个别案件处理过程中甚至起到了主导性作用,以致产生了冤假错案等恶劣后果。

通过文献收集和实地调研,可以发现刑事案件合并与分离的实践出现了不少的问题。和立法评析一样,基于为下一步我国相关立法的制度完善考虑,本部分不过多阐释合并与分离审理制度带来的积极作用,而是重点对司法运作中不合理的现象进行描述,并在此基础之上,对揭露出的问题进行深入剖析,以期发现问题产生的原因,为避免今后出现类似问题提供理论支持。

一 法律运作的现状

(一) 现有规范在打击犯罪方面发挥了重要作用

虽然我国的刑事案件合并与分离审理制度在立法体系性和科学性等方面存在比较明显的缺陷,但是大部分的法律规定在颁布时经过审慎研究,针对性很强,在解决某些具体并案和分案问题时能够发挥重要的作用。近年来一些较新的立法也更加符合现代刑事诉讼理念的要求,和域外的成熟经验之间已经没有太大区别。

2011 年,有学者对中国知网的研究成果进行统计,在 60 篇以犯罪指标之数量增减或水平升降为结果表达方式的论文中,有 55 篇即 91.7% 的预测结果高度一致地指向了相关犯罪指标的增加或者上升。具体表现为犯罪率的上升、犯罪规模的扩大、刑事案件发案数的增加、未成年人犯罪比重增大等。① 实际上，如同前文所述，从近十年我国的刑事案件发案数量统计来看，刑事案件数量并没有井喷式增长，但公安、司法机关却感觉到刑事案件的办案压力越来越大，究其原因，主要是我国刑事案件日益复杂化。

根据2018年《最高人民法院工作报告》，2013年至2017年，"各级法院依法惩治刑事犯罪，审结一审刑事案件548.9万件，判处罪犯607万人，努力保障社会安定有序、人民安居乐业"。而根据2023年《最高人民法院工作报告》，"全面贯彻总体国家安全观，坚持宽严相济刑事政策，五年来审结一审刑事案件590.6万件，判处罪犯776.1万人"。由此可见，两个五年周期之间一审刑事案件数量从548.9万件上升至590.6万件，上升率约为7.6%。从这一数据可以看出，我国近年来刑事案件增长的绝对值和相对值均不大。与此同时，我国的刑事犯罪结构发生了变化，重罪案件持续下降，轻罪比重上升，"2022年起诉杀人、抢劫、绑架等暴力犯罪人数为近20年来最低，严重暴力犯罪起诉人数占比由1999年25%下降至2022年3.9%。各种犯罪中，判处有期徒刑三年以下的轻罪案件占85.5%。人民群众安全感指数由2012年的87.5%上升至2021年的98.6%"，② 但需要注意的是，所办理案件的难度却大幅度上升，例如，2023年《最高人民法院工作报告》提到，过去五年全国依法审结涉黑涉恶案件3.9万件26.1万人，审结电信网络诈骗及关联犯罪案件22.6万件，审结金融犯罪案件10.1万件，这几类案件处理难度相较于普通刑事案件几乎可以被形容为成倍增加。而且更为重要的是，电信网络诈骗和金融犯罪等复杂难办案件的数量还在不断增加，短期内仍然将会给法院系统施加大量的压力。

还应当专门提及的是，无论涉黑涉恶案件还是电信诈骗及金融犯罪

---

① 赵军. 我国犯罪预测及其研究的现状、问题与发展趋势——对"中国知网"的内容分析[J]. 湖南大学学报（社会科学版），2011，（3）：160.
② 张晨. 5年全国检察机关追诉刑事犯罪583万件 我国已成为世界上犯罪率最低安全感最高国家之一[N]. 法治日报，2023－02－16（03）.

案件，此类刑事案件基本上都不是一个犯罪人能够独立实施的案件，经常是多个犯罪主体和多个犯罪行为的集合。这种复杂犯罪的大量出现在犯罪预防、犯罪侦查等犯罪学和侦查学领域有着重要的研究价值，也直接影响了刑事案件的审判工作。譬如，在涉黑案件上，按照现行国家对涉黑案件的"全案处理"的规定，坚持全面侦查，全案起诉，全案审判，可以有效、全面地打击犯罪，避免遗漏犯罪嫌疑人和罪行，让扫黑除恶工作取得实质性和根本性的成果。

  以笔者调研收集的资料为例，根据中部某省 H 市检察院的调研材料汇报，工作人员在办案中发现，"当地恶势力的组织结构和内部纪律相对较为松散，无书面'规章'和严格的惩戒制度，打击容易，根除难。平时主要靠哥们义气的个人英雄主义维系。一旦展开严打，对恶势力犯罪而言，一打就跑，一跑就散，风声过后，又会迅速冒出来，打而不绝，禁而不止"。而同省的 W 市则介绍经验，"涉黑案件由于案情复杂，涉案人员多，侦查工作容易出现一些死角和漏洞。本院公诉部门介入后，充分发挥职能作用，公诉引导侦查取证，深挖余罪和漏犯，切实做到不枉不纵，'稳、准、狠'地打击犯罪。有的余罪因仅仅是黑帮为敛财或寻求保护的一种手段，不具有暴力性，容易被侦查机关忽视，如寻衅滋事、容留卖淫等；有的漏犯是由于黑帮成员妄图蒙混过关，相互庇护。我们首先使侦查机关认识到查清余罪、漏犯的重要性，敢于组织人力、物力去攻坚克难。其次和侦查机关一起研究新的侦查预案，力求把握取证良机。在时间上争取主动，及时捕捉战机，牢牢把握侦查主动权。深挖余罪和漏犯，有利于弄清黑帮结构，扫荡黑帮淫威，弘扬'打黑除恶'声势"。

  两地比较可以发现，对于涉黑犯罪，"打早打小、露头就打、除恶务尽"是公认的打击原则，但是在落实这一原则上，W 市的处理方式更加合理，做到了"除恶务尽"，而 H 市由于种种顾虑，没有努力贯彻"全案处理"思想，容易陷入黑恶势力屡打不禁的泥淖。

  在某些制度上，尽管时代已经发生变化，出现了不少新情况、新问题，但是原有的立法仍然没有过时。例如，在打击经济纠纷和经济犯罪交叉的案件问题上。我国审判机关一直保持着相对中立的态度，并没有积极主动地介入相关案件的调查中。2020年12月29日，最高人民法院通过的《关于在审理经济纠纷案件中涉及经济犯罪嫌疑若干问题的规定》第10条规定："人民法院在审理经济纠纷案件中，发现与本案有牵连，但与本案不是同一法律关系的经济犯罪嫌疑线索、材料，应将犯罪嫌疑线索、材料移送有关公安机关或检察机关查处，经济纠纷案件继续审理。"这种"术业有专攻"的处理模式值得称道。2012年，全国范围内的金融违法犯罪问题引起了国家高度关注，为了打击金融犯罪，最高人民法院于2012年2月发布了《关于人民法院为防范化解金融风险和推进金融改革发展提供司法保障的指导意见》，要求各级法院"在审理金融民商事纠纷案件中，要注意其中的高利贷、非法集资、非法借贷拆借、非法外汇买卖、非法典当、非法发行证券等金融违法行为；发现犯罪线索的，依法及时移送有关侦查机关"。这一司法解释中对金融纠纷和金融犯罪相交叉案件处理的立法规定和反映出的立法思想与1998年的司法解释完全一致。它将违法行为和犯罪行为分开处理，既有利于及时打击犯罪，避免人民群众财产和国家金融秩序被进一步破坏，也有利于区别对待，避免扩大打击范围、影响社会稳定，实现了法律效果和社会效果的统一。

在我国，不仅是金融领域的经济犯罪，其他经济犯罪的立法也越来越详细。但一直以来，对经济犯罪的打击存在一些实施中的障碍。譬如，相关行政部门移送案件不积极，导致公安机关无法获知经济犯罪线索。如，"2017年我国市场监管部门查处商标侵权假冒案件2.7万件，涉案金额3.3亿元，移送司法机关172件"。[①] 而根据学者调研，"某市共有26个行政执法部门，只有工商局、质量技术监督局、国家税务局、烟草专卖局4个行政机关向公安机关移送了涉嫌犯罪案件，其中质监局查处的行政违法案件2件，仅占其查处违法案件的0.5%"。[②] 再如，有些侦查机

[①] 万静. 去年商标行政民事案件数量增幅明显[N]. 法治日报，2018-04-26（05）.
[②] 吴伟宏. 刍议经济犯罪侦查中行政执法与刑事执法的衔接机制[J]. 公安学刊（浙江警察学院学报），2011，（2）：35.

关在处理经济纠纷时，一般也并不愿意轻易地将经济纠纷"升格"为经济犯罪。① 这种打击不力的情况是客观存在的，导致一些类似于民间非法集资等经济犯罪不断膨胀，甚至造成严重后果。

即便如此，我国对经济纠纷和经济犯罪交叉案件仍然采取了比较稳重的处理方式。一般情况下法院并不直接着手调查案件，而是将经济犯罪线索移送到侦查机关进行侦查。这种做法考虑到了经济犯罪的复杂性。一旦由法院直接合并审理此类案件，不仅是因为法院在能力上无法胜任此类案件的侦查工作，而且受到法定审理期限的限制，法院也没有时间充分调查案件真相。1998年司法解释确立的处理方式，尊重了公检法的专业分工，遵循了审判规律，因此至今仍然发挥着重要作用。②

此外，近年来某些刑事案件合并与分离处理的做法虽然还不成熟，但是反映了先进的刑事诉讼理念，在保障人权等方面有着比较独特的优势，因此有着较好的发展前景。最为典型的是未成年人分案起诉制度，虽然该制度当前的立法还不系统且起步较晚，但是由于顺应了未成年人保护的发展趋势，也得到了不少地区的响应。全国各地出现了很多试点，一些地方公检法机关联合会签文件，共同推进了该制度的建设，取得了不少有益的经验。而且，考虑到全国各地已经成立了大量的未成年人审判庭，未成年人刑事案件的分案审理有着广阔的发展空间。在2018年的《刑事诉讼法》修改中，虽然没有明确提出系统建立未成年人分案审理制度，但是法律也增设专章，特别规定了未成年人的诉讼程序。在聘请辩护人、适用强制措施和庭审讯问等各项制度中落实了区别对待的基本做法。例如《刑事诉讼法》第280条第2款明确规定："对被拘留、逮捕和执行刑罚的未成年人与成年人应当分别关押、分别管理、分别教育。"有

---

① 常见的例子如对传销和非法集资的打击，这些案件在初始阶段，和合法的直销与民间借贷等行为有很多共同之处。由于情况复杂、管理困难，而且危害似乎并不明显，地方政府往往难以打击也怠于打击。
② 直到最近，我国有关经济纠纷和经济犯罪交叉案件处理的诸多司法解释仍然坚持了1998年司法解释的案件处理思路。

理由相信，随着社会对未成年人诉讼权益保障认识程度的不断加深，我国对未成年人刑事案件处理经验的不断积累，未成年人分案处理最终应当会是我国刑事案件合并与分离处理的一项重要制度。

（二）有法不依情况比较严重

虽然我国刑事案件合并与分离审理的法律规定尚未系统化和科学化，但是毕竟我国对案件合并审理与分离审理中的很多问题已经有了一定的法律规定。"在一个以法律为根基的国度，弃法律于不顾的行径将会是更大的耻辱。因为法律是维系个人在共同体中的利益的纽带，是我们得享自由的基础，是正义的源头……"[1] 但这种法理层面的宣教并不一定被实践认同。逐利性是各种社会形态下社会主体的本能，司法人员自然也不例外。受部门利益和个人利益的驱动，总会有人抛弃对法律的遵守，选择走法律外的"捷径"。表面上看，从"有法可依"逐步转向"有法必依"只是小小一步，但在当前的刑事诉讼法中，司法机关并没有完全做到这一点，例如，法律早已通过各种规定强调非法证据排除，严禁刑讯逼供，但是出于各种原因，侦查机关破坏此规定的非法侦查行为屡禁不止，由此导致的刑事错案时见报端。

在刑事案件合并与分离审理的制度实施时，法律规定本身缺陷较多，更是给司法机关漠视已有的法律规定以一定的口实。特别是案件涉及地方保护和部门利益时，经常会有司法机关忽视现有法律规定，肆意滥用司法权，导致不良的法律后果。在这一问题上，有两种表现，一种是针对某一制度普遍存在的有法不依，另一种是在个案中的故意有法不依。

前者可以以未成年人分案起诉制度的推行为例。最高人民检察院于2002年4月颁布了《人民检察院办理未成年人刑事案件的规定》，要求各级检察机关对未成年人与成年人共同犯罪案件分开办理，其中第20条规定："人民检察院提起公诉的未成年人与成年人共同犯罪案件，不妨碍案

---

[1] 〔爱尔兰〕J. M. 凯利. 西方法律思想简史 [M]. 王笑红，译，北京：法律出版社，2010：67.

件审理的,应当分开办理。"为了进一步贯彻这一制度,2006年底,最高人民检察院相继通过了《关于在检察工作中贯彻宽严相济刑事司法政策的若干意见》和《人民检察院办理未成年人刑事案件的规定》,对未成年人分案起诉制度又作出进一步规定,让未成年人分案起诉有了比较充分的法律依据。但实际上,尽管最高人民检察院高度重视,制度本身又有着非常明显的合理性,但分案起诉制度实际上并没有得到很好的实施。笔者调研时不止一位检察院的领导表示,实际上这一制度在基层检察机关推行难度较大。司法统计数据也支持了这一说法。广东是中国第一个在全省范围内从制度上公检法三家联合重视未成年人分案处理的省份。2009年,广东省高级人民法院联合广东省公安厅、检察院、司法厅会签了《关于办理未成年人刑事案件的若干意见》,可以说,广东省对未成年人分案审理的制度规定已经相当完善。但是根据佛山市检察院的汇报,"2010年2月始,我市检察机关对未成年人和成年人共同犯罪的案件进行分案处理,实行分别羁押、分案移送起诉、分案提起公诉、分案审理和分别矫正。2010年5月至2011年4月,全市未检部门共受理未成年人与成年人共同犯罪案件485宗,分案处理247宗,分案率为50.9%,其中禅城区院分案率达77.35%"。① 从数据可以看出,在佛山全市仍有近一半的未成年人刑事案件并没有被分案起诉。而根据最高人民检察院2006年通过的《人民检察院办理未成年人刑事案件的规定》第23条,"人民检察院审查未成年人与成年人共同犯罪案件,一般应当将未成年人与成年人分案起诉",可以认为,分案起诉应当是未成年人案件起诉的通常情形,并案起诉是例外。虽然上述2006年司法解释的第23条同时规定了可以不分案起诉的三种具体情形,② 但是根据司法经验,这三种例外情形显

---

① 佚名. 我市未成年人案件分案处理工作开展情况分析 [EB/OL]. http://www.foshan.gov.cn/zwgk/zwdt/bmdt/201106/t20110623_2500410.html,2011-06-23.

② 具体为:"(一)未成年人系犯罪集团的组织者或者其他共同犯罪中的主犯的;(二)案件重大、疑难、复杂,分案起诉可能妨碍案件审理的;(三)涉及刑事附带民事诉讼,分案起诉妨碍附带民事诉讼部分审理的;(四)具有其他不宜分案起诉情形的。"

然不可能占到佛山市所有未成年人刑事案件的50%。在当时的背景下，未成年人分案起诉制度被搁置并不是只发生在广东省，而是一种全国范围内较为普遍的现象。根据学者对全国30个省份175家基层检察院的调研数据，"实施分案起诉的只有42家，占调查总数的24.00%，而不实行分案起诉的只有64家，所占比率则高达36.57%，另有40家对未成年人刑事案件不一定适用分案起诉，所占比率为22.86%"。①

未成年人分案起诉的优点明显，但推广实施时却遭遇冷落，最主要的原因就是利益驱动。根据办案检察人员的总结："分案起诉制度目前之所以未被严格地诉诸实践当中，很大的原因在于此项制度本身从纯客观上讲是不利于提高办案效率的。一方面要复印全部侦查卷宗增加办案成本，消耗财力、物力；另一方面，要一个案件制作两套文书、进行两次庭审，消耗人力。加之公安机关内部未作此规定，审查起诉时因于法无据而不便提出要求，自行分案又嫌繁琐，因此将规定与现实的矛盾突出化。"②

在个案中故意有法不依的情况可能发生在合并与分离审理的各个环节。这种怠于依法办案的情况虽然不是常态，但在司法实践中并不少见。以笔者亲身参与办理的一起经济诈骗案件为例加以说明。

2002年S市Z区，犯罪嫌疑人郭某利用同事、朋友和邻里关系，以办厂需要买车、盖房等各种理由，许以高额利息，分别向包括被害人L在内的数十人借款（几十人仅是被害人L提供的粗略数字）。案件被害人较多，但个案金额都不大，被害人L也仅被借款4万元。这些数额对于几十名大多为效益较好的大型国企在职职工或退休职工而言，并非特别不能承受的损失（这也是案件后来没有形成群体性事件、引发当地特别关注的主要原因）。2003年后，由于被告人郭某到期没有还款并且潜逃，

---

① 赵国玲，徐凯. 未成年人分案起诉适用中存在的问题与改进建议［J］. 中国检察官，2010，(1)：3-8.
② 汪明丽. 未成年人犯罪案件分案起诉的探索和研究［EB/OL］. http://www.hbjc.gov.cn: 8088/jcfz/fzyj/200810/081013144800_297e990e1d276611011d2876e0bd0035.html，2008-10-13.

部分被害人陆续向当地公安机关报案，同时有部分被害人依据当时犯罪嫌疑人书写的借条向当地法院提起民事诉讼。虽然所有被害人的报案都指向了郭某，而且涉案金额加起来积少成多，超过了1000万元，但是由于每个独立案件的涉案金额都不大，而且郭某和每个被害人的借款理由又看似合理，因此当地公安机关对大多数案件都没有立案，而是让被害人通过民事途径解决。直到2004年，郭某在外地被抓回S市。虽然公安机关抓捕时宣称郭某的身份是"诈骗1000多万元的特大诈骗犯罪嫌疑人"，但最终，由于大部分案件都已经被当作民事纠纷处理，加之案件定性为诈骗的相关取证难度较大，所以该地区法院将该案淡化处理，最终不了了之，引发被害人的强烈不满。

在一般常理上，当出现多名被害人向同一地方公安机关报案时，公安机关应当认识到案件的严重性，虽然个案金额不算很大，案件性质是否属于诈骗也很值得商榷，但是由于涉及同一犯罪嫌疑人，当地公安机关应该多加重视，进行并案侦查。而在该案中，当被害人L向Z区公安机关报案时，公安机关却以此案是民事纠纷为由，让被害人和犯罪嫌疑人协商解决或者提起民事诉讼。公安机关甚至多次解释，不能说明这个案件就是诈骗，除非找到犯罪嫌疑人再说。在犯罪嫌疑人已经潜逃的情况下，公安机关不去积极抓捕犯罪嫌疑人郭某，反而告知众多被害人，犯罪嫌疑人不见了，也可能是去外地经商了，不一定是因为诈骗而潜逃。而由于各种原因，当地法院也没有准确处理该案。当被害人到法院提起自诉时，法院基本上都以证据不足分别不予立案。即便是后来有较多被害人陆续到法院提起自诉，也没有引起当地法院的正视。

上述提及的两种有法不依的情况均可反映出，我国的刑事案件合并与分离审理制度的完善并不应当仅仅是立法层面的问题，同样也是司法层面的问题。当然，这和我国相关立法的不完善有着密切的关系，但司法机关本身的态度显然是更为重要的因素。

（三）司法裁量权滥用时有出现

裁量（Discretion）是指：公共职能领域内，在法律授予的某种情境中，根据自己的判断和理智而不是在他人的控制之下作出官方行为的权力（或权利）。[1] 司法中的裁判权是无法回避的内容，因为从国家的角度来讲，法律不可能穷尽每一个细节，法律也不可能预知社会生活中的每一个行为，司法者适当地解释法律是一种必然选择。而且，在法律适用过程中，有些突发性的事件会造成事务运作远比预想得更加复杂，因此赋予国家机关的工作人员一定的自由裁量权，能够有效地提高效率，使得行政、司法等国家行为变得更加流畅。法官是法律的"自动售货机"的时代早已一去不复返。

但我们同时知道，司法机关的裁量权也有着不少天然的缺陷。例如，《布莱克法律词典》中强调，作出裁量的依据是"自己的判断和理智"，这就意味着裁量是一种主观活动。我们可以进一步推知，裁量是一定的主体基于对客体的认识而进行的，并且只要作出自己所认为的符合目的性判断即可。从民众的角度而言，"凡是引起人们恐惧的事物，都有一个共同的属性，就是它具有不确定性"[2]。现在是强调司法透明、司法公开的年代，每一位公民都可以很方便地通过公共渠道获取国家颁布的每一部法律，但这只是一个最基本要求，公民更需要这些规则和原则能够被一视同仁地适用于所有人身上，"正义应当以看得见的方式被实现"。自由裁量权的行使在很多时候掩盖了司法的透明性，在这个时候，如果拥有一个具有相当公信力的司法体系，便能够消化掉自由裁量权带来的司法不稳定。

例如，对案件判决的接受程度方面，出于诉讼利益或者认识角度的差异，不同主体对案件最终判决有不同看法是无法避免的。在合理的司法体制疏导下，这种认识上的差异并不会产生不良的后果。在"自由心证"的证明模式下，西方国家的判决准确度并不一定比我国的更高，当

---

[1] BRYAN, A. GARNER. Black's Law Dictionary (7th Ed) [Z]. Minnesota: West Group, 1999. 479.
[2] 党国英. 有免于恐惧自由 [J]. 中国新闻周刊, 2005, (40): 16.

前没有数据能够说明我国的事实认定的差错率高于西方法治发达国家。[①]实际上,国外民众也认识到这一问题,但在不同的法律文化影响下,他们基本能够接受法官裁量的结果。"我们很难说判决是对的还是错的,只要判决是依法作出的就是对的,即使你们对法律感到遗憾,也不能说它是错误的。法律的一个重要功能是在很难判明是非时作出判断……"[②]但在我国,由于整个法治建设起步较晚,司法公信力不高,司法权威有限,"不同看法"很难被诉讼程序消化和吸收,有些"不同看法"可能会扩大外化成对法官判决、社会秩序的巨大压力。广州梁丽案[③]的后续讨论中就有观点认为该案最后的处理结果是媒体与民意的"合谋"与"互动"的一种胜利,是对案件事实本身的一种歪曲。[④]

鉴于我国的国情,司法机关对刑事裁量权的行使应当是高度慎重的。但是,在刑事案件合并与分离的问题上,由于我国刑事诉讼中有关此类法律法规空白较多,司法机关时常会不适当地使用自由裁量权。这导致刑事案件合并与分离审理的决定和实施过程非常不透明,经常造成不良的社会影响。

以被告人人数众多、案情复杂的涉黑犯罪的审理为例。涉黑犯罪并不是我国传统意义上的常见犯罪,虽然犯罪性质非常恶劣,但由于新中国成立初期打击较为彻底,在新中国成立后的相当长时间内,我国的涉黑犯罪情况并不严重,处理相关问题的程序法研究成果也不多见。由于社会经济环境等客观因素的变化,20世纪90年代中后期,我国团伙犯罪

---

① 相反,从《美国证明无罪报告(1989—2003)》中揭示的令人瞠目的错案数据来看,至少在死刑和强奸案件方面,美国的司法在发现案件真实方面是非常欠缺的。SAMUEL R. GROSS, KRISTEN. JACOBY, DANIEL J. MATHESON, NICHOLAS MONTGOMERY, SUJATA PATIL. Exonerations in the United States 1989 Through 2003 [J]. Criminal Law and Criminology, 2005 (95): 523 – 553.

② 〔美〕劳伦斯·M. 弗里德曼. 法治、现代化和司法制度 [A]. 宋冰. 程序、正义与现代化 [C]. 北京: 中国政法大学出版社, 1998: 153.

③ 王卿. 女清洁工梁丽认定为"侵占罪"检方决定不起诉 [EB/OL]. http://news.enorth.com.cn/system/2009/09/26/004216637.shtml, 2009 – 09 – 26.

④ 黎勇. 盲从与屈服:被非理性民意驱动的媒体——深圳机场清洁工梁丽案报道检讨 [J]. 新闻记者, 2010, (3): 32 – 36.

向黑社会组织发展转变的趋势非常明显。"1998年查获的团伙犯罪中，48%团伙结构帮会化，具有浓厚的黑社会性质。"① 进入21世纪以后，由于社会约束机制相对弱化、拜金思想侵袭、农村和城市富余劳动力大量增加等，涉黑性质的集团犯罪情况越发严重。为了有效打击涉黑犯罪，我国刑法专门增设了"组织、领导、参加黑社会性质组织罪"，并且围绕打击涉黑犯罪，我国后继又颁布了立法解释和司法解释，对"黑社会性质组织"的概念进行解释。并且于2006年初，在全国范围内开展打黑除恶专项斗争。而且根据2009年最高人民法院、最高人民检察院和公安部公布的《办理黑社会性质组织犯罪案件座谈会纪要》，"严厉打击黑社会性质组织犯罪，遏制并最大限度地减少黑社会性质组织犯罪案件的发生，是当前乃至今后相当长一个时期政法机关的重要任务"。

虽然我国对涉黑犯罪高度重视，但是有关涉黑犯罪的程序性立法却非常有限，大量的补充性立法都是对实体法方面的规定，即便是涉及程序性的内容，也只是对刑事诉讼法的条文进行宣言式的复述，并没有细化。例如，2009年的三机关联合颁布的会议纪要是当时指导全国上下打黑行动最为直接、最具有指导性的司法文件，该纪要中，关于黑社会性质组织的认定、关于经济特征、关于行为特征、关于危害性特征等实体认定的内容都作了非常详细的解释，甚至对包庇、纵容黑社会性质组织罪主观要件的认定，成员的刑事责任，财物及其收益的认定和处置，立功等细节问题也进行了专门说明。但是对认定的证据要求、视听资料的收集和使用、庭审注意问题等程序性内容，只是规定"要坚持以事实为依据，以法律为准绳""要特别重视对涉黑犯罪视听资料的收集"等，并没有真正地解释法律。2018年1月，中共中央、国务院印发《关于开展扫黑除恶专项斗争的通知》，明确在全国范围内开展为期3年的扫黑除恶专项斗争，为了预防和惩治有组织犯罪、加强和规范反有组织犯罪工作，我国于2021

---

① 董圣文. 黑社会和中国现阶段的黑社会性质犯罪［J］. 福建公安高等专科学校学报，2000，(5)：37-42.

年颁布了《中华人民共和国反有组织犯罪法》,相较于以往的文件,该法对程序性条款的重视显著提高,例如,第30条规定了侦查期间分别羁押的程序性规定,"对有组织犯罪案件的犯罪嫌疑人、被告人,根据办理案件和维护监管秩序的需要,可以采取异地羁押、分别羁押或者单独羁押等措施。采取异地羁押措施的,应当依法通知犯罪嫌疑人、被告人的家属和辩护人";第32条规定了分案审理情形,"犯罪嫌疑人、被告人检举、揭发重大犯罪的其他共同犯罪人或者提供侦破重大案件的重要线索或者证据,同案处理可能导致其本人或者近亲属有人身危险的,可以分案处理"。但整体而言,相关条款相较于刑法和刑事诉讼法的规定并无明显突破。

也正是因为立法的不足,我国司法机关当前在处理涉黑犯罪的程序手段上和处理一般的团伙犯罪没有太大的差异。而事实上,涉黑犯罪的审理和以往的集团犯罪的审理有很大的不同,打击手段也应当有较大区别。这种处理方式的混同已经给司法实践带来了一定的困扰。十余年前就有学者总结:"法律制度的不完善与治理对策的不科学,使涉黑违法犯罪得不到有效遏制并出现循环式发展。"而其中,刑事程序立法的缺陷是极为明显的,"我国现行刑事诉讼法律没有针对涉黑性质犯罪特别规定污点证人制度以及监听、刑事特情侦查、卧底侦查、诱惑侦查、秘密录音录像、秘密搜查等秘密取证制度"。[①] 这一现象至今仍然没有得到扭转,仅就秘密取证制度而言,《中华人民共和国反有组织犯罪法》第31条看似新增了制度性规定,填补了前述引注陈述中的空白,"公安机关在立案后,根据侦查犯罪的需要,依照《中华人民共和国刑事诉讼法》的规定,可以采取技术侦查措施、实施控制下交付或者由有关人员隐匿身份进行侦查",但问题在于,正如第31条本身所言,我国早在2012年《刑事诉讼法》中就规定了技术侦查措施、控制下交付及特情侦查等秘密侦查行为,2021年的反有组织犯罪立法仅仅是简单重复,没有对2012年《刑事

[①] 石经海. 当前涉黑犯罪的特点与成因调查——以重庆11个典型案件为样本 [J]. 现代法学,2011,(3):113-123.

诉讼法》中相关条款立法粗陋进行有价值的补强,一定程度上影响了该法细化打击扫黑除恶操作程序的功能。

这种程序性立法的缺陷在刑事案件合并与分离审理中表现得淋漓尽致。我国有关刑事案件合并与分离审理的司法解释主要颁布于两个时间段,即20世纪80年代"严打"时期和1996年《刑事诉讼法》修订前后。抛却程序处理的细节性问题不论,几个司法解释都将"全案审理"作为共同犯罪的一般处理原则。但是,在刑事司法实践中,不少涉黑犯罪由于涉及人数众多,并案审理有着诸多的客观困难,所以法院不得不作出变通处理。

2012年3月,在全国范围内有重大影响的聂磊涉黑案一审正式审理完毕。[①] 该案涉案人员多,时间跨度大,案情复杂,甚至可以被称为2012年上半年的全国打黑第一大案。从新闻媒体的报道看,截至案件起诉时,该案涉案犯罪嫌疑人多达209人,属于骨干人员的至少有32人,"保护伞"有30多人。罪行方面,仅聂磊一人就被控10项罪名。正是因为案件十分复杂,所以案件处理时间跨度非常长,2010年9月1日聂磊涉黑案事发,聂磊因涉嫌寻衅滋事罪被青岛市市南公安分局刑事拘留。2010年9月30日聂磊因涉嫌组织卖淫罪被青岛市市南区检察院批捕。2011年4月青岛市检察院提起公诉。2011年12月20日青岛市中级人民法院在胶州法院开审该案。2012年3月20日,32名主犯由青岛市中级人民法院一审公开宣判,被告人聂磊被判处死刑。

在该案中,引起了社会公众关注和广大网民异议的是案件既采用了分案审理,同时也采用了少见的分庭审理。根据报道,聂磊涉黑案中除了主犯在青岛市中级人民法院审理外,案件的其他被告人在青岛市南、四方、李沧、崂山、城阳5个基层法院审理。因为这种审理形式比较少见,当地有群众认为此种审理方式并不妥当。针对这一问题,在2011年

---

① 聂磊案相关资料,见(2011)青刑一初字第48号。除有专门注释外,另参见凤凰网《青岛警界地震》综合报道[EB/OL]. http://news.ifeng.com/mainland/special/qingdaojingjie/content-4/detail_2012_03/21/13333367_0.shtml,2011-04-01.

· 191 ·

8月案件没有开庭审理之前,青岛市检察院检察长董以志专门进行了说明,他承认了有些网民对分庭审理有些意见,并且解释理由为,"聂磊案牵涉人数众多,130多人,[①] 每名犯罪嫌疑人两名辩护律师,加两名法警,没有这么大的法庭,一个法庭审理的困难很大。按照犯罪嫌疑人犯罪的性质、轻重程度,分到几个基层法院进行审理,不是分庭审判,而是分庭审理,审理之后将统一判刑。分庭审理方案是本市公检法部门进行了研究,并层层上报后确定的"。[②] 同时,该案的另一个典型特点是"保护伞"非常多,而根据媒体的报道,充当聂磊"保护伞"的国家工作人员将另案审查处理。这也引起了群众的不满。[③]

在该案的审理方式上,由于法律对人数特别众多的犯罪嫌疑人的审理方式没有专门规定,在现有法律要求此类案件应当"合并审理"的制约下,青岛法院不得不"分庭审理"。但是这种"分庭"但并不"分案"的处理方式是否妥当很值得质疑,因为从案件的审理上看,32名骨干人员的审理最先出判决结果,其他分开审理的被告人的审理结果陆续后出。这种处理方式和将209名被告人的审理拆成若干个案件,即真正的"分案审理"有无实质的区别?笔者认为,这种"分庭审理"和真正的"分案审理"除了判决书的书号存在不同之外,在审判人员的组成、法庭辩论和法庭质证的环节、案件结果的宣布等重要内容上,已经没有任何实质性区别。这种"分庭审理"明显是法官在客观条件限制下,不得已作出的司法裁量行为,而且这种裁量的合法性与合理性是大打折扣的。

除此之外,聂磊案中普通的被告人是"分庭审理",而30多名"保护伞"则全部"分案处理",依据何在?这种官民有别的选择性执法很难不受到社会公众的强烈质疑。过多不明确的自由裁量权在很大程度上是

---

① 在董以志检察长接受采访时,总涉案人数为130余名,随后陆续增加至审判时的209人。
② 赵黎. 聂磊案130余人分庭审理办案人员专赴重庆取经 [N]. 青岛晚报, 2011-08-22 (05).
③ 佚名. 青岛聂磊涉黑案充当保护伞官员将另案处理 [N]. 北京晨报, 2012-03-21 (A18).

对当事人和社会公众的不尊重，相当于变相剥夺了他们的知情权，而"被掌握着有组织社会的权力的人在没有法规的情况下，把每一件事都当作特殊问题来处理，对他们（普通民众）任意践踏，他们是要坚决反抗的"。① 我们不排斥司法机关的裁量权，但是任何时候，这种裁量权一定要依法作出，并且能够为普通民众情理上所接受。

二 司法实践反映出的问题

通过对法律运作现状的描述可以发现，我国刑事案件合并与分离审理存在各种各样的问题。笔者将结合刑事案件并案与分案审理的具体规定和典型案例，对这些问题从法理层面进行总结，以便更好地从本源上探究问题存在的原因，以期为解决问题理清思路。

（一）制度运作偏向行政化

司法活动的行政化是我国审判机关工作中长期存在的一个顽疾。在法院的设置、法官的级别安排、内部的组织机构和人事管理体制等诸多方面都表现出一定的行政管理运作特点。审判机关行使审判权却采用行政化的方式，这必然会让司法权的诸多预设功能难以落实，所以努力改变审判机关司法权运作行政化的状态一直是我国推进司法改革、达到司法公正的重要内容。在《人民法院第三个五年改革纲要（2009—2013）》中，最高人民法院明确将"进一步优化人民法院职权配置"置于"深化人民法院司法体制和工作机制改革的目标"中的第一位。在"2009—2013年人民法院司法改革的主要任务"中，明确表明了最高人民法院为改变司法行政化局面所作的规划，"改革和完善人民法院司法职权运行机制。以审判和执行工作为中心，优化审判业务部门之间、综合管理部门之间、审判业务部门与综合管理部门之间、上下级法院之间的职权配置，形成更加合理的职权结构和组织体系"。在2019年下发的《最高人民法

---

① 〔美〕罗斯科·庞德. 通过法律的社会控制 [M]. 沈宗灵，译. 北京：商务印书馆，1984：26.

院关于深化人民法院司法体制综合配套改革的意见——人民法院第五个五年改革纲要（2019—2023）》中，更是将"坚持遵循司法规律"作为八大原则之一，要求进一步改革，"准确把握审判权作为判断权的特征和中央事权属性，完善符合审判权力运行规律的配套监督和保障机制"。

我国学者在研究司法独立时，往往会对司法行政化现象大加鞭笞，甚至完全否定。实际上，司法行政化当然会损害司法独立，不过在开展具体工作时，不能将某些行政化措施过分妖魔化。无论是从司法权本质属性还是具体运行的需要来看，一些行政化操作既无法避免，对审判活动也并不必然有害。一方面，从本质上看，虽然西方国家一直坚持"三权分立"，但司法权仍然属于社会控制的一种手段，是统治阶级实现自我意志的一种工具。从本质上来说，"在许多社会中，法院只是一种具有特殊形式的社会控制，其目的是为政权重新获得支持"。[1] 其宣扬的司法独立只能是图景，不可能真正独立于整个政治生态。我国政治体制与西方国家有根本区别，党的十九届四中全会提出"坚持和完善中国特色社会主义制度、推进国家治理体系和治理能力现代化"，人民法院是承担社会治理职能的重要部门之一，在融入基层社会治理体系、深度参与社会治理的过程中，能够发挥出各种形式的社会服务作用，这些功能的源头并不一定全部是司法权。另一方面，即便是再独立的司法权力也需要行政事务进行支撑。英国学者阿蒂亚举例："司法系统中的行政事宜包括法官审理案件所用的法庭、计算机和摄像机等设备的供给、开列清单、将上诉案件分配给上诉法院的不同专题小组、任命足够多的法官从事委托给他们的工作，以及法官在外地审案时为其在传统的法官'寓所'中提供相应的住宿条件等。"[2] 基于以上原因，笔者认为，审判机关行使职能时带有一定的行政权运行特点并不会和司法独立和司法公正完全相悖。

---

[1] 〔美〕马丁·夏皮罗. 法院：比较法上和政治学上的分析［M］. 张生，李彤，译. 北京：中国政法大学出版社，2005：176.
[2] 〔英〕P.S. 阿蒂亚. 法律与现代社会［M］. 范悦，等译. 沈阳：辽宁教育出版社，1998：18.

第四章　我国刑事案件合并与分离审理现状评析

特别是在我国，人民法院、人民检察院依照法律规定，独立地对刑事案件行使审判权、检察权，不受行政机关、社会团体和个人的干涉。但根据国情，独立行使司法权的主体是国家机关整体而不是司法人员个人，即与西方国家不同，我国更多强调人民法院依法独立行使审判权，检察官依法行使检察权，所以审判委员会和检察委员会完全可以依照法律规定介入具体个案的处理。2018年《中华人民共和国人民法院组织法》第三章"人民法院的审判组织"中明确列入审判委员会的内容，权威教材也认同，审判委员会是与合议庭、独任庭并列的三大审判组织之一。① 审判委员会和检察委员会对案件的指示"不是干涉独立审判权、检察权的行为，而是贯彻民主集中制原则，是当前保证独立行使审判权、检察权原则得以实现的重要条件"。②

当然，由于审判委员会在组成人员和职能作用上表现出过于明显的行政化特点，很容易导致"审而不判、判而不审"等违反诉讼原理的现象出现，早在1996年修订《刑事诉讼法》时，学界就对审判委员会的职能提出了强烈质疑。其后，对审判委员会进行重大改革，甚至取消审判委员会的呼声一直没有停息。③ 最高人民法院高度重视，陆续出台立法和规范性文件进行完善，2019年《最高人民法院关于健全完善人民法院审判委员会工作机制的意见》等重要文件在审判委员会组成人员、履职方式等关键性内容上进行了大幅度修订，很大程度上回应了质疑，修补了理论缺陷。如，2019年《最高人民法院关于健全完善人民法院审判委员会工作机制的意见》第11点规定，"拟提请审判委员会讨论决定的案件，应当有专业（主审）法官会议研究讨论的意见"。第24点规定，"审判委员会讨论案件的决定及其理由应当在裁判文书中公开，法律规定不公开

---

① 《刑事诉讼法学》编写组. 刑事诉讼法学（第四版）[M]. 北京：高等教育出版社，2022：51-52.
② 程荣斌，王新清. 刑事诉讼法（第七版）[M]. 北京：中国人民大学出版社，2019：77.
③ 1996年修法时对审判委员会的质疑参见陈光中，严端. 中华人民共和国刑事诉讼法修改建议稿与论证[M]. 北京：中国方正出版社，1995：283-288.

的除外"。当然,这些改革尚没有彻底化解对于审判委员会能否处理个案的争议,"行政化"仍然是紧紧围绕审判委员会的标签,如,"担任审委会委员被视为一种政治待遇,且没有行政职务的法官很难进入审委会"。①故此,在刑事案件合并与分案审理的问题上,以审判委员会审查为代表的行政化色彩操作屡见不鲜,属于工作常态,一定程度上影响了合并与分离审理方式的司法性。

《中华人民共和国人民法院组织法》第37条第1款规定:"审判委员会履行下列职能:(一)总结审判工作经验;(二)讨论决定重大、疑难、复杂案件的法律适用;(三)讨论决定本院已经发生法律效力的判决、裁定、调解书是否应当再审;(四)讨论决定其他有关审判工作的重大问题。"根据现有规定,刑事案件的合并审理大多会出现在涉及人数众多的共同犯罪、经济纠纷和经济犯罪交叉等案件中,也可能会出现在庭审时追加起诉等诉讼环节。刑事案件的分案审理则可能出现在共同犯罪、未成年人案件、另案处理等情况中。由此可见,案件合并与分离审理的情况很容易满足《中华人民共和国人民法院组织法》中"重大、疑难、复杂案件"这一条件,而且考虑到我国刑事案件对并案与分案审理制度的规定并不明确,进一步加大了合并或分离审理的案件被归为程序上处理"疑难"的可能。②所以在大部分刑事案件合并与分离审理的问题上,审判委员会都会比较深入地介入,在一定程度上放大了处理合并与分离审理案件时的行政化色彩。③

---

① 谢刚炬. 专业审判委员会组织结构完善研究 [J]. 法学杂志, 2020, (1): 118.
② 事实上,无论是普通的追加起诉的操作程序,还是审判时发现被告人在他处还犯有较严重刑事犯罪等各种并案或分案审理问题,由于法律规定不明确,即便案情本身并不复杂,但足以成为程序上的"疑难案"。
③ 需要再次强调的是,我国审判委员会制度经过多次改革,在减少行政化运作方面取得了很大成绩。例如2019年《中华人民共和国人民法院组织法》第37条设定职能时,写明审判委员会讨论决定的是案件"法律适用"问题,相较于1993年《最高人民法院审判委员会工作规则》第2条讨论决定的是"本院审理的第一审、第二审案件",已经极大限缩了审判委员会的讨论决定内容。当然,在第37条兜底性条款的支持下,审判委员会仍然可以讨论案件事实问题,但无法否认立法毕竟有肉眼可见的进步。

值得注意的是，除了审判委员会参与合并与分离审理之外，对于"重大、疑难、复杂"等案件，还会有一些其他非常规的行政化干预方式。例如，山东省高级人民法院颁布的《山东省高级人民法院新类型、敏感、疑难案件受理意见（试行）》第1条列举了常见疑难案件的具体类型，其中不少内容与分案并案审理密切相关。例如，"与对外开放有关的知识产权纠纷案件、集团诉讼或群体诉讼、涉及社会弱势群体、涉农、涉港澳台等案件"，山东省高级人民法院的处理意见是"新类型、敏感、疑难案件的受理应当坚持慎重受理、适时立案、上下协调和统筹兼顾的原则"。"上下协调和统筹兼顾"的表述虽然可以理解，但毕竟属于典型的行政化表达，至少和我国刑事诉讼法中"以事实为依据，以法律为准绳"的人民法院依法独立行使审判权的基本要求并不完全相符。再如，出于尊重当地行政机关职能、降低自身工作难度的考虑，2003年9月1日，广西壮族自治区高级人民法院下发了编号为桂高法〔2003〕180号的《广西壮族自治区高级人民法院关于当前暂不受理几类案件的通知》，该文件决定对13类案件暂不受理。虽然这一司法解释从内容上看主要针对民商事纠纷，但在13类案件中，诸如"以'买卖'形式进行的非法'传销'活动而引起的纠纷案件""葬坟纠纷案件包括因争坟地争风水等引发的各种纠纷案件"等类型的案件，由于刑事实体法也有规定，案情很可能会牵涉到相应犯罪，并且因为此类案件涉案人数往往较多，很容易出现刑事并案和分案处理的现象。① 按照广西壮族自治区高级人民法院这一文件的思路，如果当地出现稍微复杂的传销案件，法院都很可能会大事化小，小事化无。而根据我国《刑法》第224条之一以及最高人民法院、最高人民检察院、公安部《关于办理组织领导传销活动刑事案件适用法律若干问题的意见》（公通字〔2013〕37号）第1点规定，组织、领导的传销活动人员在30人以上且层级在三级以上的，对组织者、领导

---

① 广西壮族自治区高院这一司法解释内容参见罗昌平. 广西法院不受理13类案件涉嫌规避风险转嫁危机[N]. 新京报，2004-08-12（A31）.

者，应予立案追诉。如果广西法院在个案中人为地将传销案件进行拆分，有可能致使案件无法达到刑事立案追诉标准。

无论是审判委员会对个案的指示，还是山东和广西对案件具体处理程序的协调和指导，这些做法都满足了某些客观需要，和现有立法并不完全冲突。但是这些都集中反映了我国在刑事案件合并与分离审理问题上存在司法过分行政化的现象，和人民法院独立行使审判权的精神并不相符。这种过分行政化的案件处理方式在刑事案件并案和分案处理时出现频率过高，不仅违背了诉讼法理，还有可能会直接影响某些案件的公正处理。故而，刑事案件合并与分离审理中的过度行政化现象值得引起我们重视。

（二）影响国家刑罚权的顺利实现

在我国，刑事诉讼的目的被界定为"打击犯罪、保障人权"。在法理上，刑事诉讼活动是国家机关依照法律规定的职权，分别行使侦查、起诉、审判等国家权力，对犯罪进行追究的活动。能否顺利保障刑罚权的实现，是衡量刑事诉讼程序设置是否合理的主要标准之一。而从当前的司法实践来看，我国现有的刑事案件并案与分案审理制度并不能保障国家机关流畅地行使国家刑罚权，在某些时候，甚至还会影响国家刑罚权的有效实现。这主要表现为以下两个方面。

1. 阻碍了刑罚权实现的及时性

为了避免给案件当事人带来过多的讼累，节约国家司法资源，诉讼应当尽可能在短时间内结束。对刑事诉讼而言，及时落实国家的刑罚权，还可以起到平复被破坏的社会秩序、维护社会稳定的作用。在内在价值上，刑事案件合并与分离审理可以极大地促进刑罚权实现的及时性。特别是对刑事案件合并审理而言，提高诉讼效率原本就是其主要价值之一。但在司法实践中，由于我国相关立法的缺陷，现有某些刑事案件合并审理制度有时反而会影响案件的及时审理。

例如，我国对刑民交叉案件合并审理的规定过于机械，经常会影响刑事案件中民事责任的及时追究。根据刑事诉讼法的规定，刑事附带民事诉讼的解决原则是"先刑后民"，《刑事诉讼法》第104条强调，"附带民事诉讼应当同刑事案件一并审判",只有在"为了防止刑事案件审判的过分迟延"的前提条件下,才能将刑事诉讼和民事诉讼分开。并没有重视被害人一方追究民事责任的任何规定。在某些案件中,被害人可能因为种种原因,迫切需要先行得到民事赔偿。但是刑事案件的处理,特别是案件的侦查周期往往是不确定的。一旦较长时间内案件不能交付审判,加上《刑事诉讼法》并没有明确规定在刑事附带民事诉讼中可以适用民事诉讼先予执行制度,此时,被害人将无法得到经济上的及时救济。[①]

值得注意的是,在我国刑民交叉案件的处理方式有违诉讼及时性原则的问题上,还有一个已经引起广泛重视的现象,即外逃贪官的资产追回问题。在2003年10月31日联合国大会全体会议通过《联合国反腐败公约》之后,我国学者对这一问题有过较为集中的讨论研究。[②] 我国在2012年修订《刑事诉讼法》时专门新设了"犯罪嫌疑人、被告人逃匿、死亡案件违法所得的没收程序"一章,在解决外逃贪官资产追回问题上有着非常积极的意义。在法理上,追究外逃犯罪嫌疑人的刑事责任主要有三种方式。第一,既追究人,也追究财产,并且两者同时追究。这种方法主要通过国与国之间对犯罪嫌疑人引渡来实现。[③] 第二,以放弃或者部分放弃追究刑事责任为代价,主要追究民事责任。赖昌星案就是典型。加方一直坚持要求我国放弃对赖昌星的死刑责任的追究,并且我国已经

[①] 实际上,鉴于此类问题给刑事附带民事诉讼的被害人带来的困扰,我国最高人民法院曾经颁布立法解释试图进行弥补。2000年12月通过的《关于刑事附带民事诉讼范围问题的规定》第4条规定:"被告人已经赔偿被害人物质损失的,人民法院可以作为量刑情节予以考虑。"希望通过这一规定来刺激被告人积极地履行民事赔偿责任。但这一规定的前提是被告人配合。笔者2011年在武汉市东西湖区调研时收集到一案例,被告人因为制造销售假酒被刑事立案。但是面对被害人要求的经济赔偿,被告人知道自己的行为即便是被定罪,判刑至多也不会超过一年半,而如果赔偿到位,量刑最少也就是缓刑。故而,被告人叫嚣着"牺牲我一个,幸福全家人",拒不赔偿。办案干警也介绍,许多经济条件较差的被告人,并不愿意为了减轻刑罚而对被害人积极赔偿。
[②] 学者研究成果综述参见陈斌,崔凯.外逃腐败资产追回的程序选择——从《联合国反腐败公约》的视角[J].湖北社会科学,2006,(11):149-152.
[③] 我国2018年《刑事诉讼法》特别程序中增设的"缺席审判程序"就是这一思路的具体化体现。虽然制度已经落地,但从追诉效果来看,似乎还无法替代其他两种方案。

同意这一要求。① 第三，人和财产双重追究，但刑民分离，先追究民事责任。由于引渡的各种要求较高，涉外的司法妥协也不宜常态化运用，因此前两种情况并不是我国解决此类问题的主要选择路径。我国学者和立法都认为，刑民分离审理，先追究民事责任是较好的方式。

根据《联合国反腐败公约》的规定，对腐败资产的追回可以使用直接追回或者间接追回两种方式。该公约第 53 条规定了直接追回方式，由适格主体直接在被请求国提起诉讼，通过被请求国对其诉讼的认定，进而达到对财产追回的目的。这种方法诉讼周期长，而且在审判期间由于人权保障理念和无罪推定原则的影响，被告人一般不会被羁押，很难杜绝被告人在诉讼结局对其不利时再次出逃的现象出现。同时，在他国提起诉讼是将主动权放置在别人的手中。故而，这种方法并没有被我国的学者和立法所认可。另外一种方法是间接追回，主要是由某一条约缔约国首先发出有效请求，被请求的条约缔约国在认可申请后，对已没收的财产或者将没收的财产采取措施，然后按一定程序满足请求国的请求，对财产进行返还。按照《联合国反腐败公约》第 57 条"资产的返还和处分"第 3 款第 1、2 项的规定，在资产返还过程中，除非被请求的条约缔约国放弃对生效判决的要求，返还资产的重要前提是提出请求的条约缔约国已作出生效判决。②

在 1996 年《刑事诉讼法》中，由于无法抛开刑事诉讼而独立提出民事赔偿，所以尽管贪官外逃给我国带来极大的经济损失，但是《刑事诉讼法》无法妥善解决这一问题。现有立法机械地强行将刑事责任和民事赔偿捆绑在一起的弊端在此处展露无遗。

2012 年和 2018 年的《刑事诉讼法》对外逃贪官资产追回问题有了新的规定，但是由于仍然坚持在刑事程序中解决民事问题的思路，所以并

---

① 参见中纪委副书记干以胜 2007 年 2 月 13 日在国务院新闻发布会上的发言. 中纪委：中国已承诺不判处赖昌星死刑 [EB/OL]. http://news.sina.com.cn/c/2007-02-13/102712307141.shtml，2012-04-15.

② 以上《联合国反腐败公约》内容的介绍参见陈斌，崔凯. 外逃腐败资产追回的程序选择——从《联合国反腐败公约》的视角 [J]. 湖北社会科学，2006，(11)：149-152.

不一定能够彻底解决贪官外逃的资产追回问题。2012年的《刑事诉讼法》第280条第1款规定:"对于贪污贿赂犯罪、恐怖活动犯罪等重大犯罪案件,犯罪嫌疑人、被告人逃匿,在通缉一年后不能到案,或者犯罪嫌疑人、被告人死亡,依照刑法规定应当追缴其违法所得及其他涉案财产的,人民检察院可以向人民法院提出没收违法所得的申请。"这种方式存在一个很大的弊端,即我国试图通过刑事手段来追缴贪污贿赂犯罪、恐怖活动犯罪等重大犯罪案件中的财物,这对犯罪嫌疑人财产在国内的案件确实比较有效,而如果犯罪嫌疑人的财产已经被转移到国外,这一规定的适用性可能会大打折扣。可以设想,如果我国将经过此特别程序审理后的没收财产裁定递交给犯罪嫌疑人财产所在国,犯罪嫌疑人财产所在国对这一裁定的认可程度是存在疑问的,因为这毕竟是一个刑事处分,他国有太多的理由去拒绝执行这一裁判文书。① 至于2018年《刑事诉讼法》增设的"缺席审判程序",其判决的执行效果在很大程度上受中外两国之间的政治关系、法律规定和个案案情影响,具有较大的不确定性。

2. 不利于量刑的准确性

在我国,相关立法规定并不清晰,出于刑事诉讼效率的考虑,我国司法机关比较倾向于在审判程序中对案件进行尽可能多的合并审理,但是这种情况比较容易影响量刑的准确性。

例如,2012年2月5日,河南省周口市太康县人民法院对孙某威案②进行了一审审判。法院认定,三年来,孙某威及其团伙成员实施违法犯罪活动32起,作为主犯的孙某威获刑四年零二个月。太康县人民法院一审宣

---

① 实际上,西方国家更愿意通过民事途径来协调国家之间的这种关系。例如欧盟制定的《反腐败民法公约》,其主要精神是通过民事程序来对腐败受害者提供赔偿,把国家直接作为腐败的受害者,通过起诉要求腐败行为人赔偿。孙艳敏. 不让贪官在经济上占便宜[N]. 检察日报,2011-08-30(05).

② 2011年9月23日,六名具有孙某威案犯罪嫌疑人身份的学生,被捆绑"陪同"参加其他人公审的事件引起了媒体的注意。由于案件具有打黑扩大化的嫌疑,所以在全国范围内迅速引起了较大反响。本书中孙某威案相关信息如无专门注释,参见该案最先报道,王銮锋. 河南多名中学生因打架被认定为涉黑遭捆绑示众[N]. 南方都市报,2012-04-11(A36).

判,该案涉案的 30 名少年被指犯有寻衅滋事罪、聚众斗殴罪、故意伤害罪及窝藏罪,分别获刑八个月到四年零十个月不等。值得注意的是,该案的被告人身份比较特殊,大多为未成年的在校中学生或刚进入社会的人。主犯孙某威为高中在校学生。另外,32 起被认定的犯罪行为大多看起来不像是普通人认知的黑社会性质的犯罪活动。以认定最为严重的一起伤害行为为例,据太康检方指控,2010 年 11 月 26 日晚,孙某威以其好友吴某被太康二高学生宋某榜等人打伤为由,伙同尚某风、吴某等人预谋报复。2010 年 11 月 28 日下午,三人在网吧集合并准备作案工具,后尚清风等 20 人手持砍刀和钢管先后到太康二高门口,无故将该校学生周某山砍伤。这起行为造成的伤害结果仅仅是一名被害人轻伤,但引起的后继影响却是"河南省周口市太康县公安局成立'11·28'专案组,以涉嫌参加黑社会性质组织罪将犯罪嫌疑人刑拘,并倒查三年内该县中学生所参与的斗殴事件,最终 30 名少年被送进看守所"。这种巨大反差有悖常理,以至于坊间有揣测认为被害人周家有官方背景或者是利用媒体胁迫了官方。至于其他的 30 多起犯罪行为,更是多为非常小的纠纷,"如在饭馆吃饭时与他人身体发生碰撞后言语不合、在溜冰场看对方不顺眼、喜欢的女生遭其他男生爱恋、感觉被陌生人跟踪等等。更多学生却是出于面子,讲义气,参与不知所谓的纷争"。

该案之所以会有如此多的被告人,如此多的罪行,根据媒体的报道,正是因为有大量的不当合并。"太康县公安局'11·28'专案组对每个被传唤的学生都会说两句话:'你与谁的关系最好?'以及'继续交代你的犯罪事实'。"甚至根据讯问笔录可以看出,相互之间并不熟悉的被告人也被牵连到同一涉黑团伙中,例如警方与太康二高学生宋某光有如下对话:"以前讯问你时,你说张某东、孟某翔、刘某也参与了这件事,他们确实参与没有?""我经常见他仨在志高网吧上网,我印象有他仨,上次讯问时我就把他仨说上了。再者,刘某、流某、孟某翔他们三个我有点分不清谁是谁,现在确实记不清了。"①

---

① 此处引用作匿名化处理。

这种大量的不当合并，使得案件涉案人数达到了 30 人，案件数达到了 32 件，人为造成了案件的性质非常严重，该案甚至还成为河南省公安厅督办的涉黑案件。并且大部分被告人从采取侦查强制措施到宣判均大约被羁押了一年零一个月。在最终宣判结果上，所有被告人均有罪，并且没有缓刑。

但看似如此严重的刑事犯罪，最终刑罚实际上又是很轻的，有 9 名学生只被判处 1 年左右有期徒刑，罪行最严重的主犯也只被判处 4 年多有期徒刑。这明显证明了该犯罪团伙成员的刑事责任其实并不严重。从整体上看，如果该案不是被认定为以孙某威为首的犯罪团伙，不打上涉黑的烙印，不是处于当地开展打黑运动的风口浪尖上，案件的处理结果很可能会像大多数当地群众认为的那样，"只是小孩子打架而已"。笔者认为，从不当合并侦查，到不当合并起诉，直至最终的不当合并审理，该案中这些诉讼行为极大地影响了案件处理的公正性。因为很难想象，一起案件中 30 名未成年被告人均被认定有罪，但是刑期却都很短，且无一被判缓刑。这是一种非常不正常的判决结果。

这种不当的并案在司法实践中并不是孤例。在当前，我国审判机关大力贯彻宽严相济的刑事政策，2021 年《关于常见犯罪的量刑指导意见（试行）》要求，"量刑应当贯彻宽严相济的刑事政策，做到该宽则宽，当严则严，宽严相济，罚当其罪，确保裁判政治效果、法律效果和社会效果的统一"。而当一个案件中存在较多的被告人和罪行时，姑且不论审判人员自身是否会直接产生要加重量刑的错觉，从社会公众的角度而言，人数越多和罪行越多的案件可能越容易被认为是严重的刑事案件，从达成"社会效果"这一良好愿望的角度而言，可能就会存在加重量刑，以满足社会公众需要的可能性。

在另一个方面，刑事案件不当并案审理往往会造成案件规模过大，使得庭审的内容大幅度增加。但是由于审限的限制，为了在规定时间内完成起诉和审判工作，司法机关工作人员不得不延长工作时间，改进工作方法，如同赶工期的工人一般，千方百计地及时完成工作任务。在这种情况下，案件的审理效果可想而知。笔者在华中 W 市调研时收集了该市人民检察院有关共同犯罪方面的一些工作材料，其中《2005 年以来 W 市检察机关公诉部门办理涉黑涉恶案件情况总结》中对该市某基层法院对公安部督办的一涉黑案件的处理方式进行了褒扬，"由于此案涉及被告人较多，案卷证据材料多达 30 卷，证人、被害人 400 余人，为保证公诉效果，高效高质地展示证据，该院首次采用了多媒体示证的方式，以其直观、同步、高效的优势保证了在短短 3 个小时内对 10 罪 48 笔犯罪事实、近 5000 份证据清晰、全面地予以展示，使整个庭审过程举证有序、指控得当，有力地支持了公诉"。诚然，检察官案件为举证所作大量庭前准备工作的态度值得赞赏，但是无论如何，要在 3 个小时内完成对 10 罪 48 笔犯罪事实、近 5000 份证据材料的展示和质证工作，对控辩双方来说都是一个高难度的工作。特别是在我国当前律师阅卷普遍比较困难的情况下，庭审是律师和被告人了解案件证据材料的重要阶段，如此短的时间恐怕并不足以让辩护律师充分了解证据材料的内容。在辩护方没有有效参与的情况下，这显然会增加案件准确定罪量刑的困难程度。

此外，从理论上看，分案审理能够让法官比较公正地审理个案，避免并案带来不同犯罪人和多个罪行的相互影响。但在我国，不少分案制度的实施可能也会影响量刑的准确性。在当前，无论是对被告人的分案，还是对罪行的分案，都有一些操作混乱的表现，尤以主体分离审理更为严重。以下以"另案处理"制度为例加以说明。

另案处理制度是保障刑事诉讼正常进行的必要制度，但是在司法操作中却比较混乱，出现了大量"另案不理"的情况，不少刑事被告人的刑事责任没有得到及时的追究，给司法公正带来了较为严重的损害。

例如，2002 年，广东省江门市公安部门破获了一起地下钱庄洗钱案。广东省江门市中级人民法院的（2002）江中法刑经初字第 33 号刑事判决书显示，颜某隆等人因通过地下钱庄洗钱，获判非法经营罪。但是该案中，连某钊作为钱庄的主要出资人，在该判决书中被标为"另案处理"。因此，连某钊并未在广东受到司法审判，不久便潜逃香港。后来事情发展更是令人不可思议,他化名为连某,在公安部原党委委员、部长助理郑某东和广东省政协原主席陈某基的关照下,在2007年混入了广东省政协第十届委员会委员名单之中。① 这种"另案处理"适用失控的情况并不是孤例。根据媒体报道,"在许多刑事案件的判决书中,我们经常看到判决书对于某些共同犯罪嫌疑人标明'另案处理'字样,但是,他们究竟'另案'到哪里去了,并没有下文告诉你,莫说普通百姓,便是许多法官、检察官都不清楚他们的去向"。②

"另案处理"出现大量问题的主要原因是信息沟通不畅而导致了监督缺失。在我国刑事诉讼过程中,绝大部分的"另案处理"决定都是由侦查机关和检察机关作出的,一般情况较多出现于侦查阶段。在案件侦查终结之后,基于刑事诉讼法的严格规定,公安机关会用起诉意见书表达侦查机关对犯罪嫌疑人刑事责任的看法,同时会对定罪量刑的证据材料进行整理,然后将所有案件材料移交给检察机关。由于检察机关在法庭上承担着证明案件事实的责任,故而,检察院对公安机关移交的证据材料会进行比较严格的审查,甚至每一个关键证据的细节都是公诉机关审查的内容。此时,如果侦查机关在案件移交时进行"另案处理",一般侦查机关只是以情况说明的形式进行简单的反映,并不会附加相应的证据材料。而公诉机关此时的注意力全部集中在如何保证案件的顺利起诉和审判上,没有动力也没有能力对"另案处理"的其他犯罪嫌疑人进行追踪审查。而在起诉阶段"另案处理"的决定情况也是类似的,检察机关认为有必要对某些犯罪嫌疑人作出"另案处理"决定的,只会对侦查机关进行简单的告知,并不会详细说明,更不会附带证据材料。在某些地区,甚至对公安机关的告知程序也被省略。

通常情况下,"另案处理"的决定只能依靠侦查机关或公诉机关的内部监督或自我约束。并且,在这一问题上,审判机关的态度更加消极。

---

① 相关案件消息参见詹奕嘉. 警惕"另案处理"下的法律漏洞[J]. 政府法制,2010,(13):40-41.
② 杨涛. 别让"另案处理"成为司法腐败的隐通道[N]. 华商报,2012-03-26(A3).

在案件审判阶段，没有特殊情况，法院基本不会专门审查在起诉书中已经表明"另案处理"的犯罪嫌疑人的具体去向。当事人对"另案处理"的监督在法律规定上更是空白。正是因为如此，"另案处理"这种分案处理方式缺乏监督，甚至成为滋生腐败的温床。也正是因为这个问题比较严重，所以最高人民检察院在2010年颁布的《最高人民检察院关于进一步加强对诉讼活动法律监督工作的意见》中提出要对"另案处理"加强监督。2012年初，最高人民检察院、公安部联合下发《关于开展"另案处理"案件专项检查活动的工作方案》，决定对涉及"另案处理"（含"在逃"）的案件进行专项检查。2014年，最高人民检察院、公安部联合下发《关于规范刑事案件"另案处理"适用的指导意见》，明确界定了五种适用"另案处理"的情形，并规定人民检察院在审查逮捕、审查起诉时，对于适用"另案处理"的案件，应当一并对适用"另案处理"是否合法、适当进行审查。基本可以认为，我国检察机关已经构架了"另案处理"相对完整的法律规范。当然，由于刑事侦查工作的专属性特点，完善"另案处理"的绝大多数工作还是由公安机关推进，即便是《关于规范刑事案件"另案处理"适用的指导意见》第16条规定了人民检察院和公安机关应当建立对"另案处理"案件的动态管理和核销制度，但检察机关和公安机关每六个月对"另案处理"案件清理核对的具体效果如何，主要还是依靠公安机关的主动和作为。

（三）不利于当事人人权保障

在2012年《刑事诉讼法》中，"保障人权"已经被明确写入我国刑事诉讼的任务之中。刑事诉讼中的各项制度应当贯彻落实这一基本要求，但我国刑事诉讼法历来重视打击犯罪，在保障人权方面做得还不够。所以我们在进行相应的制度设计时，应当特别注重对犯罪嫌疑人、被告人的人权保障。但从我国现有刑事案件合并与分离审理的制度实施过程来看，很多做法严重侵害了犯罪嫌疑人、被告人的诉讼权益，造成了一系列不良后果。

1. 导致不当羁押严重

刑事诉讼中未决羁押"是指犯罪嫌疑人、被告人在法院作出生效裁判之前被剥夺人身自由的状态"。① 在无罪推定的基本思想下，未决羁押的法理支撑比较薄弱，故而，世界各国对未决羁押都持比较保守的态度。譬如，将逮捕和羁押在适用程序上严格分开，未决羁押的目的只能是程序性的而绝不能是带有惩罚意味的，等等。

在我国，未决羁押在刑事强制措施中占有极其重要的地位，它有拘留和逮捕两种形式。拘留是一种临时性的强制方法，时间最长不超过37天，逮捕的法定期限则长得多。根据案件的实际需要，我国刑事诉讼法按对人身自由的约束程度规定了五种不同的强制措施。在能够较长时间约束犯罪嫌疑人、被告人人身自由的三种强制措施中，逮捕几乎成为常态，与此相比，取保候审和监视居住反而成为特例。根据2023年《最高人民检察院工作报告》，2022年受理审查逮捕83.7万人，受理审查起诉209.2万人。这意味着即便是在轻罪高达八成的情况下，仍然有40%左右的被追诉人曾经被逮捕。而根据我国刑事案件的办案特点，这些被逮捕的犯罪嫌疑人从被羁押到审判往往会经历相当长的时间。国内对此没有官方的数据，只有学者的抽样调查数据供我们参考。根据北京大学人权中心组织的两次规模较大的调查，1996年采样人群的平均羁押期限是237天，2001年平均羁押期限是160天。② 这种大范围、长时间的未决羁押显然已经超越了"防止阻碍刑事诉讼正常进行"这一设置逮捕制度的原始目的。所以一直以来，学术界和实务界为未决羁押制度改革做了大量的工作。特别是在避免超期羁押上，学术界和实务界已经达成了一致共识，采取了一定的措施，取得了较好的治理效果。

总的来说，我国刑事诉讼的发展方向是尊重人权，尽量减少未决羁押现象。2012年和2018年《刑事诉讼法》不仅进一步明确了逮捕条件和审查批准程序，将逮捕条件进行了细化，还增加规定了人民检察院审查批准逮捕时讯问犯罪嫌疑人和听取辩护律师意见的程序，以及在逮捕后

---

① 陈瑞华. 未决羁押制度的实证研究 [M]. 北京：北京大学出版社, 2004：4.
② 陈瑞华. 未决羁押制度的实证研究 [M]. 北京：北京大学出版社, 2004：197.

对羁押必要性继续进行审查的程序。此外,还专门重新定位监视居住措施,将监视居住明确为减少羁押的替代措施,并规定了与取保候审不同的适用条件。

适当的未决羁押能够满足我国司法实践的需要。但在刑事案件的合并审理中,经常出现的不当羁押则是诉讼程序中应当避免的现象。① 无论是刑事案件被告人的合并还是罪行的合并,往往都容易使案件的性质更加严重。特别是在共同犯罪案件中,合并过多,会让案件性质不恰当地升格。而根据我国法律规定,性质越严重,就越有可能被适用逮捕这一最为严厉的强制措施。根据1996年《刑事诉讼法》第60条的规定,② 逮捕应当具备三个条件,即有证据证明犯罪事实的发生,可能判处徒刑以上刑罚,采取取保候审、监视居住等方法尚不足以防止社会危害性,其中灵活性最强的条件是社会危害性条件。也正是因为如此,在2018年《刑事诉讼法》中,第81条在对逮捕条件进行确认的基础之上,对社会危险性条件作了专门的细化。③ 当案件进行大量合并而变得规模扩大以后,很容易使得案件的社会危害性这一要件上升,无论是在新刑事诉讼法还是旧刑事诉讼法的条件下,都会大幅增加犯罪嫌疑人、被告人,至少是主犯被适用逮捕的可能性。同时,当案件被大量合并之后,一方面出于办案的实际需要,另一方面出于担心区别对待产生不良的社会影响,公安、司法机关的工作人员对某一案件中众多的犯罪嫌疑人在适用强制

---

① 在以往,由于刑事案件的合并扩大了办案规模,增加了办案难度,延长了办案时间(特别是侦查时间),所以相比于一般案件,合并后的案件更容易发生超期羁押现象。但现在随着我国对超期羁押问题的全面重视,各类超期羁押现象已经大幅减少。

② 1996年《刑事诉讼法》第60条第1款规定:"对有证据证明有犯罪事实,可能判处徒刑以上刑罚的犯罪嫌疑人、被告人,采取取保候审、监视居住等方法,尚不足以防止发生社会危险性,而有逮捕必要的,应即依法逮捕。"

③ 2018年《刑事诉讼法》将逮捕的社会危害性条件细化为:"(一)可能实施新的犯罪的;(二)有危害国家安全、公共安全或者社会秩序的现实危险的;(三)可能毁灭、伪造证据,干扰证人作证或者串供的;(四)可能对被害人、举报人、控告人实施打击报复的;(五)企图自杀或者逃跑的。"同时还规定:"批准或者决定逮捕,应当将犯罪嫌疑人、被告人涉嫌犯罪的性质、情节,认罪认罚等情况,作为是否可能发生社会危险性的考虑因素。"

措施时基本上会"一视同仁"。当案件被不当合并之后，原本独立成案可以被取保候审或者监视居住的犯罪嫌疑人、被告人，很有可能会因为受到合并后案件中主犯被逮捕的影响，被公安、司法机关"顺便"逮捕而遭受到不当羁押。

此种现象比较高发于涉黑案件领域，当某一涉黑团伙的人员被抓获以后，除非情况比较特殊，否则公安、司法机关基本不会刻意对案件中的犯罪嫌疑人、被告人区别适用强制措施，几乎所有的犯罪嫌疑人都会被未决羁押，直到案件宣判为止。但实际上，即便是犯罪性质非常严重的涉黑团伙，其成员也有较为详细的分工，存在大量犯罪情节较轻的从犯和胁从犯。许多从犯、胁从犯并不一定符合逮捕的条件。特别是在不少案件中，合并审理导致犯罪嫌疑人、被告人被长期羁押之后，其中不少被告人因为罪行较轻，最后仅被审判机关判处管制、拘役、刑期较短的有期徒刑或者缓刑。这就出现了未决羁押给罪犯带来的惩罚效果比刑罚的惩罚效果还要重的怪异局面。这种情况在司法实践中并不少见。根据某基层检察官的调研，"某区法院二季度已判决的案件共38件60人进行了调查。在38件案件中，法院判处6个月以下刑罚的共有8件。其中只有两件两人没有造成被告人判决时多被羁押的情况，其余6件8人不同程度地造成被告人判决生效时实际所服刑期已超过判决应羁押刑期"。[①]

此外，学者还发现，由于我国司法解释方面的漏洞，还可能出现当事人自身原因导致犯罪嫌疑人、被告人"被迫"延长羁押期限的情况，最高人民法院《解释》第273条规定了当事人和辩护人申请延期审理的情形，"法庭审理过程中，控辩双方申请通知新的证人到庭，调取新的证据，申请重新鉴定或者勘验的，应当提供证人的基本信息、证据的存放地点，说明拟证明的事项，申请重新鉴定或者勘验的理由。法庭认为有必要的，应当同意，并宣布休庭；根据案件情况，可以决定延期审理"。

---

① 滑力加. 从立法上保护轻微刑事犯罪嫌疑人和被告人的合法权益［EB/OL］. http://www.doc88.com/p-541678148962.html，2012-04-01.

在不当的合并审理程序中，如果其中数名被告人的辩护律师分别提出延期审理，就可能会导致所有的被告人均被超期羁押的现象出现。①

2. 影响辩护效果

类似于未决羁押，刑事辩护难一直是我国刑事诉讼领域的重点议题之一。根据我国刑事诉讼法的规定，犯罪嫌疑人、被告人可以自行辩护，也可以聘请律师进行辩护。《中华人民共和国律师法》和《刑事诉讼法》的历次修改都对律师辩护难的问题给予了大量的关注。有效保护律师辩护权是实现控辩平衡、维系程序法治的重要途径。为此，我国的刑事司法制度应当尽力保障辩护权的实现。但对刑事案件合并审理的被告人来说，除了会遇到律师辩护难的一般性阻碍原因之外，还可能会因为合并审理而影响辩护的效果。

首先，法官更容易先入为主。法官如果在案件审理前对案件的内容过分了解，很容易先入为主，导致庭审流于形式，沦为对检察官控诉的一种确认，致使辩护的作用得不到体现。为了消除这一弊端，1996年修法时减少了公诉案件移送案卷材料的内容，将全案移送变更为部分移送，法官庭前阅卷由实体审查变更为形式审查。② 抛却1996年立法改革后的制度实施效果不论，这种改革的出发点无疑是非常正确的，有利于保障被告人的辩护权。

但是在实践中，出于两个方面的原因，1996年《刑事诉讼法》第150条"在实际运作中已经名存实亡"，有一名市法院的负责人甚至断言："主要证据复印件的移送是此次刑事诉讼法修改的最不成功之处。"③ 一方面是外来影响，即对于稍微重大复杂的案件，早在侦查阶段或者起诉阶段就已经被公检法高度关注，甚至有政法委的协调介入，案件早已

---

① 张泽涛. 刑事案件分案审理程序研究——以关联性为主线［J］. 中国法学，2010，(5)：157.

② 1996年《刑事诉讼法》第150条规定："人民法院对提起公诉的案件进行审查后，对于起诉书中有明确的指控犯罪事实并且附有证据目录、证人名单和主要证据复印件或者照片的，应当决定开庭审判。"

③ 陈卫东. 刑事诉讼法实施问题调研报告［M］. 北京：中国方正出版社，2001：130.

"先定后审",甚至和二审法院都已经进行了沟通。譬如,《中国青年报》揭发出的周某冤案中,辩方律师、公诉人、审判长、主审方法院院长都持无罪意见,但受审者周某最终获刑5年。主审法院院长范玉林说:"在法庭上,我们已经无能为力了。上面要判几年就是几年。"① 另一方面是内在影响。审判前不了解案件的详细情况,对法官控制庭审、了解案情、明细法理等能力有较高的要求,有些法官出于对自身能力的怀疑等原因,对稍微复杂一点的案件,"为了保证判案的准确率,他们往往事先私下和检察院协商采取借卷看的变通方法,而检察机关考虑到两家之间的关系一般乐意为之"。②

当刑事案件出现合并审理时,无论是案件的被告人合并还是罪行合并,往往很容易使案件情况更加复杂,法官更容易对案件审理产生不自信,促使其更多地主动要求审前调阅案卷。而且正如前文所述,合并审理会使案件升格成为重大、疑难和复杂案件,得到审判委员会甚至地方政法委的高度重视,客观上也会促成法官提前了解案件情况,对案情先入为主。实际上,在处理很多涉黑、非法集资等重大案件时,案件的协调处理早已成为一种常态,时常动摇法官的中立性,影响刑事辩护的效果。

其次,影响部分共同被追诉人的有效辩护。虽然赋予犯罪嫌疑人、被告人充分的辩护权是一种普适性的做法,但是考虑到部分案件的特殊性,在我国,并非所有的犯罪嫌疑人、被告人都享有完全一致的辩护权。法律对一些特殊类型案件的犯罪嫌疑人的辩护权有一定的限制。当案件进行合并审理时,有可能会牵连同案其他被告人,影响他们辩护权的实现。

例如,1996年《刑事诉讼法》第96条第2款规定:"受委托的律师有权向侦查机关了解犯罪嫌疑人涉嫌的罪名,可以会见在押的犯罪嫌疑

---

① 董伟. 司法实践的现实困境一场被法外力量左右的审判 [N]. 中国青年报, 2005-12-07 (07).
② 陈卫东. 刑事诉讼法实施问题调研报告 [M]. 北京: 中国方正出版社, 2001: 130.

人，向犯罪嫌疑人了解有关案件情况。律师会见在押的犯罪嫌疑人，侦查机关根据案件情况和需要可以派员在场。涉及国家秘密的案件，律师会见在押的犯罪嫌疑人，应当经侦查机关批准。"而在2012年的《刑事诉讼法》中，将律师会见需要批准的案件范围进一步扩大，第37条第3款规定："危害国家安全犯罪、恐怖活动犯罪、特别重大贿赂犯罪案件，在侦查期间辩护律师会见在押的犯罪嫌疑人，应当经侦查机关许可。上述案件，侦查机关应当事先通知看守所。"① 在以往，仅仅简单的"涉及国家秘密"这一类型的案件就已经给我国的律师会见犯罪嫌疑人增加了很多的困难，而现在，当案件范围扩大之后，律师要求会见能够被批准的难度无疑又被进一步放大。

更为重要的是，2018年《中华人民共和国宪法》和《刑事诉讼法》对职务犯罪管辖权进行了调整，根据《中华人民共和国监察法》第11条，监察委员会"对涉嫌贪污贿赂、滥用职权、玩忽职守、权力寻租、利益输送、徇私舞弊以及浪费国家资财等职务违法和职务犯罪进行调查"。《中华人民共和国监察法》第34条第2款规定，"被调查人既涉嫌严重职务违法或者职务犯罪，又涉嫌其他违法犯罪的，一般应当由监察机关为主调查，其他机关予以协助"。《中华人民共和国监察法实施条例》第51条进一步清晰地表明了监察机关处理此类案件的优势地位，"公职人员既涉嫌贪污贿赂、失职渎职等严重职务违法和职务犯罪，又涉嫌公安机关、人民检察院等机关管辖的犯罪，依法由监察机关为主调查的，应当由监察机关和其他机关分别依职权立案，监察机关承担组织协调职责，协调调查和侦查工作进度、重要调查和侦查措施使用等重要事项"。综上可见，如果某个案件中的多个被告人牵涉到职务犯罪，属于监察机关管辖的范畴，则该案有较大概率被并案管辖，整体由监察机关负责。因为监察机关调查职务犯罪时适用监察法律法规，被调查对象在调查阶段并不享有聘请律师帮助的权利，一定程度上会影响其行使辩护权。

---

① 2018年《刑事诉讼法》删除了"特别重大贿赂犯罪案件"。

第四章　我国刑事案件合并与分离审理现状评析

在涉黑案件中，被牵连的犯罪嫌疑人更是难以获得有效的辩护。2018年《刑事诉讼法》修订后，涉黑案件的辩护权看似得到了充分保障，该法第 39 条第 2 款规定，"辩护律师持律师执业证书、律师事务所证明和委托书或者法律援助公函要求会见在押的犯罪嫌疑人、被告人的，看守所应当及时安排会见，至迟不得超过四十八小时"。但在司法实践中律师仍然会遭遇不少阻塞，以往"会见难尤其体现在'本案是专案'、'黑社会集团案'之类案件中。我办理的一个案件，不仅律师会见难，就连检察官、法官会见，也需要专案组的批准和全程陪同"。① 根据不少律师的反馈，现在涉黑案件的会见在不少时候仍然比普通案件的会见困难，而涉黑案件偏偏又是犯罪嫌疑人较容易被大量牵连的案件，此类案件如果大范围地合并审理，则会在无形之中削弱某些罪行较轻的犯罪嫌疑人、被告人的辩护权。

最后，容易影响庭审的辩护效果。将案件合并审理，会加大庭审的复杂程度，很容易影响法庭辩护的实际效果。在很多法官看来，无论刑事庭审的具体方式如何安排，一旦被告人过多，都会造成质证的困难，影响庭审的辩护效果。"由于被告人众多，犯罪次数又多，不论采用哪一种方式，按照传统的由公诉人分别询问被告人的方式，难免会造成参与犯罪的被告人多次分别被带上、带下法庭，像在法庭上走马灯，又使法庭不得不等待被告人到庭，很浪费时间。"② 而在一些罪行较为复杂的案件中，人数众多对庭审效果的影响更为明显，在湘乡王××涉黑团伙案中，团伙 22 人被诉"七宗罪"，但庭审仅一天就结束。在一天的庭审中，仅仅宣读起诉书一项，"公诉人整整念了两个小时"，主犯王××一个人就"为自己辩护了一两个小时"，认为自己完全没有违法。同时，在该案中，其他被告人大多也不承认指控的主要犯罪事实，甚至"其余几名被告人均对公诉方提问的'王××是不是你们"老大"'都表示了否认"。③

---

① 宋伟，赵春艳. 律师会见权在博弈中前行 [N]. 民主与法制时报，2007 – 11 – 12（08）.
② 沈志先. 驾驭庭审 [M]. 北京：法律出版社，2010：145.
③ 案件详细审理内容参见.李涛. 湘乡涉黑团伙覆灭记黑老大称霸一方横行数年 [N]. 湘潭晚报，2011 – 12 – 15（08）.

· 213 ·

可以想象，在这起人数众多、罪行较多、情节也比较复杂的案件中，留给其他21名被告人的有效辩护时间是何其短暂，类似于此类情况的庭审效果显然不会太好。

3. 违反禁止强迫自证其罪原则

禁止强迫自证其罪是对被追诉人人权的一种尊重，"从产生的历史条件看，该原则的出现是以犯罪嫌疑人、被告人没有如实供述义务为前提的，其核心要求是非强制性"。① 在刑事诉讼的历史上，犯罪嫌疑人、被告人的口供在定罪上发挥过极其重要的作用，曾经被称为"证据之王"。从效用上看，刑事诉讼也并不排斥犯罪嫌疑人、被告人主动承认自己的罪行。正如美国联邦法院的判例所言："一个有罪的人自愿戳破自己的脚趾，这丝毫也不违反宪法。恰恰相反，希望他这样做也不能算过分。宪法第五修正案从未说，不允许某人自证有罪，或者说，不允许劝说他这样做，它只是告诉我们不得强迫任何人提供证据证明自己有罪。"② 只是因为在获取口供的过程中很容易侵犯犯罪嫌疑人、被告人的权利，因此在打击犯罪和保障人权之间进行博弈之后，各国不同程度地落实了禁止强迫自证其罪原则，以实现对被追诉人的保护。

禁止强迫自证其罪和沉默权密切联系。我国早已认识到刑讯逼供的严重危害，但在立法中并没有直接规定禁止强迫自证其罪原则。在1996年《刑事诉讼法》修订后，法典第43条规定了"严禁刑讯逼供和以威胁、引诱、欺骗以及其他非法的方法收集证据"，通过这种方式来减少司法实践中刑讯逼供出现的频率。但是，《刑事诉讼法》中仍然规定了如实供述义务。这种立法寄希望于通过对国家机关的约束，来实现对被追诉人最基本人权的保障，却忽视了对被追诉人自由表达权的尊重。实际上，这种对国家机关的约束效果也并不理想。2005年前后媒体报道出的以佘

---

① 陈瑞华. 问题与主义之间——刑事诉讼基本问题研究 [M]. 北京：中国人民大学出版社，2003：401.
② 陈敏. 英美法中拒绝自证有罪的权利 [A]. 王以真. 外国刑事诉讼法学参考资料 [C]. 北京：北京大学出版社，1995：438.

祥林、杜培武和赵作海等为代表的冤案①中,大多都有刑讯逼供的情况出现。②

也正是因为大量刑事冤假错案的出现,我国认识到《刑事诉讼法》在遏制刑讯逼供方面的欠缺。近年来,我国连续颁布了多部重量级的司法解释来规范国家机关的刑事取证行为。如2010年最高人民法院、最高人民检察院、公安部、国家安全部、司法部联合颁布的《关于办理刑事案件排除非法证据若干问题的规定》,里面更为严格地规定了非法获取证据的惩罚性后果。更为值得重视的是,2012年修订《刑事诉讼法》时,在法条中明文加入了禁止强迫自证其罪的内容,这被媒体认为是"中国刑诉法史上的巨大突破"。③ 2018年《刑事诉讼法》第52条明文规定:"审判人员、检察人员、侦查人员必须依照法定程序,收集能够证实犯罪嫌疑人、被告人有罪或者无罪、犯罪情节轻重的各种证据。严禁刑讯逼供和以威胁、引诱、欺骗以及其他非法方法收集证据,不得强迫任何人证实自己有罪。必须保证一切与案件有关或者了解案情的公民,有客观地充分地提供证据的条件,除特殊情况外,可以吸收他们协助调查。"虽然其中"不得强迫任何人证实自己有罪"的具体方案还有待司法解释进一步细化,但是毫无疑问,我国刑事诉讼在这个方面的立法趋势是非常明显的。

而在刑事案件的合并审理问题上,经常会有与禁止强迫自证其罪原则背道而驰的表现。我国刑事案件合并审理时存在大量共同被告人之间相互指证的现象,和其他国家和地区一样,这种情况往往会遭受到一定的法理质疑。考虑到我国目前侦查取证的技术水平相对落后,为了满足

---

① 赵秉志. 近年典型冤错案盘点:佘祥林赵作海等案在列 [EB/OL]. https://news.sina.com.cn/c/2013-07-10/101527627893.shtml, 2013-07-10.
② 关于刑讯逼供在促成冤案方面的影响较有代表性的论文有张骐,宁杰. 冤案是如何发生的 [J]. 清华法治论衡, 2008, (1). 在我国诸多的有关刑事错案的著作中,也几乎必然提及刑讯逼供的负面作用。
③ 参见搜狐网《点击今日》栏目第744期. 强迫自证其罪,何时说再见 [EB/OL]. http://news.sohu.com/s2011/dianji-744/, 2011-09-11.

打击犯罪的需要,很多时候必须依靠这些同案犯的口供才能最终定罪量刑,因此将同案犯口供作为定罪证据符合我国的司法实践情况。但在具体办案过程中,经常会碰到一种极端情况,即案件只有同案犯的口供(或是同案犯口供为主要证据)。此时,如果仅以同案犯口供就可以定罪,则在司法效果上是极其有害的。下文以一常见共同犯罪案件为例进行分析。

犯罪嫌疑人章某系某建筑有限责任公司总经理,李某系公司副总经理,王某系公司办事员,方某系某拆迁公司工作人员。2009年6月,政府因水利工程建设需要对该建筑公司职工住宅楼进行拆迁,侦查机关认定犯罪嫌疑人章某、李某、王某、方某四人利用拆迁过程中的职务之便,互相勾结,为方某骗取政府安置房一套,价值人民币25.2万元,以章某等4人构成诈骗罪移送审查起诉。该案在诈骗事实认定上有相关证据证实,但在公司总经理章某对方某骗取安置房是经过自己同意的事实认定上仅有同案人李某、王某、方某的供述,副总经理李某供述其是经总经理章某同意才指使王某虚构相关资料,帮助方某骗取安置房。王某供述是李某指使自己帮方某骗取安置房,其间章某也问过自己为方某办理安置房的情况。方某供述没有直接请章某帮忙,是通过王某、李某骗取到安置房,三人的供述基本上能相互印证。章某始终否认自己参与,声称对方某搞安置房的事情并不知情。①

在该案中,在能否认定总经理章某参与了共同诈骗的犯罪事实的问题上,就出现了共同被告人的口供证明力和证明能力问题。不少实务部门的同志委婉地回避了这个问题,主流观点认为应当对此类证据进行相应的补强,否则不能认定。虽然大部分司法工作人员认为不宜直接定罪,但实际上似乎又不甘心这种绝对排除方式在打击犯罪方面力度过小。某基层检察官的折中观点比较具有代表性:"运用共犯的口供,仍然要坚持刑事诉讼法规定的只有被告人口供,没有其他证据的,不能认定被告人有

---

① 汤恒明.共同犯罪中仅有同案人的供述能否作为定罪依据探析[EB/OL]. http://www.jcrb.com/jcpd/jcll/201009/t20100929_450469.html,2010-09-29.

罪和处以刑罚的原则，否则，极易导致刑讯逼供和冤假错案的发生。但是，如果同时具备下列条件，则可以在非常慎重的前提下定罪：（1）各被告人被分别关押，排除了串供的可能性；（2）各被告人的口供都是在没有任何违法的情况下取得的，排除了刑讯逼供、诱供、骗供等可能性；（3）各被告人供述的犯罪事实细节上基本一致，尤其是与现场的情况相吻合，在分别指认的前提下可以确认他们都到过现场以及他们各自在现场活动的情况；（4）综合上述情况，排除了其他可能性。"[1]

但是不管如何，在刑事案件合并审理中，这一问题存在比较明显的法理争议，这也是其他国家和地区立法高度关注的重点。我国对这一问题至今没有直接规定。最高人民法院的司法解释只是对部分案件中只有共同被告人口供能否定罪的情况进行了侧面的规定。2008年最高人民法院《大连会议纪要》规定："有些毒品犯罪案件，往往由于毒品、毒资等证据已不存在，导致审查证据和认定事实困难。在处理这类案件时，只有被告人的口供与同案其他被告人供述吻合，并且完全排除诱供、逼供、串供等情形，被告人的口供与同案被告人的供述才可以作为定案的证据。"这个司法解释过于原则，仍然遗留下了很多的问题没有解决。譬如，一方面，由于法律规定不详，有司法机关仍然将仅有同案犯口供的案件事实进行了认定；[2] 另一方面，更多司法机关出于稳妥因素的考虑，会按照《大连会议纪要》中所述，努力促成同案犯口供和被告人口供一致。抛却只有这两个"一致"就可以定罪，能否形成完整的证据链不谈，[3] 仅从司法解释要求不同犯罪人之间的口供达成一致的角度来说，很

---

[1] 冯慧. 同案被告人口供定案须证据补强[N]. 检察日报，2004-03-31（04）.
[2] 例如张文平律师介绍："笔者所承办的一起盗窃案件中，法院依靠公诉机关提供的其他同案共犯的指认和供述，结合被告人本人的供述，认为二者共同构成了指控犯罪成立的全部证据，因而判定被告人有罪，并处以刑罚。"张文平. 仅有同案共犯供述一致能否定罪[EB/OL]. http://blog.sina.com.cn/s/blog_47005c170100l9de.html，2010-10-11.
[3] 时间距今较远的某些盗窃、伤害等案件中，在案情不太严重的情况下，被告人知道认罪代表着悔过态度好，有的时候被告人均情愿主动承认实际上并不一定是他们所犯的轻微犯罪，譬如全部承认指控的七八起盗窃行为，尽管其中有数额很小的一两笔不是他们所为。类似这种"委曲求全"的做法在西方国家的辩诉交易中也存在。

有可能会驱动司法人员刑讯逼供以达成"一致"的效果,存在很大的隐患。

在共同犯罪案件中,共犯之间的陈述存在很大的缺陷,不但共犯之间的相互攻击会造成庭审中控辩双方力量的变化,而且其中蕴含的刑讯逼供风险和我国刑事立法方向完全相悖。在我国,法律对刑事合并审理的规范严重不足,对共同被告人陈述的认识不够深刻,出现了一些不合法或不合理的案件事实认定情形。这些问题的解决有赖于我国对刑事非法证据排除规则进一步地完善,同时也需要我们弥补刑事案件合并审理中证据认定的法律空白。

4. 影响司法判决的可接受性

"法律必须被信仰,否则将形同虚设",但信仰的前提是司法本身能够赢得人民的信任。也正是因为如此,有学者提出,裁判事实的可接受性是诉讼证明的核心问题,也是证据理论和证据规则所要解决的首要问题。[1] 特别是当前,我国审判机关司法权威的低下和司法公信力的不足已经成为公认的事实。刑事审判应当是司法权威最为集中体现的地方,但在流水作业、分工负责的现有诉讼体制中,审判机关甚至都没有得到侦查机关和公诉机关的足够尊重。虽然历经十余年司法改革,但公安机关具有强势地位而且侦查权十分强大,我国刑事诉讼线性构造仍有强化,因此,侦查决定论的趋势未改且更为明显。[2] 也正是因为审判机关实质上并不是国家司法体系中最具权重的代表,其对事实的认定经常得不到侦查机关和公诉机关的认可和尊重,最终自然也得不到当事人和公众的认可。只要刑事诉讼程序的公正性问题不解决,即便是案件的实体处分结果符合案件客观事实,也很可能不被社会公众所接受。

当前,无论是中央倡导的"维稳"还是"司法为民",都是公检法

---

[1] 易延友. 证据法学的理论基础——以裁判事实的可接受性为中心 [J]. 法学研究, 2004, (1): 99-114.
[2] 龙宗智. 论建立以一审庭审为中心的事实认定机制 [J]. 中国法学, 2010, (2): 143-157.

诸机关的共同工作目标,其目的在于让审判机关的工作能够被民众认同,能够"案结事了"。但刑事案件合并与分离审理问题的立法不明,司法混乱,特别是当事人对刑事合并与分离处理的程序参与程度极其有限,严重影响了案件审判的社会效果,削弱了判决的可接受性。

例如,在涉黑案件的审理中,司法解释要求对此类共同犯罪原则上全案审理。但立法上并没有规定对"保护伞"的审理是否要并入黑社会性质犯罪团伙的案件审理中。但基本上审判机关都是将此类案件"另案处理"。这种"另案处理"绝大多数时候的实体结果并不存在偏差,但是这种程序操作上的差别对待,很容易让群众对"法律面前、人人平等"产生怀疑。

在具体个案上,由于法律完全没有规定当事人能够参与合并或分离审理的决定过程,不少案件中当事人对并案与分案的决定非常不满。2012年刑事法学界引起巨大争议的"常熟六民工正当防卫案"就是典型例证。2010年11月、12月间,常熟市忠某投资咨询有限公司(以下简称"忠某公司")法定代表人徐某某经他人介绍多次至澳门赌博,欠下苏州当地人曾某等人为其提供的巨额赌资。后来,湖南人何某等人受徐某某指派,与曾某的手下杨某等人因为归还该笔赌债多次谈判,并且双方恶语相向,互有挑衅。何某随即三次打电话纠集同伙至忠某公司,准备菜刀等工具,后何某再次主动拨打曾某电话,致使矛盾升级激化。随后,以曾某为首的24名"砍刀队"成员冲进忠某公司二楼办公室,何某等人通过监控看到此情形,持菜刀、水果刀等在办公室内等候,双方相互砍斗,致双方三人受轻微伤,忠某公司部分财物受损。2011年8月15日,常熟市人民法院以聚众斗殴罪判处何某等五人有期徒刑3年(另外一人因未成年另案处理)。后该案被苏州市人民法院发回重审。此案判决一出,引起各界热议。① 在刑事实体法方面,案件的辩护焦点在于"何某一方持刀是否属正当防卫",这也是社会公众最为关

---

① 案情介绍参见言科. 常熟守方菜刀队是否正当防卫 [N]. 东方早报, 2012-03-29 (A17).

心的问题。

但在刑事程序法方面,该案亦有不少非常值得关注的问题,譬如以何某为首的"砍刀队"和以曾某为首的"菜刀队"所涉两起案件看似应当并案审理,但是为什么要分案审理。六民工中主犯何某的辩护人王律师认为,法院没有将两起案件并案审理,并且将曾某等"砍刀队"案件庭审时间安排靠后一天审理,使得曾某等后案的被告人作为证人出席前案的审判后,有时间进行诉讼策略的调整,对前案的被告人非常不公平。此外,人为地分案还有规避上文所述的以同案被告人陈述定罪时在证明力和证明能力上存在法理质疑的嫌疑。常熟律师团通过与常熟市人民法院及江苏省高院的多次沟通,最后得到的答复是:还是要给领导商量商量,并案审理几乎不可能。法院方面同时答复:如果何某案的被告人申请曾某案的被告人出庭质证,法院会予以配合。但是,辩护律师团认为这样做会出现刑事诉讼质证上的程序矛盾。最后,律师再次呼吁常熟市人民法院能够正视这一点,及早调整开庭时间,如若不能合并审理,何某案必须先于曾某案开庭。[①]

"与程序的结果有利害关系或者可能因该结果而蒙受不利影响的人,都有权参加该程序并得到提出有利于自己的主张和证据以及反驳对方提出之主张和证据的机会。这就是'正当程序'原则最基本的内容或要求,也是满足程序正义的最重要条件。"[②] 程序参与是刑事案件当事人接近诉讼的基础,是当事人诉权得以实现的最基本前提,也是让程序发挥吸收不满功能的一个重要方法。

随着整个社会的民主法治意识觉醒,对情节恶劣、后果严重或者是涉及主体特殊的刑事案件,媒体公众经常保持高度的关注。对于近年来

[①] 王律师的法律意见参见其新浪网博客:浅析常熟六青年正当防卫案不并案审理的审判弊端[EB/OL]. http://blog.sina.com.cn/s/blog_89ec97b501012dqz.html,2012-03-13.

[②] 〔日〕谷口安平. 程序的正义与诉讼[M]. 王亚新,等译,北京:中国政法大学出版社,2002:11.

陆续曝光的湖南黄静案①、湖北高莺莺案②等,电视、报刊和网络上存在较多对案件审理结果的质疑,民众对本应具备高度权威的司法判决表现出很大的不信任。我们的司法审判需要得到民众的认可,而公开、透明、合理和公正的刑事案件合并审理程序设置,可以有效地提升公民对案件处理的认同感,提升司法公信力,加强司法权威。

---

① 王雷. 黄静裸死案今日宣判 [EB/OL]. https://news.sina.com.cn/c/2006-07-10/15589420538s.shtml, 2006-07-10.
② 徐烨. 高莺莺案 今公布调查结果 [EB/OL]. http://news.sina.com.cn/c/2006-08-18/14369786575s.shtml, 2006-08-18.

第五章

我国刑事案件合并与分离审理的立法构想

我国刑事诉讼中不少对策性研究还停留在"头痛医头，脚痛医脚"的层面，没有从更全面、更深入的角度探究问题背后的理论问题。目前，刑事诉讼学者已经开始逐渐认识到刑事诉讼审判对象理论在刑事合并与分离审理方面的重要性，"在中国大陆，有关诉讼条件、诉讼客体和诉讼行为的研究长期没有得到重视，有关的理论基本上属于空白。实际上，研究者如果运用这三个理论范畴对刑事诉讼程序进行研究，就会对刑事诉讼法中的许多原则或者制度产生新的认识，开辟出一些新的研究领域"。[①] 笔者以刑事诉讼审判对象理论为研究起点，对刑事案件合并与分离审理问题进行系统、深入的分析，正是想让原理和实践之间实现无障碍联通，让我国刑事案件对此问题的具体操作程序符合刑事诉讼法理的深层次要求。

在前面的两个章节中，笔者已经较为全面地综述了域外立法，并且详细地对我国的立法和实践进行了分析。论证最终的落脚点必然会放置于中国问题的解决上。在本书的写作中，笔者明显地感觉到，我国现有的刑事案件合并与分离审理相关制度也许能够应对当前的司法实践，但

---

① 陈瑞华. 刑事诉讼的前沿问题（第二版）[M]. 北京：中国人民大学出版社，2005：47.

是在对程序正义提出更高要求的情况下，我们必然要摆脱现行刑事案件合并与分离审理立法理论支撑不足的窘境，至少我们迫切需要对某些立法的合理性进行必要的解释，对司法实践中明显不规范的地方进行补漏式的紧急完善。在这一过程中，适当借鉴国外的成熟立法经验是有益的，也是必需的。当然，任何理性的刑事诉讼法学者在进行制度借鉴时都会充分考虑到我国的国情。笔者首先会对合并与分离审理进行定性，然后从决定主体、决定程序、决定标准和法律适用等多个方面，对我国刑事案件合并与分离审理的立法作出一个纲领性的立法构想。以前没有国内学者进行过这项工作，希望本书能够起到抛砖引玉的作用。

第一节　合并与分离审理的性质
——诉讼行为

刑事案件合并与分离审理是司法机关实施的行为，自然要受到诉讼规则的约束。但是对这种行为本身性质的不同认识，会极大地影响合并与分离审理行为规范的制定，最为典型的例证是有关陈××案合并审理的论争。在我国台湾地区，学者就台北地方法院对牵涉陈××的两起案件进行并案审理是否违反规定的问题有过激烈讨论。一些学者认为，这种合并行为并不违反规定，因为相牵连之数刑事案件分别系属于同一法院不同法官时，是否以及如何进行合并审理，属于法院内部事务。此种内容由各法院内部规范规定即可，自然不会有关涉到人权保障或者司法独立等层面的内容。[1]但从司法机关各种行为的种类划分及特点来看，刑事案件合并与分离审理行为对刑事案件诉讼进程有着直接而深远的影响，并不是对司法机关行使司法职权的一种并不重要的补充。如果简单地将案件合并与分离审理的权力界定为法官的事务性权力，会造成很大的侵犯人权隐患。也正是因为这

---

[1] 学者观点综述参见陈运财.评大法官释字第665号宪法解释[J].月旦法学杂志，2005，(176)：24-41.

一点，看似简单的刑事案件合并审理与分离审理问题才会在台湾地区学界形成持久论战。

笔者认为，刑事案件合并与分离审理是一种典型的诉讼行为。只有认识到这一点，才能从根本上避免制度设计中的行政化倾向，解决现有制度当中轻视人权保障等各种问题，回归刑事案件合并与分离审理的实质，将刑事案件合并与分离审理纳入规范运作的轨道中。

一 刑事诉讼行为概述

刑事诉讼行为并不是一个可以轻易界定的概念。诉讼行为理论起源于民事实体法中的民事法律行为理论，时间最早可追溯到罗马时代，在大陆民法体系中有着重要的地位，被称为"民法规则理论化之象征""大陆民法学中最辉煌的成就"。一直到19世纪末期，诉讼法领域的学者才开始从行为的角度来研究诉讼程序，逐步开始探讨刑事诉讼行为的概念、分类和效力等问题。[1] 虽然研究的历程有较多波折，但是至今为止，我国当代刑事诉讼法学者对刑事诉讼行为已经有了一定的研究基础，为我国运用刑事诉讼行为理论解决合并与分离审理问题打下了扎实的基础。

我国较早系统研究刑事诉讼行为的学者认为，刑事诉讼行为，是刑事诉讼法律主体在刑事诉讼过程中有意识实施的、有关诉讼权利义务受承并能作用于一定诉讼目的的行为。[2] 这一定义专门考虑了行为的主体范围、内容范围和目的指向。在大多数时候，我国其他有关刑事诉讼行为概念的定义也是强调这三点内容。如"刑事诉讼行为是指诉讼主体或其他主体实施的、构成诉讼程序内容的、可以产生诉讼上的特定效果的行为"；[3]

---

[1] 对刑事诉讼行为的历史渊源考察得最为全面的文章参见陈永生. 大陆法系的刑事诉讼行为理论——兼论对我国的借鉴价值 [J]. 比较法研究, 2001, (4): 52 - 68. 早期刑事诉讼行为的研究亦可见陈瑞华. 刑事诉讼的前沿问题（第二版）[M]. 北京：中国人民大学出版社, 2005: 126 - 129.

[2] 谢家友, 邓云. 刑事诉讼行为引论 [J]. 法律科学（西北政法大学学报）, 1998, (3): 82.

[3] 徐静村. 刑事诉讼法（修订本）上 [M]. 北京：法律出版社, 1999: 100.

"刑事诉讼行为就是刑事诉讼法律关系主体在刑事诉讼过程中有意识实施的能够产生诉讼法上效力的行为"。[①]

当然，在具体细节上，由于受到民事诉讼行为理论和域外诉讼行为理论的影响，我国学者对刑事诉讼行为理论也存在一些界定上的争议，例如，民事诉讼法上对诉讼行为存在"要件效果说"和"效果说"两种学说。前者认为"诉讼行为是形成诉讼程序而诉讼法就其要件及效果加以规定之行为"，现为德国和日本学界的通说。后者认为"凡发生诉讼法上效果之行为皆为诉讼行为"。我国不少学者认同后一观点。[②] 还有学者进一步将诉讼法学界对诉讼行为的界定整理为三种观点：第一种观点认为只要是能引起诉讼法上效果的行为就是诉讼行为；第二种观点将诉讼行为限定为合法行为，即除了能发生诉讼法上的效果外，还必须符合诉讼法规定的构成要件；第三种观点对行为能够引起的诉讼效果进行了限制，认为诉讼行为必须是能够发生"预期"诉讼效果的行为，但又不要求是合法行为。[③]

学界对诉讼行为的讨论自然存在很大的学术价值。但是在研究刑事案件合并与分离审理这一具体问题时，笔者并不准备将这一问题复杂化。这是因为，将刑事案件合并与分离审理界定为诉讼行为，是为了彰显其与诉讼活动中的其他非诉讼行为的区别，是从结果意义上来发掘诉讼行为的理论价值。而在这一点上，所有诉讼行为的概念都承认诉讼行为是一种带有程序意义的法律行为，能对诉讼程序产生明显的作用。故而，笔者赞同大陆法系对诉讼行为的一般性定义，即"合乎诉讼法行所规定的构成要件，并足以发生诉讼法上之效果的法律行为"。[④]

综上，笔者认为，从刑事案件合并与分离审理的角度看，刑事法律行为是刑事诉讼主体实施的，符合刑事诉讼法规定的要件，对诉讼进程

---

① 邓云.刑事诉讼行为基础理论研究［M］.北京：中国人民公安大学出版社，2004：27.
② 参见邹政.诉讼行为界定标准重述——兼论与私法行为的区别［J］.西南政法大学学报，2010，(6)：49-55.
③ 陈永生.大陆法系的刑事诉讼行为理论——兼论对我国的借鉴价值［J］.比较法研究2001，(4)：55.
④ 陈朴生.刑事诉讼法实务（增订四版）［M］.自印，1981：144.

产生影响的法律行为。这一概念主要强调主体实施行为对程序的影响作用，并且因为诉讼主体的法律行为会产生或大或小的影响，所以这一行为必然应是上合诉讼法基本原理，下合现有法律规定的。①

二 案件合并与分离属于刑事诉讼行为

笔者认为，刑事案件合并与分离审理属于刑事诉讼行为，这给我们进行后继制度设计定下了基调。

区分一种行为是否属于诉讼行为，学者一般看是否能够将这一行为归入刑事诉讼行为的某一分类中。根据行为的主体不同，刑事诉讼行为可以分为法院行为、当事人行为和第三人行为；根据诉讼行为产生一定法律效果是否与行为人的主观意志相关，刑事诉讼行为可以分为法律行为与事实行为；根据诉讼行为相对于诉讼整体的关系，刑事诉讼行为还可以分为实体形成行为与程序形成行为。② 这种归入分类的做法在界定某些简单行为是否属于刑事诉讼行为时能够发挥一定的作用。但刑事案件合并与分离审理并不是单一机关实施的行为，也不是单一种类的行为，又不是只有单一影响的行为，故而难以简单地将其归入刑事诉讼行为的某一现有分类中。用归类法无法鉴别合并与分离审理的性质。

而特征是一个事物异于其他事物的特点，我们可以通过对刑事诉讼行为的特征分析获取刑事诉讼行为的基本构成要件，以证明刑事案件合并分离与审理属于刑事诉讼行为。邓云博士对刑事诉讼行为特征的研究是目前国内所见文献中最为详细的。他认为，刑事诉讼行为具有以下几个特征：刑事诉讼行为具有主体专属性；刑事诉讼行为具有特殊的时空

---

① 在此处，笔者将诉讼行为范围缩小至合法的诉讼行为，抛弃了不合法的诉讼行为。主要考量在于法律行为应当界定为"行为"还是"合法行为"，在概念源头的民法领域，这一问题在我国已经得到了大量的立法确认。《中华人民共和国民法通则》和《中华人民共和国合同法》明确否认了无效法律行为和可撤销法律行为作为纯正法律行为存在的地位，学者冠之以"不真正法律行为"的称谓即明证。参见张俊浩. 民法学原理（修订第三版）上册 [M]. 北京：中国政法大学出版社，2000：272-299.
② 徐静村. 刑事诉讼法（修订本）上 [M]. 北京：法律出版社，1999：101-103.

性；刑事诉讼行为具有特殊法律性；刑事诉讼行为具有多样性和不可重复性；刑事诉讼行为具有关联性；刑事诉讼行为具有严格的程序性。① 邓云博士的研究非常全面，具有开拓性的意义，但这种全面的解释不容易发挥特征在界定事物性质方面的优势，而且过于全面的解释有的时候也容易导致一些界定的不严谨。故而，李玉萍博士通过和其他近似概念比较的方式来发现刑事诉讼行为的特征，这种研究思路值得借鉴。②

本书研究刑事诉讼行为，目的是阐明其与诉讼活动中常见的其他诸多行为之间的区别。譬如，根据海南省高级人民法院董治良院长的整理，我国法院的常见行为既包括审判业务活动，又包括审判机关的政务活动和事务活动，还包括审判专业人员、后勤保障人员、行政管理人员、政工人事和司法警察等全体法院工作人员的人事管理。③ 而刑事案件合并与分离审理在目前实际上时常会被认为是法院的事务性活动，自然在立法和实践上就没有必要遵循刑事诉讼行为的一般规律。特别是在审判阶段，刑事案件合并与分离审理虽然非常重要，但是其诉讼行为的性质一直没有被明确承认。故而，笔者从比较的角度对刑事诉讼行为的特征进行归纳，并论证刑事案件合并与分离审理属于刑事诉讼行为，应当纳入刑事诉讼行为一般性的管理和规范中。

首先，刑事诉讼行为对诉讼进程有着明显影响。在诉讼行为的定义上，存在两大主要观点，即"程序构成说"和"诉讼效果说"。两种学说本身并无对错之分，只是强调的重点不同。"诉讼效果说"偏重诉讼行为对程序产生的后果及影响。④ 在司法实践中，无论是国家专门机关还是

---

① 参见邓云. 刑事诉讼行为基础理论研究 [M]. 北京：中国人民公安大学出版社，2004：30-49.
② 李玉萍博士通过与民事法律行为以及民事（行政）诉讼行为的比较，来探讨刑事诉讼行为的特征，得出刑事诉讼行为属于公法行为、采用"客观表示主义"、具有大量规范国家机关权力等结论。参见李玉萍. 刑事诉讼行为无效理论 [M]. 北京：中国人民公安大学出版社，2010：8-15.
③ 董治良. 法院管理浅论 [J]. 国家检察官学院学报，2005，(5)：97.
④ 具体学说源流可参见夏红. 刑事诉讼行为理论的发展流变 [J]. 辽宁师范大学学报（社会科学版），2009，(1)：25-27.

当事人，都可能会实施很多行为，如果这些行为和案件诉讼活动并没有直接的关系，则这些行为就没有资格成为刑事诉讼行为。例如，不少法院在"12·4全国法制宣传日"到街头进行各种形式的普法活动，甚至还会在地方党委和政府的统一安排下承担招商引资、企业走访等任务，以上这些行为显然并不是诉讼行为，更不是刑事诉讼行为。也有一些行为可能和诉讼有一定的间接关系，主要表现为一般性的审判管理行为，如法院施行某种考评体制、在法院内部进行错案自查等行为，这些行为可能会间接影响法官对案件的审判工作；如法院强调快速结案，会促使法官加快案件处理进程；法院组织业务学习，提升法官素质，等等。但是以上这些行为都属于法院非审判职能范围内的事务，和案件结果没有较为直接明显的关系，故而并不是（刑事）诉讼行为。

而在刑事案件合并与分离审理的问题上，一旦案件被合并或分离审理，会影响案件的审判组织的设立（甚至审判管辖的变动，如提高审判法院级别）、影响律师辩护权的实现，甚至影响当事人的庭审效果等。这种合并与分离审理直接作用于刑事诉讼过程，能够直接影响诸多诉讼主体的其他诉讼行为，影响诉讼进程。从这一角度看，合并与分离审理完全符合刑事诉讼行为的效果条件。实际上，通过大部分国家和地区的立法对牵连管辖的高度重视，我们可以直接感受到各国对刑事案件合并与分离审理的诉讼行为性质的认可态度。

其次，刑事诉讼行为应当具有较强的法定性。在诉讼行为定义的两种学说中，"程序构成说"强调诉讼行为在整个诉讼程序形成方面的意义。这可以被理解为程序法定原则的另一种表述。因为上文论及的刑事诉讼行为会对诉讼产生明显的影响，则刑事诉讼行为的实施必然不能是随意的。刑事诉讼中控辩双方处于一种天然的不平等状态，而国家机关的追诉行为又可能会导致公民人身权和财产权的重大损失。因此，国家机关的诉讼行为应当是被有效约束的。即便是法律给国家司法机关预留了一定的司法裁量权，这种裁量权也被压缩在较小的范围之内。同理，当事人也会通过诉讼行为影响案件顺利开展，所以对当事人的诉讼行为也必然会有一定的规范。故而,刑事诉讼行为应当具有较强的法定性,以避免权力(权利)的滥用。

在司法权运行之中,需要大量的司法行政管理内容,但不能和审判权相交叉。"中国法院行政化的问题出在法院系统内部的这两套分别用来处理不同问题的制度,即为履行国家赋予的审判职能的审判制度和从规范上看应是为保证和支持法院审判职能之实现所不可缺少的法院内部行政管理制度,在实践中发生了职能的交错和混合,没有实现制度设置的或我们今天所欲求的那种分工","事实上,我们在基层法院的调查发现,这两套体制经常被完全混同,甚至其主次位置在相当大程度上已经被颠倒过来了。法院组织法所规定的审判制度溶入了法院内部的行政管理体制,变成法院行政管理制度的一个有机部分"。[①]

以上这些日常管理行为按照行政权的运作方式进行。虽然和司法活动类似,在行政活动中,行政主体同样也必须依照各种行政规范性文件行事,受到各种规范的约束,但是和司法活动相比,行政立法的内容更加原则,行政活动面对的情况更加复杂。所以行政权运作时,行政裁量权能够比司法裁量权发挥更大的作用。正如美国行政法学者施瓦茨所言,行政裁量权是行政权的核心,行政法如果不是控制行政裁量权的法,那它就什么都不是。[②] 很明显,刑事诉讼行为的实施不可能出现像行政行为那样大量依托"裁量"的现象。在刑事案件合并与分离审理对刑事诉讼能够产生一系列重大作用的情况下,刑事案件合并与分离审理必然只能是诉讼行为,受到严格的规范,而不能被视为一种普通的行政管理行为。否则过多的裁量权将会使刑事案件合并与分离审理带有太大的不确定性,影响诉讼程序本身的稳定性。

最后,刑事诉讼行为必然要符合诉讼原理的规定。无论是"程序构成说"还是"诉讼效果说",都肯定诉讼行为对诉讼程序有重要的意义。

---

① 苏力. 论法院的审判职能与行政管理 [J]. 中外法学, 1999, (5): 40.
② 〔美〕伯纳德·施瓦茨. 行政法 [M]. 徐炳, 译. 北京: 群众出版社, 1986: 566.

在民法上，"法律行为"这一概念非常强调主体的"意思表示"。在诉讼法领域，刑事诉讼行为也承载了当事人和国家机关的诉讼目的。国家对刑事诉讼行为的立法规定，宏观上必然反映一国的刑事诉讼理念，微观上则符合各种诉讼基本原理。在我国，"尊重和保障人权"已经被明确写入《刑事诉讼法》，打击犯罪和保障人权并重成为所有刑事诉讼行为的共同目标。基于此，现代刑事诉讼的一些基本原理，如司法独立、无罪推定、国家追诉、有效辩护、禁止强迫自证其罪和诉讼及时等原则或原理，已经或者正在逐渐被我国刑事诉讼法吸纳，形成约束国家机关和当事人诉讼行为的各种诉讼制度。总而言之，任何一种诉讼行为都必然要尊重诉讼规律，符合诉讼法基本原理。

与此相对应，某些国家机关的诉讼行为因为不符合诉讼原理、带有明显的行政化运作特点，所以一直备受抨击。例如，在案件的院长、庭长审批制度中，合议庭虽然负责审理案件，但是对案件结果没有最终决定权，一般是由没有参加案件审判和评议的院长、庭长对案件最终拍板、决定。在诉讼法的历次修改中，呼吁法院去行政化的声音一直存在，而且我国一直以司法独立为目标，围绕着各种诉讼行为要符合诉讼基本原理这一基本要求进行了大量的改革。在这种大趋势下，刑事案件合并与分离审理的有关规定应当符合诉讼原理的要求，体现出"两造具备，师听五辞"的诉讼法特征，尊重当事人人权。如果仅仅将其定位为国家机关单方面可以作出决定的审判行政管理类行为显然并不妥当。

第二节　合并与分离审理的决定
——以审判权决定为主体

和所有刑事诉讼行为一样，刑事案件合并与分离审理的决定是多方参与的结果。从各国的立法来看，提起合并与分离审理的主体比较多元化，但是最终决定权应当专属于法院，笔者认为，决定合并与分离审理的权力是审判权的应有之义。但是法院在作出决定时，应当有周详的决定程序，以保证合并与分离审理决定的合法性和合理性。下文详细论述之。

一 启动主体的多元化

（一）公诉机关享有主要启动权

在"审判中心论"中，法院主导的审判程序是整个诉讼的中心，案件的侦查和起诉等其他环节都为审判服务。不过在国家权力配置时，公诉权对审判权有着很明显的影响，无法否认公诉机关在刑事案件合并与分离审理问题上的启动权。例如，通过不告不理原则，公诉机关可以实现对案件程序和实体的双重影响，"数罪并罚之案件，因其数罪间均各有独立之犯罪事实，既无审判不可分之关系，则检察官如仅就一个犯罪事实起诉，纵使审理中发现被告尚犯有他罪，依不告不理之原则，自不得就他罪予以审判"。[①] 在公诉机关没有起诉的情况下，实体上国家的刑罚权不会得到实现，程序上也不会有后继的审判活动。

世界大部分国家和地区都赋予了检察官在选择指控方式上的权力，而且这种行为对审判机关会有较大的影响，因为法官大多比较尊重检察官的起诉决定。"一般情况下，检察官在起草公诉书或者起诉书时，对于一并审理还是分离审理的决定有第一次的选择。如果检察官在一份起诉书里写有包括几个诉因的犯罪，那么这些诉因将会被一并审理，这一点以后也不会有什么变数，如果不是，他们将会被分别审理。将多个犯罪放在一份起诉书中叫做'合并'。这些指控可以说被合并了。"[②] 特别是当界定犯罪的法律非常复杂时，一个简单的事实可能会遭受到多个不同的指控，此时，公诉机关在案件合并还是分离审理上甚至还能发挥决定性的作用，"大多数公众认为这只是一桩持械抢劫。对一名检察官来说，罪行的可能性则远不仅是持枪抢劫。除持枪抢劫之外，被告人还能以抢

[①] 陈朴生. 刑事诉讼法实务（增订四版）[M]. 自印，1981：357.
[②] 〔美〕约书亚·德雷斯勒，爱伦·C. 迈克尔斯. 美国刑事诉讼精解（第二卷·刑事审判）[M]. 魏晓娜，译，北京：北京大学出版社，2009：131.

劫和盗窃较少包括的罪行和其他几个罪行被指控"。① 实际上,当我们发现辩诉交易成为一种世界性潮流的时候,我们就应当意识到,公诉机关在案件合并与分离审理上是有着充分选择权的。

我国公诉机关在诉讼地位上较西方国家更为强势,检察机关和审判机关被并称为司法机关,公诉机关的诉讼意见也更容易被审判机关接受。从庭审内容上看,我国审判机关在进行案件审理时,缺乏对案件合并与分离审理的审查环节。因此,在决定对刑事案件采用合并还是分离审理时,公诉机关提出的意见基本上会被审判机关所采纳。最高人民法院《解释》第218条规定:"对提起公诉的案件,人民法院应当在收到起诉书(一式八份,每增加一名被告人,增加起诉书五份)和案卷、证据后,审查以下内容:(一)是否属于本院管辖……"其中并没有对案件起诉合并或分离是否合理的审查。紧接的第219条在"人民法院对提起公诉的案件审查后,应当按照下列情形分别处理"的七种情况中,也没有对检察机关不当合并或不当分离的处置方式。②

故而,人民检察院应当是启动合并与分离审理的主导力量,我国也应当在现有立法的基础之上,更加注重检察机关启动合并与分离审理程序的法定性和规范性建设。

(二) 侦查机关享有隐形启动权

在大部分国家,侦查只是起诉的辅助环节,特别是在"检警一体化"

---

① 〔美〕爱伦·豪切斯泰勒·丝黛丽,南希·弗兰克. 美国刑事法院诉讼程序 [M]. 陈卫东,徐美君,译,北京:中国人民大学出版社,2002:253.
② 第219条规定的七种处理方式为:"(一)不属于本院管辖的,应当退回人民检察院;(二)属于刑事诉讼法第十六条第二项至第六项规定情形的,应当退回人民检察院;属于告诉才处理的案件,应当同时告知被害人有权提起自诉;(三)被告人不在案的,应当退回人民检察院;但是,对人民检察院按照缺席审判程序提起公诉的,应当依照本解释第二十四章的规定作出处理;(四)不符合前条第二项至第九项规定之一,需要补充材料的,应当通知人民检察院在三日以内补送;(五)依照刑事诉讼法第二百条第三项规定宣告被告人无罪后,人民检察院根据新的事实、证据重新起诉的,应当依法受理;(六)依照本解释第二百九十六条规定裁定准许撤诉的案件,没有新的影响定罪量刑的事实、证据,重新起诉的,应当退回人民检察院;(七)被告人真实身份不明,但符合刑事诉讼法第一百六十条第二款规定的,应当依法受理。"

的模式下，侦查机关几乎完全丧失了对诉讼程序的操纵权，成为公诉机关的辅助机关。但在我国，侦查机关实际上享有刑事案件合并与分离审理的隐形启动权，亦即虽然侦查环节和审判环节不直接相联系，侦查机关无法直接引发案件的合并或者分离审理，但是不能否认，侦查对案件如何审理具有重要影响。

在我国，侦查阶段的任务是发现犯罪嫌疑人，收集案件证据，为以后的审查起诉和法庭审判打下基础。侦查阶段收集案件证据的工作主要由侦查机关完成。在强职权主义诉讼模式下，公检法之间有着天然的亲近性，由于辩护方难以充分获取辩护材料，被追诉人的辩护权不能得到充分实现，庭审很容易流于形式，成为对侦查机关收集的控诉证据的确认过程。在刑事诉讼法多次修改之后，我国庭审的对抗性大大加强，被追诉人的辩护权也较以往有较大的扩张，但不能否认，刑事庭审仍然主要围绕着侦查机关收集的案件证据进行。而实际上，正是侦查机关对刑事案件合并与分离审理提出了第一个建议，而且这种建议大多数时候会被公诉机关接受，进而影响到审判程序。

公安部《规定》第283条要求：“侦查终结的案件，应当同时符合以下条件：（一）案件事实清楚；（二）证据确实、充分；（三）犯罪性质和罪名认定正确；（四）法律手续完备；（五）依法应当追究刑事责任。”最高人民检察院《规则》第237条第1款规定：“人民检察院经过侦查，认为犯罪事实清楚，证据确实、充分，依法应当追究刑事责任的，应当写出侦查终结报告，并且制作起诉意见书。”根据以上两个主要侦查机关制定的司法解释，我国侦查终结必须具备下列三个条件：案件事实已经查清；证据确实、充分；法律手续完备。而什么是"案件事实已经查清"，从《起诉意见书》的写作要求上可以看出，"对于只有一个犯罪嫌疑人的案件，犯罪嫌疑人实施多次犯罪的犯罪事实应逐一列举；同时触犯数个罪名的犯罪嫌疑人的犯罪事实应当按照主次顺序分别列举；对于共同犯罪的案件，写明犯罪嫌疑人的共同犯罪事实以及各自在共同犯罪中的地位和作用后，按照犯罪嫌疑人的主次顺序，分别叙述各个犯罪嫌疑人的单独犯罪事实"。① 由此可知，对一人犯数罪和共同犯罪是合并起诉还是分离起诉的问题，实际上，很多时候在侦查阶段就已经解决。

（三）当事人享有启动建议权

由于刑事案件合并与分离审理和当事人的诉讼利益密切相关，因此，应当允许当事人在启动刑事案件合并与分离审理上享有一定的权利。笔者将这种权利的范围限定为程序启动的建议权，也就是当事人并不能因为其诉讼行为直接启动刑事案件合并审理程序或分离审理程序。

当前，进一步加强犯罪嫌疑人、被告人诉讼权利成为学者一致的呼声，也是我国刑事诉讼立法不断努力的方向。当事人拥有诉讼权利意味着其能够更有效地参与到诉讼中去，直接体现了司法民主。当代程序正义理论研究的集大成者迈克尔·D. 贝勒斯就论证了这一点。在《程序正义》一书中，贝勒斯明确指出了四个程序正义的传统原则：裁判者的公正性、提供听审的机会、提供判决理由以及形式正义。在他的归纳中，当事人的诉讼权利实际上并不清晰，这种思想明显倾向保守，所以他紧接着又用"核心价值"的形式增加了参与、和平、平等和合理等价值来作前述原则的补充。② 可见，能够让当事人有效参与到诉讼中，是程序正义的核心内容之一。特别是面对刑事案件合并与分离审理这样对自身利益有着切身影响的诉讼行为，当事人应该能够对程序的启动发表自己的意见。

但值得注意的是，当事人享有启动的建议权，并不代表可以更进一步享有程序的决定权。一方面，是因为刑事诉讼过程是一个相对封闭的空间，诉讼利益总体上不变，只能此消彼长，增加某一个诉讼主体的权利（权力），就会同时削弱另一个或几个诉讼主体的权利（权力），宛如经济学中的"零和游戏"。如果将案件合并与分离审理的决定权赋予当事人，则无法解决当事人双方对程序合并还是分离审理出现分歧的问题，同时在法理上对公诉机关和审判机关为什么不能享有这种决定权也无法

---

① 刘田玉. 公安法律文书范本及制作详解 [M]. 北京：中国法制出版社，2006：153.
② MICHAEL D. BAYLES, Procedural Justice [M]. Boston：Kluwer Academic Publishers, 1990：19 – 115.

自圆其说。另一方面,刑事案件合并与分离审理需要综合考虑诉讼效率、打击犯罪、保障人权等多方面因素,这是一种理性的价值判断。而当事人诉讼程序中,当事人很难保持理性。在巨大利益的驱动下,当事人比较容易丧失客观的立场,滥用法律赋予的合并与分离审理权利。

二 决定主体的特定性

刑事案件合并与分离审理的程序启动主体可以多元化,但就各个国家和地区的立法来看,均一致地将合并与分离审理的决定主体限定为审判机关。例如,美国《联邦刑事诉讼规则》的第13条"将大陪审团起诉书或检察官起诉书合并审理"与第14条"将可能有不公正影响的共同诉讼分开",共同规定案件合并还是分离审理的最终决定主体为法院。英国法院可以通过"切割起诉书"的方式来解决他们所认为的起诉机关不当合并问题。《德国刑事诉讼法典》第2条第2款更是直接表明:"出于更为适宜审判的理由,该法院可以以裁定将已经合并的案件分离。"

笔者认为,我国同样比较适合将刑事案件合并与分离审理的决定机关界定为审判机关,理由如下。

(一) 从司法利益的角度

在现代诉讼模式中,控辩审三方有各自的不同利益诉求。其中控辩双方参与诉讼都带有较为明显的目的性,不适合作为程序的决定机关。只有审判机关在诉讼中有可能不偏不倚,以公正的态度处理案件的实体和程序问题。

当事人方面,由于被害人和被告人是案件的直接利害关系人,一般都怀有强烈的追究责任或者逃避刑事处罚的目的。当事人为了达成自己的诉讼目的,往往会千方百计地掩饰对自己不利的案件事实,这是一种趋利避害的本能,也是一种客观存在的司法现状,他们显然不适合拥有决定案件合并与分离审理的资格。实际上,由于当事人诉权的这种利己性的本质特点,在诸如回避、调查取证等现有的刑事诉讼制度中,当事人都享有一定的申请权以实现自己的程序参与,但最终均不能享有程序决定权。在公力救济的诉讼程序中,当事人不可能成为诉讼程序的主导力量。

在公诉机关方面。公诉机关在我国拥有较大的司法职权,不仅可以通过"不诉不理"原则来制约审判权,而且不起诉制度甚至赋予了其一定的实体处分的权利,故而公诉机关能够对诉讼程序产生较大的影响。但是值得注意的是,公诉机关的主要作用仍然是追究犯罪。即便是在人权保障的要求下,各国强调公诉机关将追究犯罪责任和保护被告人合法利益并重,提倡检察机关在公诉中不仅应当承担控诉职能,而且应当考虑到被告人一方的利益。但是这种检察机关的"客观义务"很多时候仍然只是一种口号,很难被落实。"英美等国尽管对检察官客观义务表面上十分强调,但在立法上却非常模糊,几乎没有实质性的规定。检察官客观义务经常被立法表述为检察官必须代表'公共利益',这是各国高调宣传的工作原则,而众所周知的是,'公共利益'本身是一个抽象的概念,并不能量化,具体如何理解仍然把握在裁量者手中,并不是说检察官代表着公共利益就一定会切实考虑犯罪嫌疑人、被告人一方的诉讼利益。检察官如何开展工作,更多的会受到很多其他因素的影响。"[1] 故而,在决定案件是进行合并审理还是分离审理的问题上,检察机关在建议启动方面可以发挥较大作用,甚至可以通过并案或分案起诉来直接影响审判是并案还是分案进行。但无论如何,采取何种方式进行审理的最终决定主体应当是没有倾向性的审判机关。

因此,尽管当前的司法独立还很不理想,审判机关审理案件会受到内部和外部的众多因素干扰,但是这并不影响审判机关本质上的中立属性,相比于其他主体而言,审判机关是最适合的合并与分离审理决定机关。

(二) 从职能分工的角度

刑事诉讼中各个国家机关有自己的功能、任务和目标。他们之间相互配合,相互牵制,共同组成完整的刑事诉讼权力体系。在职能分工上,审判权分为审理权和裁判权,审理为手段,裁判为目的。在具体内容上,

---

[1] 崔凯. 我国检察官客观义务的实施困境与研究进路 [J]. 未来与发展, 2011, (6): 37.

彭海青博士认为,刑事裁判权(审判权)在一审中至少包括以下几点:管辖权的确立、强制性措施的实施与变更、回避的决定、法庭调查和辩论中的问题、延期审理和中止审理、被告人刑事责任与民事责任。此外还包括对公开审判、审判时间的延长、撤诉、适用简易程序、期间恢复,以及对违反法庭秩序的人进行处罚等问题作出裁判。[①] 为了维持诉讼秩序,保障审判目的的实现,无论是大陆法系诉讼模式还是英美法系诉讼模式都支持审判机关对庭审的控制权。

刑事案件合并审理很多时候是以管辖或者是以追加、变更和撤销起诉等形式体现出来的,而这些均是诉讼中重要的程序性内容,一贯是我国刑事诉讼中规定的重点内容。在法定条件具备的情况下,审判机关对此类程序性问题应当能够享有决定权。

(三) 民事诉讼的借鉴

民事诉讼和刑事诉讼在诉讼目的、所依托的实体法等方面存在本质差别。但同为重要的程序法,在具体诉讼程序设计上,两者又有着较多可以相互借鉴的地方。例如,民事诉讼中的证据开示制度、证据保全制度,都可以给我们解决刑事诉讼中的调查取证难、辩护难等问题以有益的启发。在民事诉讼中,法律已经对案件合并与分离审理有了相对明确的规定,在这些规定中,决定权都被赋予了审判机关。

例如,在追加当事人方面,2022年最高人民法院《关于适用〈中华人民共和国民事诉讼法〉的解释》中多次提到法院在处理案件当事人合并时的决定权。例如,该解释第66条规定:"因保证合同纠纷提起的诉讼,债权人向保证人和被保证人一并主张权利的,人民法院应当将保证人和被保证人列为共同被告。保证合同约定为一般保证,债权人仅起诉保证人的,人民法院应当通知被保证人作为共同被告参加诉讼;债权人仅起诉被保证人的,可以只列被保证人为被告。"其中,法院为了实现

[①] 虽然有关审判权功能、原则、运行注意事项等的研究较多,但国内对审判权的组成内容的研究成果却并不多见,在内容阐释方面,论述最为全面的为彭海青博士的著作《刑事裁判权研究》(中国人民公安大学出版社2007年版)。本部分所引内容参见该书第64~67页。

债权人的诉求，应将案件合并审理，列保证人与被保证人为共同被告。而在第70条，更是体现了法院在追加当事人方面积极主动的作用。"在继承遗产的诉讼中，部分继承人起诉的，人民法院应通知其他继承人作为共同原告参加诉讼；被通知的继承人不愿意参加诉讼又未明确表示放弃实体权利的，人民法院仍应将其列为共同原告。"并且值得注意的是，当事人在追加共同诉讼人方面有着一定的建议权，但即便符合法律条件，最终仍然要由法院审查和决定。如第73条规定："……当事人也可以向人民法院申请追加。人民法院对当事人提出的申请，应当进行审查，申请理由不成立的，裁定驳回；申请理由成立的，书面通知被追加的当事人参加诉讼。"当然，法院在追加当事人时，必须按照法律的规定，尊重当事人的实体处分权，如第74条规定："人民法院追加共同诉讼的当事人时，应当通知其他当事人……"

从以上的司法解释可以看出，民事诉讼中，法院在追加当事人问题上有着毋庸置疑的决定权。而追加诉讼请求更是民事诉讼法官经常面对的问题，对此，法院都已经形成了成熟的应对经验。"庭审中会遇到当事人临时提出新的请求，使得庭审不能够按法官原定的思路正常进行。……对新增加的诉讼请求的提出，法官不能一概允许，而要区别对待，仔细审查，合理的予以支持，不合理的予以驳回。审查的重点是：（1）增加的诉讼请求是否可以与本案合并审理……"①

综上所述，我们有理由将刑事案件合并与分离审理的决定机关界定为审判机关。

第三节　合并与分离审理的标准
——以案件关联性为主线

为了达成节约诉讼成本等诉讼目的，国家机关会偏好于将案件进行

---

① 张晓秦，刘玉民. 庭审要点与技巧 [M]. 北京：中国民主法制出版社，2009：95.

合并审理。为了避免处理的随意性，对案件进行合并审理应当有着比较明晰的客观标准。而从国内外的立法及研究成果来看，案件的关联性是案件进行合并审理的主要条件。另外，在某些情况下，虽然符合具有关联性这一条件，但是基于其他特殊原因，不宜进行合并审理，对于此类分离审理的现象，我们也应当在立法上加以规定。

一 合并审理中关联性的认定

（一）大陆法系国家立法

大陆法系国家在立法中往往直接使用了关联性之类的表述，直接阐明案件存在关联性是法院能够进行合并审理的前提条件。但是各国对关联性的理解并不完全一样。

法国的立法比较典型，一方面，《法国刑事诉讼法典》中多处提到关联性在合并审理方面的作用，例如在轻罪法庭的审判中，法典第387条规定："在法院受理涉及相互关联之犯罪事实的多项诉讼时，得依职权命令将他们合并审理，或者应检察院之要求或一方当事人之申请，进行合并审理。"[1]另一方面，对于关联性的内容，法典也进行了比较明确的规定，在预审阶段，为了保证预审法院能够充分审查案件，第203条规定："犯罪是由多人纠合同时施行或者是由不同的人事先经过商议，在不同时间、不同地点实施，或者实施犯罪时为了获得施行他罪的手段，方便实施他罪，使他罪既遂或者是为了保护自己免受追究，或者通过实行重罪或轻罪窃取，隐匿或取得的物品之全部或一部被窝藏，此种犯罪均构成相互有关联的犯罪。"[2] 卡斯东·斯特法尼教授等人认为，这一条的规定并不是一种限制性的规定，"凡是存在法律有专门规定的相类似的紧密关系的犯罪，都扩张适用有关联的犯罪的规定"。[3]

---

[1] 法国刑事诉讼法典 [Z]. 罗结珍，译，北京：中国法制出版社，2006：267.
[2] 法国刑事诉讼法典 [Z]. 罗结珍，译，北京：中国法制出版社，2006：197.
[3] 〔法〕卡斯东·斯特法尼，等. 法国刑事诉讼法精义 [M]. 罗结珍，译，北京：中国政法大学出版社，1999：480.

与此相比，德国的立法也明文表述了关联性，但是它对关联性的认识和法国有较大不同。《德国刑事诉讼法典》第 3 条规定："［关联的含义］某人被指控犯有数个犯罪行为，或者在一犯罪行为中数人被指控是主犯、共犯或者犯有庇护、藏匿犯人或者赃物罪时，即为互有关联。"①德国同样通过列举的方式对"关联"的含义进行了限定。但是在牵涉案件的范围上，德国的立法并不如法国的立法那样宽泛。

德国的立法被不少国家和地区所借鉴。例如《日本刑事诉讼法》和我国台湾地区的"刑事诉讼法"，都采用了德国的立法形式，用列举的方式描述了"关联性"的表现形式。《日本刑事诉讼法》第 9 条"牵连案件"规定："数个案件有下列情形之一时，是牵连案件：一、一人犯数罪时；二、数人共犯同一罪或不同的罪时；三、数人同谋分别实施犯罪时。藏匿犯人罪，湮灭证据罪，伪证罪，虚假鉴定、翻译罪即赃物罪，与各该本罪视为共犯的罪。"我国台湾地区"刑事诉讼法"对合并与分离审理的规定非常明显受到日本的影响，不仅列举的内容几乎完全一致，甚至连顺序都没有变化。②

（二）英美法系国家立法

在美国，由于受立法传统的影响，立法的精确性似乎先天要弱于大陆法系国家，在刑事案件进行合并审理的条件问题上，法律并没有直接表述"关联性"的内容，而是用了比较模糊的规定。《联邦刑事诉讼规则》第 8 条（a）和第 8 条（b）分别对罪行合并的条件与被告人合并的条件进行了规定。前者重点在于"属于同一性质或类似性质，或者是基于同一行为或同一交易，或者虽是两个或两个以上交易，但相互联系或构成一共同计划中的组成部分"，而后者重点在于"参加同一行为或者同一交易，或者参加

---

① 德国刑事诉讼法典［Z］.李昌珂译，北京：中国政法大学出版社，1995：1.
② 如台湾地区的"刑事诉讼法"第 7 条表述是："有下列情形之一者，为相牵连之案件：一、一人犯数罪者。二、数人共犯一罪或数罪者。三、数人同时在同一处所各别犯罪者。四、犯与本罪有关系之藏匿人犯、湮灭证据、伪证、赃物各罪者。"条款的安排和日本立法几乎完全一致。

构成一项犯罪或数项犯罪的一系列行为或交易"。①

英国的立法和美国非常相似。1915年《起诉书法》、1971年《起诉书规则》和2010年《刑事诉讼规则》都对这一问题有着明确规定，如1971年《起诉书规则》第9条规定："犯罪是基于同一事实的情况下以及是同一性质或者类似性质的连续的犯罪的一部分的时候，可以合并审理。"

在立法技术上，英美两国的法条可操作性远逊于大陆法系的德法等国。不过英美法系国家存在很多判例，极大地丰富了相关立法的实际内容，使得其立法内容并不逊色。

在美国的审判实践中，对"参加构成一项犯罪或数项犯罪的一系列行为或交易"的理解是比较宽泛的，如住同一栋公寓的两个互不来往的人恰巧对同一个人兜售毒品、一名公共汽车司机与一名小车司机都被指控对另一辆被撞车的司机实施过失杀人，都属于可以合并审理的情形。②这些内容从法条的规定上是完全无法推知的。实际上，张泽涛教授对美国的案例进行分析后得出结论："从美国联邦法院和各州法院的审判实践来看，通常情况下，符合'关联性'的数项指控罪名和数名被告人都是合并审理的。"③ 不仅在地方法院如此，联邦最高法院在 Zafiro v. United States④ 等案件中，也表达了类似的观点。而在英国，立法对待合并审理

---

① 美国联邦刑事诉讼规则和证据规则 [Z]. 卞建林，译，北京：中国政法大学出版社，1996：40.
② 张泽涛. 刑事案件分案审理程序研究——以关联性为主线 [J]. 中国法学，2010，(5)：150.
③ 张泽涛. 刑事案件分案审理程序研究——以关联性为主线 [J]. 中国法学，2010，(5)：150. 张泽涛教授此结论的得出源自联邦法院的判例，如美国联邦第二巡回法院的经典表述是："国会已经明确进行了合并审判的授权，因为公众对效率和速度价值的考虑超过了对合并审判所可能造成的对被告人的不公正。" [United States v. Smith, 112 F. 2d 83, 85 (2d) Cir. 1940.] 也有地方法院的判例支持，在哥伦比亚州，1979年上诉法院在Cunningham v. United States 一案中指出：即使一个证据对指控某个被告人有用但是却可能侵害其他被告人的辩护权，也无须分离审判 [Cunningham v. United States, 408 A. 2d 1240 (1979)].
④ 506 U. S. 534, 113 S. Ct. 993, 122 L. Ed. 2d 317（1993）.

的情况和美国非常相似，判例对法条作了非常重要的补充。"从英国的审判实践来看，与美国大体相似，只要属于符合情形的单一被告人的数项指控犯罪以及数个被告人的犯罪，法院通常是合并审理。"①

（三）我国的制度构想

笔者认为，我国在立法形式上应当借鉴大陆法系国家的成熟经验，尽量用列举式的规定。在刑事诉讼法中明示关联性的具体情形，英美国家的粗放式立法并不适合我国国情。

在具体制度设计中，笔者认为，可以以我国现有立法对牵连管辖的规定为基础，吸收大陆法系国家的合理因素进行补充。

最高人民法院《解释》的第15条规定了三种应当牵连管辖、进行合并审理的案件情况：一是一人犯数罪；二是共同犯罪；三是其他需要并案审理的案件。笔者认为，现有立法在立法技术上和大陆法国家相同，罗列了关联性的基本情形，具有较为明显的合理性。但同时也存在很明显的不足，即关联性中仅列举了两类案件，圈定范围过窄，虽有兜底性条款的规定，但这种表述仍然过于笼统。这造成了此条司法解释内容的可操作性较差。笔者认为，我国关联性的内容可以细化为：第一，一人犯数罪；第二，共同犯罪；第三，犯罪事实存在对向性；第四，侵犯同一犯罪对象；第五，犯有与本案有关的包庇、窝藏、伪证、销赃等犯罪；第六，其他法律规定的内容。立法理由如下。

第一点和第二点主要是对我国现行司法解释的继承。而且从大陆法系国家的通行立法来看，各国从诉讼效率等角度考虑，都认可这种最基本的罪行的合并与被告人的合并。笔者不赞同英美法系那种"同一行为"或"同一性质"之类的表述，一方面，因为它们过于模糊，即便是英美国家都需要大量的判例注解；另一方面，共同犯罪之类的文字表述更加符合我国现有法律规定，易于理解。

---

① 张泽涛. 刑事案件分案审理程序研究——以关联性为主线 [J]. 中国法学, 2010, (5): 152.

第三点属于刑法中对向犯的合并审理。"德、日刑法学界并未作为一个特别问题提出,没有人会由于对向犯属于必要共犯而在对向犯与共同犯罪之间划上等号。"① 我国学者基本上也都认为,对向犯不属于共同犯罪,至多在重婚罪等个别犯罪上略有争议。② 故而,我国以往在处理对向犯时一般都是分案审理。但笔者认为,在处理贿赂罪中的送与收行为、重婚罪中的双方均有配偶的重婚行为等对向性行为时,如果将案件进行分离审理,不利于对案件的全面审查,甚至还很有可能会放纵犯罪。例如在聚众斗殴的案件中,如果不对犯罪双方进行并案审理,很多时候根本无法查明案件真实情况。再如,司法实践中,虽然我国刑法中同时规定了行贿罪和受贿罪,但是实际是受贿罪经常出现,而极少有人因为行贿行为被量刑处罚,这种因为分案处理而放弃打击贪污腐败的现象,非常有违公平公正的社会风气。因此,笔者认为,立法上有必要将对向性犯罪进行合并审理。这不仅有利于查清案件事实,还可以避免遗漏对犯罪行为的追究,能够体现罪责刑相适应原则。

第四点侵犯同一客体的条件是基于我国的国情而设立的。刑法上经常会出现一种情况,某些人并没有共同犯罪故意,但共同侵犯了某一犯罪对象,比较常见于各种渎职案件中,在交通肇事的连环碾压等特别情况下也会出现。例如,某酒厂主管生产的副厂长甲,平时不注意安全生产及来料的检查和监督。业务员乙到外地采购食用酒精,不看货、不要成品质量检验单就订合同,供货方供货入库时,负责检验质量的丙未检验就签字入库。投入生产后,厂方很快发现购进的酒精根本不是食用酒精,给国家造成了严重损失。该案各被告人在该危害结果上均有过失。甲乙丙虽然不构成共同犯罪,应当分别承担刑事责任,但三人的过失行为相互牵连,三人的行为所侵犯的都是一个客体。将这三人归于一个审判程序中进行审判,并不违背常理。③ 这种做法在我国已有实践,在1999

---

① 黄丽勤,周铭川.共同犯罪研究[M].北京:法律出版社,2011:146.
② 参见高铭暄,马克昌.刑法学(上编)[M].北京:中国法制出版社,1999:297.
③ 参见柯明.浅谈刑事案件的并案审判[J].人民司法,1992,(12):15.

年的綦江虹桥垮塌案中,重庆市第一中级人民法院对五名涉嫌受贿、玩忽职守的被告人一起开庭审理,不仅查明了案情,而且全面追究责任,起到了良好的社会效果。①

虽然司法实践已经有不少此类案件合并审理的实例,但我国司法解释的规定一直比较滞后,1990年最高人民法院研究室在《关于同一被害人在同一晚上分别被多个互不通谋的人在不同地点强奸可否并案审理问题的电话答复》中,以被告人的行为不属于共同犯罪,而是分别实施的各自独立的犯罪为由,建议"不宜并案审理"。实际上这种理由只考虑了犯罪主体的因素,忽视了犯罪对象的利益,立法失之偏颇。

因侵犯同一犯罪客体或犯罪对象而被合并审理在国外亦有立法先例,例如英国《1968年盗窃法》第27(1)条规定,应当在一份起诉书中指控处理被盗物品的人。所有在任何时间处理了在一次盗窃案中的任何被盗物品的人,都可以被合并起诉和合并审判。因此,如果A在入室盗窃的过程中偷窃了一块手表和一条项链,并将它们分别卖与B和C,C又将项链卖与D——这四人都可以被一起起诉和审判。对B、C和D的处理被盗物品的分立罪状可以因第27(1)条适当地列入一份起诉书中;对A的入室行窃的罪状与处理罪状有充分的关联。②

第五点的构想也考虑了我国现有刑法规定的特点。在我国刑法理论中,包庇、窝藏、伪证和销赃等行为和之前存在的犯罪行为之间有明显的牵连关系,但是在刑法规定上并不构成共同犯罪,譬如《刑法》第310条规定了窝藏、包庇罪,其第2款为"犯前款罪,事前通谋的,以共同犯罪论处"。实体法上认为这些行为不构成共同犯罪,但是这些案件在处理时和先行的犯罪行为之间有着明显的交叉关系。对窝藏、包庇等行为情节严重的认定,也有必要将其合并于先行的窝藏、包庇所涉及的案件中,这样才能做到定罪量刑的精确,同时也符合诉讼效率原则。所以大

---

① 参见王炽,李诗.綦江虹桥垮塌事故案在渝开庭审理[N].人民日报,1999-03-27(02).
② 〔英〕约翰·斯普莱克.英国刑事诉讼程序(第九版)[M].徐美君,杨立涛,译,北京:中国人民大学出版社,2006:316.

陆法系的德国、日本和我国台湾地区都规定了这一点，笔者也建议将这一内容明确规定到我国立法中。

和前面的第四点内容一样，由于存在明显的合理性，所以我国的司法实践对第五点这种合并审理的情形也并不排斥，相关案例时有出现。2007年，邯郸农行5100万元银行金库现金不翼而飞，发生了被称为新中国成立以来涉案金额最大的银行金库被盗案。该案五名被告人在邯郸市中级人民法院合并审判。经审理查明，案件有三部分犯罪情节。第一，2006年10月13日至18日，任××与赵××、张×先后两次从金库盗取人民币20万元，后归还。第二，2007年，任××与马××多次从金库盗取人民币共计5095.605万元。第三，马××逃至北京市大兴区宋××家躲藏。宋××得知马××盗用金库现金的情况后，仍然为马××提供食宿并隐瞒了马××到过其住处的事实。① 在该案中，五名犯罪嫌疑人被合并审理。其中属于第一部分的三名被告人一起并案审理，第二部分的被告人一起并案审理，均属于共同犯罪的情形，没有争议。但是将第一部分和第二部分的犯罪共同进行合并审理，并没有法律的明文支持。同时，将第三部分犯窝藏罪的宋××的审判和其他部分进行合并审理也没有法律依据。而如果按照笔者所列举的"关联性"条件分析，将第一部分犯罪情节和第二部分犯罪情节一起审判，符合第四点的"关联性"标准。而将第三部分犯罪事实和其他犯罪情节进行合并审理，则符合第五点要求。

从金库被盗案最终的审判效果来看，在法律效果上，一次庭审处理了三部分犯罪事实，节约了司法资源，同时被告人相互印证，使案情展现得非常清晰。在社会效果上，公众对各犯罪嫌疑人的犯罪情节一目了然，能够理解几名被告人中为何重者被判处死刑立即执行，而轻者仅被判处有期徒刑二年，缓刑二年。该案之所以取得了如此好的法律效果和社会效果，正是因为案件的合并看似没有现成的法律条款支持，但是完

---

① 参见新浪网新闻报道专题. 河北邯郸农行金库5100万元被盗 [EB/OL]. http://news.sina.com.cn/z/handannonghang/index.shtml，2012－01－01.

全满足了诉讼需要，且符合诉讼原则。

第六点属于兜底性条款。由于我国的法治历史较短，刑事诉讼法虽然经过三次修订仍然有很多不完善之处，我们不能认为以上的五点就可以穷尽相关性的所有内容。在认识兜底性条款时，我们应当尊重已有的法律规定。例如，目前我国对于某些公诉案件和自诉案件可以进行合并审理、刑事附带民事诉讼的问题，这些在当前都可以被纳入第六点中。诸如此类的合并审理也许在法理上还有值得商榷之处，但毕竟有一定的合理性。如果今后的司法解释没有废除此类规定，则它们同样可以继续成为具备"相关性"条件的组成内容之一。

整体而言，我国司法机关应当对这五点内容准确理解，避免出于自身利益的考虑进行扩大化解释。譬如，我国台湾地区就有过"复合型之牵连管辖"是否合理的讨论。司法实务中有"有牵连管辖之牵连及再牵连"的情形，即A与B牵连，B与C牵连，C与D牵连……最终将A、B、C、D等犯罪嫌疑人均合并到一案进行审理。这种学说由于扩张管辖部分欠缺关联性、与牵连管辖目的不合、没有合并审理的必要、实质上创设了法律没有明文规定的管辖类型等四个理由，因此被台湾学者所抨击。[①] 这种明显不正确的扩大牵连的现象在我国大陆地区也曾经出现过，如果按照这几点要求办案，此类问题应当能够在实务中杜绝。

二 分案审理的一般规定

由于刑事案件并案审理与分案审理各有专属的诉讼价值，在某些情况下，即便符合刑事案件并案审理的"关联性"条件，案件也不适宜进行合并审理，此时，分案审理成为更加适合的方式，所以笔者将分案审理作为并案审理的例外情形加以设计。

（一）分案审理的域外立法考察

正如同合并与分离审理的价值分析中所提及的那样，出于诉讼效率

---

① 参见黄翰义. 程序正义之理念（一）[M]. 台北：元照出版有限公司，2010：20.

的考虑，各国往往都会尽量对案件进行合并审理，故而对符合案件合并审理条件，却要进行分案审理的情况，各国法律的规定都比较保守。根据台湾地区学者陈运财教授的研究，分案审理的类型可以分为"裁量分离"和"义务分离或必要分离"。①

大部分国家都规定了裁量分离，而且也仅仅规定了裁量分离。把决定何种情况应当进行分离审理的权力留给审判机关依职权行使，即便有立法进行必要的约束，往往也非常原则。例如，在美国，《联邦刑事诉讼规则》中的条文本身并没有直接列举分离审理的情形。该规则第14条规定，在"可能对被告人或政府产生不公正影响"的情况下，要分开审理。但从法条内容来看，无论是"可能"，还是"不公正影响"，此类表述很明显都非常不确定，法官拥有极大的裁量权。有美国学者试图对这种立法进行稍微详细的解释，"（1）在提出独立辩护时可能感到窘迫不安或惊慌失措；（2）陪审团可能使用被指控犯罪中的某个犯罪的证据推论被告人有罪……；或者（3）陪审团可能累积了各种被控犯罪的证据，裁决其有罪"。② 即便如此解释，仍然可以看出在是否采取分离审理问题上，法院享有很大的裁量权。英国立法上亦有类似的规定。

在大陆法系国家，法律大多以裁量分离进行规定，例如，《法国刑事诉讼法典》第286条规定："当移送裁定书针对的是相互之间没有关联的数个犯罪时，审判长可以或者依职权，或者应检察院的意见要求，命令仅就这些犯罪中的某一犯罪或某几项犯罪立即对被告人进行审判。"③ 在德国，《德国刑事诉讼法典》第2条的表述为："（二）出于合目的性原因，法院可以裁定将已合并的刑事案件分离。"④

在必要分离审理方面。因为日本的立法和我国台湾地区的有关规定

---

① 陈运财. 共同被告人之调查 [J]. 律师世界，2003，(7)：112.
② 〔美〕约书亚·德雷斯勒，爱伦·C. 迈克尔斯. 美国刑事诉讼精解（第二卷·刑事审判）[M]. 魏晓娜，译，北京：北京大学出版社，2009：133.
③ 《世界各国刑事诉讼法》编辑委员会. 世界各国刑事诉讼法 欧洲卷·上 [Z]. 北京：中国检察出版社，2016：626.
④ 德国刑事诉讼法典 [Z]. 宗玉琨，译，北京：知识产权出版社，2013：2

在措辞上用了"应当"分离审理的表述，所以笔者将其纳入必要分离审理之中。《日本刑事诉讼法》第 313 条最为直接地表达了该国对分离审理的条件要求："法院认为适当时，可以依据检察官、被告人或辩护人的请求，或者依职权，以裁定将辩论分开或合并，或者重新启动已经终结的辩论。"① 笔者认为，立法在此处规定"应当"分开辩论程序，但是前提条件之"保护被告人的权利"过分模糊，法院仍然在这一问题上具有很大的自由裁量权。我国台湾地区的此处规定和日本相比略有不同，台湾"刑事诉讼法"第 287 条之二第 2 款规定："前项情形，因共同被告之利害相反，而有保护被告权利之必要者，应分离调查程序或辩论。"在何谓"共同被告之利害相反"的问题上，法律规定得并不清楚，学界讨论也没有一致意见，此规定颇为模糊。②

陈运财、王兆鹏和张泽涛等学者认为分离审理在各国和地区有着一定的硬性规定。笔者认为，各国和地区对分离审理的立法实际采用了淡化处理的方式，并没有细化分离审理的具体情形，甚至可以认为"必要分离"并不是一个客观存在的概念。一方面，各国和地区意识到，案件在何种情况下要分离审理很难进行列举式的规定，立法操作难度较大；另一方面，各国和地区对法官裁量的公正性比较信任，他们相信法官能够结合案件情况，作出最合乎实际需要的合并或分离审理决定。

（二）我国的分离审理构想

总的来说，考虑分离审理要综合考虑"本案情节、性质态样、与其他案件之关联、被告之性格及情状、本案审理之进行程度、证据调查阶段、法院之人及物的资源设备"等因素。③ 根据我国的司法资源和司法传统，笔者认为，在符合案件合并审理的条件时，应当进行案件合并审理。而在分离审理的条件问题上，司法实践的情况非常复杂，各国的规定也

---

① 《世界各国刑事诉讼法》编辑委员会. 世界各国刑事诉讼法·亚洲卷 [Z]. 北京：中国检察出版社，2016：345.
② 王兆鹏. 论共同被告之合并及分离审判 [J]. 台大法学评论，2004，33 (6)：25.
③ 陈运财. 共同被告人之调查 [J]. 律师世界，2003，(7)：113.

都比较原则，因此，我国的立法不适合像合并审理那样进行列举式的规定。"裁量分离"式的立法更能满足我国的需要。但考虑到我国法官职业能力等客观原因，我们也应当对裁量行为进行一定的制度引导。笔者认为，考虑到现有立法、司法习惯及人权保障的实际情况，我国可以在下列情形中适用分案审理。

1. 保障诉讼正常进行的分案审理

根据现有"另案处理"制度的启示，在应当进行合并审理的案件中，如果出现下列情形，原则上应当分案审理，否则刑事诉讼将无法顺利进行。在起诉时出现犯罪嫌疑人尚未归案；部分犯罪嫌疑人重病不能参加庭审；犯罪嫌疑人为未成年人；犯罪嫌疑人涉嫌其他重要犯罪，在其他案件中审理更为合适的。此外，当案件进行了犯罪嫌疑人的分流，譬如犯罪嫌疑人因为年龄或精神状态等不承担刑事责任、被处以行政处罚或者程序分流的，出现这几种情形，也应当进行分案处理。

2. 涉嫌危害国家安全犯罪、恐怖活动犯罪犯罪嫌疑人的分案审理

此类案件涉及国家特殊利益，而且往往属于人数较多的共同犯罪，甚至是"窝案""串案"。为了有效地打击这两类犯罪，我国刑事诉讼法对这两类犯罪在强制措施的适用、律师辩护权等方面均作了特殊规定。从维护国家利益、保守国家秘密，或者是有效打击犯罪等角度考虑，对此类案件应当进行分案审理。实际上，这些案件分案审理的操作方式在司法实践中并不少见。由于案件数量并不多，即便是分案审理，也不会对司法资源造成更多的消耗，不会给司法机关带来太大的诉讼负担。

3. 共同犯罪的分案审理

首先，人数特别众多的共同犯罪有必要进行分案审理。张泽涛教授认为："对于人数庞大的团伙类犯罪，如果合并审判可能会导致庭审流于形式、羁押率和超期羁押上升，并因此变相延长了被告人的刑期以及实际执行的刑罚、限制了被告人的上诉权和申诉权、侵犯律师会见权等辩

护权现象时，法院必须进行分案审理。"① 笔者赞同这一观点。任何一起刑事案件中，一旦共同犯罪人数过多，必然会给案件的庭审带来较大的负担，很多时候会影响到案件的审理质量。并且，我国《刑事诉讼法》规定的庭审程序，也并不适合进行人数特别众多、罪名众多的案件审理。基于审判需要，很多地方的法官不得不对庭审的具体操作程序进行改进，"如果依照《刑事诉讼法》的规定，在法庭调查阶段，由公诉人逐一询问被告人，一名被告人陈述三次作案事实，六名被告人至少陈述十八次犯罪事实，效果也未必好"。② 但各地自创的庭审模式，其效果在人权保障、真相发现方面是不是没有瑕疵，是大有疑问的。

其次，共同犯罪人数过多，或者共同犯罪嫌疑人中某些犯罪嫌疑人的罪行在较长时间内难以确认，会在侦查阶段造成侦查期限的延长。其他犯罪嫌疑人会因此受到牵连，被不恰当地延长羁押期限，这时候也应当进行分离处理。我国澳门《刑事诉讼法》第19条（诉讼程序之分开）中专门提及了这一种分开审理的情况，"将诉讼程序分开对任一嫌犯有利，而该利益应予重视及考虑，尤其是不致拖长羁押时间"。和其他国家和地区相比，我国的羁押情况更为普遍。因此，为了让某些犯罪嫌疑人免受牵连，避免被不恰当地长期羁押，我们有必要设置这一制度。

最后，当有其他因素导致共同犯罪一旦整体审理将会严重拖延诉讼的进程时，可以对案件进行分离审理。我国澳门《刑事诉讼法》第19条对此也进行了规定："有关牵连可能导致对任一嫌犯的审判过度延误。"这种情况在我国司法实践中颇为常见，例如共同犯罪的审判中，某几个犯罪嫌疑人的犯罪事实已经查清，但是有一个犯罪嫌疑人的罪行细节在短时间内较难认定，如果合并审理，则全案可能拖延较长时间才能结案，这不利于其他犯罪嫌疑人尽早地摆脱讼累。因此应当允许共同犯罪的合并审理有一些例外情形。

---

① 张泽涛. 刑事案件分案审理程序研究——以关联性为主线［J］. 中国法学，2010，（5）：161.
② 张晓秦，刘玉民. 庭审要点与技巧［M］. 北京：中国民主法制出版社，2009：146.

4. 诉讼程序不一致时的分案审理

案件能够进行合并审理，其潜台词即几起案件之间在程序上应当具有共同性。程序不一致的案件进行合并审理，会引发庭审程序的适用混乱。以一起案件为例进行说明。在因为30多人帮忙作伪证而轰动一时的王×杀人案中，2003年10月20日，犯罪嫌疑人王×入户抢劫杀人，致一死一重伤，10月24日被抓获，2004年11月6日，王×被一审判处死刑。为了帮助年满18岁的儿子逃避死刑的处罚，犯罪嫌疑人王×的父母大肆串通亲属朋友，在王×的年龄问题上造假。2005年11月4日，王×的父母因为伪证罪被刑事拘留，2006年9月21日被以伪证罪和妨碍公务罪判刑。[①] 在该案中，王×的父母作伪证的行为和王×抢劫杀人有相关性，可以并案审理。但是由于两起案件事发时，已经分属不同的诉讼阶段，王×案一审早已判决结束，而其父母的案件还没有进行审判。如果将两起案件进行合并审理，也许在发现案件事实、节约诉讼资源等方面存在一定的优势。不过由于我国一审、二审和死刑复核等程序的制度设计各不相同，庭审明显不具有可操作性。此外，还会影响某些被告人的上诉权等法定权利。故而，对于处于不同审判程序的案件不能进行合并。

当然，从常理上讲，如果案件分属于不同诉讼阶段，也必须要分离审理。这是因为，例如，某一案件正在进行一审，另一起案件还在审查起诉阶段，如果要将这两起案件进行合并审理，必然会造成一起案件的不正常加速处理或者是另一起案件的延误处理，这在法理上均会损害相应犯罪嫌疑人的诉讼权益。

5. 专门法院和普通法院的分案审理

在我国，军事法院和铁路运输法院作为专门法院，也享有刑事案件的审判权。有学者认为，基于司法习惯的原因，我国的专门法院和普通法院在案件审理上进行分离已经形成了传统。[②] 我国立法在涉及专门法院

---

① 王琪，张都锁. 四载生死较量法律终还公正［N］. 楚天金报，2007-12-17（12）.
② 参见谢佑平，万毅. 刑事诉讼牵连管辖制度探讨［J］. 政法学刊，2001，(1)：20-23.

和普通法院的案件时，并不鼓励合并审理，如1998年的《最高人民法院关于执行〈中华人民共和国刑事诉讼法〉若干问题的解释》第20条规定："现役军人（含军内在编职工，下同）和非军人共同犯罪的，分别由军事法院和地方人民法院或者其他专门法院管辖；涉及国家军事秘密的，全案由军事法院管辖。"虽然这一条文在与2012年和2021年两次修法相配套的司法解释中都没有体现，但本条文规定合理，可操作性强，并且从尊重司法习惯的角度考虑，此类专门法院和普通法院之间的分案审理规定可以延续。

以上五点制度方案借鉴了其他国家和地区的成熟立法经验，更多考虑了我国的立法延续和国情特点，可以作为裁量分离时的重要参考依据。有些分离审理制度在其他国家和地区的立法中被重点提及，但是并不一定符合我国国情特点，故而没有列入。[1] 当然，由于司法实践的复杂性，当出现这五点以外的其他情形，分案审理更加有利于诉讼价值时，我们应当允许司法机关进行分离审理，法律应当赋予司法机关一定的裁量权。

第四节　合并与分离审理的法律适用
——以行为有效性为内容

从我国学者的研究成果综述来看，几乎所有的学者都将研究刑事合并与分离审理的视线集中在刑事案件并案与分案审理的标准或条件上。

---

[1] 例如美国将合并审理可能会产生"偏见"作为分离审理的重要内容，这一标准过分抽象，不宜操作，即便是在美国也是通过判例不断完善，至今仍未定型，故而笔者没有将其作为我国标准。再如，我国台湾地区认为的重要分案因素——"共同被告之利害相反"，即共同被告人之间相互指控的情形，考虑到这种情况在我国司法实践中大量存在，例如在2011年震惊全国的"12·1"武汉建行爆炸案，庭审时，王某剑等三名被告相互指责，相互攻击。如果出现此类现象就进行分离审理，那么会造成大量的共同犯罪分案审理现象，严重增加司法机关负担。此类合并审理中出现的犯罪嫌疑人相互攻击、检察官旁观的局面当然并不合理。但是我们完全可以通过调整庭审方式，如改变共同被告人陈述方式、让检察官加强质证等解决，并不一定非要分案审理。

但在合并与分离审理的法律适用方面的研究成果几乎是空白。[1] 司法机关作出刑事案件合并与分离审理的决定会引发一系列的法律后果。借助于刑事诉讼行为理论，其合并或分离审理的诉讼行为可能是有效的，但也可能是无效的。笔者在本部分将会对司法机关对刑事案件合并与分离审理的决定程序提出构想，同时对不当合并与分离审理引发的法律后果进行专门分析。

一 合并与分离审理的决定程序

如上文所述，无论是基于我国现行立法和实践，还是域外的经验借鉴，我国的刑事案件合并与分离审理的决定机关都应当是司法机关。[2] 但在司法机关如何决定的问题上，值得进一步明确。

（一）不同法院案件合并审理的决定程序

涉及不同法院之间的案件合并审理与分离审理时，处理方式相对简单，现有法律已经可以解决这一问题。在并案审理上，各国大多以牵连管辖的形式加以规定。而在我国，1996年《刑事诉讼法》的第24条和第25条，为同级法院之间案件出现合并审理情况时如何处理确定了基本方式。[3] 而即便是涉及不同地域、不同级别法院之间的管辖权争议，也可以通过第26条确定的指定管辖加以解决。在分案审理问题上，最高人民法院《解释》第219条规定法院刑事案件立案审查时，将"案件是否属于本院管辖"作为首要审查内容。如果有必要分案审理，涉及不同法院的，

---

[1] 上文多次引证的王新清、张泽涛、谢佑平、王飞跃和陈国庆等知名学者和部分实务界人士的文章，都重点论述了各种案件、各种程序中的合并与分离审理的条件、标准和决定机关等内容。但是除金为群检察官在其硕士学位论文《刑事案件分、并案问题研究》中系统地论述了合并与分离审理的具体程序设计之外，其他论者对分案并案审理的告知程序、异议程序等内容都没有提及，对不当分案并案的法律后果也基本没有阐述。

[2] 侦查阶段的合并侦查与起诉阶段的合并起诉同样存在决定程序，但由于它们的"决定"在程序上没有终局性效果，所以不专门论述。

[3] 这两个法条规定了"犯罪地管辖为主，被告人所在地管辖为辅"和"最先受理地管辖为主，主要犯罪地管辖为辅"的管辖处理方式。此规定在我国的运用已经非常成熟，并被历个版本的《刑事诉讼法》所继承。

可以根据最高人民法院《解释》第219条规定的处理方式，将案件退回人民检察院重新进行起诉。

（二）同一法院案件合并审理的决定程序

涉及同一法院的案件合并与分离审理则情况较为复杂。在合并起诉问题上，在其他国家和地区，由于审判对象（诉因）理论、法定法官原则等诉讼原理的约束，立法对案件的合并起诉控制非常严格，同一法院内部的案件并不能随意进行合并审理。例如，在我国台湾地区陈××案中，陈××配偶因贪污罪条例等案件被起诉，被台北地方法院列为"95年度瞩重诉字第4号"刑事案件，由蔡守训庭长的第16庭审理。后又因贪污罪条例等案件被起诉，被台北地方法院列为"97年度金重瞩诉字第1号"刑事案件，由周占春庭长的第3庭审理。后案的第3庭，以两起案件相牵连为由，签会由前案的第16庭合并审理，第16庭不同意合并。第3庭又签请法院审核小组议决，依据该法院分案要点，采取后案并前案的方式，将后案并由前案的第16庭审理。审核小组同意。[1] 此种做法受到了岛内很多学者的质疑。与此相反，在刑事案件分离审理上，由于分离审理对当事人，特别是被告人有利，故而约束较少，类似于被告人处于"窘迫不安或惊慌失措"都可以成为分案的理由。[2]

同一法院内部案件合并审理问题的决定程序是其他国家和地区较难处理的问题。但笔者认为，在我国，法院内部的案件合并审理已经有了一定的立法基础，只需要对现有法律规范进一步完善即可，立法难度不大。

在我国，由于诉讼程序非常明显的职权主义特点，司法机关对案件审理程序拥有明显的控制权。根据现行法律，法院可以变更罪名，案件审理过程中也可以追加、变更和撤销起诉。虽然从尊重诉权的角度看，

---

[1] 案件事实摘自我国台湾地区"司法院大法官"网站。http://www.judicial.gov.tw，2012-01-01。

[2] 〔美〕伟恩·R. 拉费弗，杰罗德·H. 伊斯雷尔，南西·J. 金. 刑事诉讼法（下册）[M]. 卞建林，沙丽金，等译，北京：中国政法大学出版社，2003：828.

这种做法过分强调国家机关追诉犯罪的效果，容易忽视被告人辩护权，但在准确打击犯罪方面有着积极的意义。并且根据审判对象理论中的单一性理论，这种做法也有着一定的理论支撑，因此不适宜简单地否认。笔者认为，我们可以将刑事案件的合并与分离审理纳入这种追加、变更和撤销起诉中去，参考追加、变更和撤销起诉的操作方式进行。当然，由于这种案件的合并改变了诉讼方式，增加了案件审理内容，所以应当采取措施加强对辩护权的保障。

值得专门提出的是，我国应当规定法院内部决定案件合并与分离审理的组织机构。在西方国家，司法独立被理解为法官独立，故而这一问题并不存在。而在我国，法院作为整体独立，因此有必要明确决定案件合并与分案审理的具体主体。根据现行案件审理流程，案件由检察院提起公诉之后，首先由立案庭进行立案登记，然后交付刑庭，刑庭审理之后，案件判决结果经层报后，才能最终确定，制作判决文书。我国现有刑事案件的合并与分离审理一般会延续起诉的内容。如果审判机关要进行合并与分离，笔者认为，应当由负责案件审理的审判长提出，由刑庭庭长决定，特殊情况下可根据案情需要，按内部请示程序提交审判委员会审议，理由如下。

刑事案件的合并与分离审理与立案庭并无直接关系。在我国，立案庭一般在案件受理、司法鉴定、涉诉信访、诉讼指导和流程管理等方面发挥职能。在受理案件时，立案庭并未深入了解案件的具体内容。而刑事案件合并与分离审理的决定，是一个对案情深入分析、评断的过程，立案庭的法官显然没有条件和能力完成这一内容。

在刑事审判庭中，可能享有案件合并与分离决定权的主体有具体案件的审判长和刑庭庭长。相比而言，刑庭庭长更加适合作为案件合并与分离决定的主体。一方面，审判长的职权在我国较小，案件合并与分离审理属于重大的程序变动，由审判长决定不符合我国国情；另一方面，即便是按照世界潮流，今后赋予了案件审判长较为独立的司法权限，但由于刑事案件的合并与分离审理往往涉及刑庭内部多个不同的审判组织，仅凭审判长的职权是难以协调的。例如，A案件的审判长想将已经被分配给另一合议庭的B案件合并过来，这种情况下，让A案件的审判长享有决定权显然并不科学。相比之下，刑事审判庭的庭长职权较大，对本审判庭内部的案件具有管理权限，决定案件合并与分离审理时也能够胜任协调和安排的工作。

至于笔者拟定的"特殊情况下可根据案情需要，按内部请示程序提交审判委员会审议"，是基于我国的特殊国情作出的。在我国，案件合并与分离审理在当前要经过内部请示，甚至会上交审判委员会审议，这是我国法院决定重大事项的必经程序。这种内部请示或审委会审议的法理缺陷自不待言，当时机成熟，我们应当将合并与分离审理的权力交付给庭长。但是在短期内，这种内部请示和审委会审议仍然是符合我国审判实际的较优方案。并且在涉及跨审判庭的案件，特别是重大、疑难和复杂案件等的处理上，应由刑事审判庭上报至审委会决定。在没有新的制度替代审判委员会制度之前，这种做法也能满足我国的审判需要。

二 合并与分离审理的异议程序

异议程序是对案件进程有着重要后继影响的程序。适当主体认为案件合并与分离审理不当时，应当有权利提出异议。具体制度设计应当包括异议提出主体、异议提出时间、异议提出方式、异议提出后果和异议审查程序几个方面内容。具体分述如下。

（一）异议提出主体

能够提出异议的主体应当比较广泛，包括审判机关、公诉机关、当事人、法定代理人及辩护人。审判机关应当界定为与案件合并与分离审理有利害关系的法院。如，原本应当属于A法院审理的案件，现在被B法院要求合并审理，最终A法院丧失了对案件的管辖权，A法院对这种合并不服，可以提出异议。笔者不建议让上级法院享有对案件提出异议的权力，因为我国上下级法院之间虽然是审判业务指导关系，但是不适宜进行个案的指导，所以除非案件牵涉到上级法院，否则上级法院不宜享有提出异议的权力。

公诉机关与当事人作为控辩双方，受到合并与分离决定的直接影响，因此应当是提出异议的主体。特别是从尊重当事人程序性权利的角度考虑，被告人一方更应当是提出异议的主要主体。

辩护人与犯罪嫌疑人、被告人的关系不同于民事诉讼中诉讼代理人和当事人的关系。辩护人享有独立的诉讼地位，为了委托人的诉讼利益，辩护人应当发挥出自己的作用。考虑到刑事案件合并与分离审理异议并不直接与当事人的实体权益相关联，故而，应当赋予辩护人独立提出异议的权利。而被害人方面，由于被害人和其代理人之间的关系相对比较紧密，笔者认为，没有必要赋予被害人代理人独立的程序异议权。

（二）异议提出时间

提出异议的时间有两个关键节点，一个是起始时间，另一个是终止时间。起始时间的确定较为复杂，当审判机关作出刑事案件合并或者分离审理决定后，异议主体就可以提出异议申请。值得专门注意的是，当某一案件被合并起诉到法院时，如果当事人对此有异议，从法院受理案件之日起就可以提出申请，因为法院接受了公诉机关的合并起诉，就可以视为其认可了将案件合并审理。

这里还涉及审判机关作出合并与分离审理决定后应当存在告知程序的问题。如果审判机关承袭了公诉机关起诉书中对案件的合并与分离审理，那么在开庭前准备阶段应当告知当事人。如果法院自己临时决定对案件进行合并与分离审理，则在作出决定时，就应当尽快告知，时间设定三日以内为宜，以便于当事人及时提出异议。

终止时间应当设定为案件法庭辩论结束之前。因为如果法院要在庭审中进行案件合并或分离审理，法庭调查及法庭辩论阶段就会完成。此时，当事人双方如果有异议，即可当庭提出。一旦案件进入评议和宣判阶段，提出程序异议就没有太多现实意义。当然，如果当事人在案件判决生效后才发现合并或分离审理不当，可以以程序严重违法为由，以审判监督程序进行救济。

（三）异议提出方式

考虑到刑事案件合并与分离审理是一种较为重要的程序异议，笔者认为，除非异议主体文化水平极低等特殊原因，此项异议应当以书面的形式提出。

（四）异议提出后果

当案件提出异议申请之后，在程序上应当会产生一定的后果。《日本刑事诉讼规则》第6条规定："系属法院的案件已有指定或者转移管辖的请求时，在作出裁定以前，应当停止诉讼程序。但情况紧急时，不在此限。"[①] 笔者认为，由于刑事案件合并或分离审理牵涉的诉讼利益较大，和回避等重要程序性制度相比也不遑多让。当审判阶段提出异议申请时，审判机关应当立即停止诉讼，进行案件的相关审查工作。

（五）异议审查程序

异议审查程序主要涉及两个方面的内容：一是异议审查的主体；二是异议审查的操作。其中异议审查的主体问题相对比较复杂。笔者认为，对案件进行异议审查的主体是作出异议决定的上级人民法院，理由如下。

一方面，审判阶段对案件合并与分离审理提出异议的对象是人民法院，此时，同级人民检察院由于处于案件公诉机关的角色，为了避免身份重叠，已经不适合进行异议审查。同时，由于案件合并与分离审理的决定往往经过法院内部层层请示、批准，甚至交付审判委员会讨论，这已经是一个法院内部的最高决策的决定。在这种情况下，由同一法院对合并或分离行为进行内部审查，很难起到实际效果。

另一方面，我国立法已有上级法院处理此类情况的规定。在法院对公诉机关起诉的案件在审查立案阶段提出牵连管辖时，一旦此时出现其他国家机关提出异议，就会出现管辖权不明的情形。我国刑事诉讼法中对这种情况采用指定管辖的规定加以解决，而作出指定管辖决定的机关就是上级法院。国外对管辖权移送的情况规定得比较灵活，但不一定适

---

① 日本刑事诉讼法 [Z]. 宋英辉，译．北京：中国政法大学出版社，2000：120.

合我国国情。例如,《德国刑事诉讼法典》第14条规定,"[管辖权争议时指定]:数个法院之间如果对管辖权发生争议时,由共同的上级法院指定负责调查、裁量的法院。"[①] 这种规定扩大了能够对异议进行审查的法院的范围。但在我国,由相同级别的某一法院去审查另一法院的合并与分离审理是否恰当,这种操作既难保证审查的中立性和公正性,也没有类似的制度先例。

在异议审查的操作方面,笔者认为,由于我国对刑事案件的审限有着严格的规定,故而,当申请人提出异议之后,审查机关应当尽快对案件进行审查。此类程序性问题应为,申请人提出相应证据材料,审查机关对案件的审查应当在较短时间内完成。笔者认为考虑到认定异议是否成立并不涉及实体内容的判定,相对简单,因此期间规定以七日内完成为宜。在这个过程中,审查机关依据案件合并与分离审理的法律规定,结合异议申请人提供的证据材料,认真审查,最终以决定的方式对异议进行答复。在审查异议时,审查主体应当坚持全案审查的原则,既可以最大限度地对申请人负责,又可以避免出现共同犯罪的被告人轮流提出异议,影响案件进程的局面。由于对案件合并与分离审理的异议属于重要的程序异议,参照《刑事诉讼法》中有关回避、不起诉等规定,笔者认为,对驳回异议申请的决定,异议申请人可以申请复议一次。

三 不当合并与分离的法律后果

之所以刑事实体法为人们所敬畏,法律能够给人以严酷的惩罚是主要原因之一。在英美法系国家,非法证据排除规则、撤销起诉制度和撤销原判制度构成三种最重要的程序性制裁制度。大陆法系国家则将刑事诉讼行为无效制度作为主要的程序性制裁措施。[②] 在我国,由于长期偏重打击犯罪,刑事程序法在相当长的时间内没有得到应有的尊重,很重要

---

① 德国刑事诉讼法典[Z].李昌珂,译,北京:中国政法大学出版社,1995:4.
② 参见陈瑞华.程序性制裁理论[M].北京:中国法制出版社,2005:161.

的原因之一就是法律对程序违法者的法律责任规定甚少。例如，1996年《刑事诉讼法》第204条规定了因申诉而应当启动再审程序的四个条件："（一）有新的证据证明原判决、裁定认定的事实确有错误的；（二）据以定罪量刑的证据不确实、不充分或者证明案件事实的主要证据之间存在矛盾的；（三）原判决、裁定适用法律确有错误的；（四）审判人员在审理该案件的时候，有贪污受贿，徇私舞弊，枉法裁判行为的。"几个条件都可以被认为是有关实体错误的规定，换言之，即便是严重的程序性违法，就法典来看，也不能启动再审程序。这种立法思想对司法实践造成了很多的负面影响。不过，以非法证据排除规则的确立为代表，我国刑事立法中已经不断加强对程序性违法的惩罚性规定。2012年的《刑事诉讼法》第242条就添加了程序违法申诉可以启动再审的规定："（四）违反法律规定的诉讼程序，可能影响公正审判的……"①

即便有着缜密的制度方案，刑事案件合并与分离审理的决定仍然有可能存在错误。经过上文设计，通过异议程序可以发现错误和改正错误。但对于不当合并与分离审理本身会带来何种法律后果，这一问题应当在立法中有一个比较明确的说明。

各国对不当合并与分离审理的法律后果大多规定得并不明确，由于合并与分离审理的决定本身带有较多的裁量成分，所以西方国家和地区的立法一般不会明文规定某一类不当合并与分离行为必然是无效的。例如，在美国，联邦法院并不简单地认为不当合并与分离审理会导致程序上的严重后果。联邦法院在合众国诉莱恩案中认为，"根据《联邦刑事诉讼规则》第8条，错误合并是无害错误"，"因为规则第8条合并标准本身不具有宪法的重要性"。②但这不代表美国真的就不重视案件合并与分离审理行为，他们只是关注的视角不同而已。美国更重视合并与分离审理的行为会给当事人带来多大的伤害，"在上诉中，被告人负有证明他

---

① 该内容被2018年《刑事诉讼法》第253条所继承。
② 474 U.S. 438, 106 S. Ct. 725, 88 L. Ed. 2d 814 (1986).

由于合并审判而受到损害的责任,并且只有在清楚地显示初审法官滥用裁量权时,一般才会推翻案件判决"。①

笔者认为,在认定不当合并与分离审理的法律后果上,我们应当更多地参照我国的现有立法,不适合照搬国外的立法规定。笔者赞同金为群检察官的观点,立法应当明确一定的法律后果,我们可以对不当合并与分离审理行为进行区别对待,"对经审查异议成立且需改变原决定的,应分情况对待。对可逆转的分、并案决定,应当撤销原决定,恢复原来的审理状态。对不可逆转的分、并案决定,若原决定程序有瑕疵的,但尚未严重侵害诉讼参与人合法权益的,应提出纠正意见,若原决定程序属严重侵害诉讼参与人合法权益的,应启动相应的监督程序重新审理案件,并追究相关人员的责任,直到刑事责任"。②

在合并与分离审理的纠错问题上,我国民事诉讼中曾经出现过"一刀切"式的立法造成较大争议的情况。在2007年《民事诉讼法》的修正中,第179条突破性地将管辖错误明确列举为启动再审的条件之一。"当事人的申请符合下列情形之一的,人民法院应当再审:……(七)违反法律规定,管辖错误的。"这种一旦出现管辖错误,法院就"应当"再审的做法引起了争议。陈桂明、张卫平、王亚新、潘剑锋等众多知名学者都对将管辖错误直接列为启动再审程序的充分条件表示了明确质疑。③牵连管辖制度也是刑事案件合并与分离审理的重要内容之一,一旦机械地将所有不当牵连管辖都认定无效,那么民事诉讼中的这种争论在刑事诉讼中也有可能会重现。实际上,尽管《刑事诉讼法》中将程序违法列为启动再审的条件之一,但在立法语言上已经留下了裁量的空间,即违反刑事程序规定而"可能影响公正审判的",才由法院接受申诉,启动再

---

① 〔美〕伟恩·R.拉费弗,杰罗德·H.伊斯雷尔,南西·J.金.刑事诉讼法(下册)[M].卞建林,沙丽金,等译,北京:中国政法大学出版社,2003:911.

② 金为群.刑事案件分、并案问题研究——兼论公正与效率的平衡[D].上海:华东政法学院,2006:53.

③ 学者意见的文献综述参见汤维建."管辖错误"作为再审事由不宜删除[J].法学家,2011,(6):157-162.

审。很显然,并不一定所有的案件合并与分离审理都会满足"可能影响公正审判"的条件。既然法律对所有的诉讼程序违法都采取严重到一定程度才能启动裁量的立法规定,那么我们在设计合并与分离审理的法律后果时也不应当有所例外。故而,区分对待不当案件合并与分离审理属于合情合理之事。对严重不当行为可以启动再审,进行程序纠错,但对一般的不当合并与分离审理,进行程序修正即可。

余 论

刑事案件合并与分离审理是一个蕴含深厚法理背景的学术课题。它表面上是国家司法机关在诉讼中不经意的合并或分离行为，但其背后深刻反映了诉讼法在诉讼效率和人权保障方面的取舍态度，体现了一国刑事诉讼程序设置的精密程度。笔者拟通过本书引起各界对刑事案件合并与分离审理的重视。多个被告人、多个罪行在刑事审判中进行合并审理，并不是自然生成的诉讼现象，而是一种人为推动的、有目的的诉讼行为，应当符合各项诉讼原理，具备完善的运作程序。同理，某些看似应当合并审理的刑事案件之所以分离审理，也应当有一定的标准或依据。

刑事案件合并与分离审理是一个辐射面极广的学术课题。本书以审判机关为主，兼论侦查机关和公诉机关的合并与分离诉讼行为。从内容上进一步拓展，公诉机关的合并与分离起诉问题同样是一个值得系统研究的课题。再如，侦查机关的合并与分离侦查，至少在侦查学领域侦查方法问题上有着一定的研究价值。所以笔者认为，本书主题有着很强的发散性。此外，以本书的论述为起点，也还有很大的研究空间。例如，对已经论及的刑民交叉案件合并审理问题、另案处理问题、涉黑涉恶案件合并与分离审理问题，对尚未论及的涉军民两地案件的合并与分离审理、涉港澳台刑事案件的合并与分离审理等问题，都还有待进一步深入发掘。

我国《刑事诉讼法》在 2012 年进行了较大幅度的修改，刑事案件合并与分离审理问题虽然被很多学者力荐，但是最终没有被立法接纳。2018 年《刑事诉讼法》进行了第三次修正，刑事案件合并与分离审理仍然是一个留白的议题，这也是笔者认为时至今日，这个十余年前的话题仍然需要认真研讨的最主要原因。笔者衷心希望本书能够吸引学界和实务界更多的关注，以促成合并与分离审理制度在刑事诉讼法中早日落地。

主要参考文献

一 主要著作

（一）中文著作

[1] 卞建林. 刑事证明理论［M］. 北京：中国人民公安大学出版社，2004.

[2] 卞建林、刘玫. 外国刑事诉讼法［M］. 北京：人民法院出版社，中国社会科学出版社，2002.

[3] 陈光中. 刑事诉讼法（第七版）［M］. 北京：北京大学出版社，高等教育出版社，2021.

[4] 陈光中. 21世纪域外刑事诉讼立法最新发展［M］. 北京：中国政法大学出版社，2004.

[5] 陈瑾昆. 刑事诉讼法通义［M］. 北京：法律出版社，2007.

[6] 陈朴生. 刑事诉讼法实务（增订四版）［M］. 自印，1981.

[7] 陈朴生. 刑事经济学［M］. 台北：正中书局，1975.

[8] 陈瑞华. 量刑程序中的理论问题［M］. 北京：北京大学出版社，2011.

[9] 陈瑞华. 刑事诉讼的前沿问题（第五版）［M］. 北京：中国人民大学出版社，2016.

[10] 陈瑞华. 问题与主义之间——刑事诉讼基本问题研究［M］. 北京：

中国人民大学出版社，2008.

[11] 陈瑞华. 刑事审判原理论 [M]. 北京：北京大学出版社，2020.

[12] 陈瑞华. 刑事诉讼法 [M]. 北京：北京大学出版社，2021.

[13] 陈卫东. 刑事诉讼法实施问题调研报告 [M]. 北京：中国方正出版社，2001.

[14] 陈一云. 证据法学 [M]. 北京：中国政法大学出版社，1991.

[15] 陈泽亚. 经济人与经济制度正义 [M]. 济南：山东人民出版社，2007.

[16] 程荣斌. 外国刑事诉讼法教程 [M]. 北京：中国人民大学出版社，2002.

[17] 程荣斌. 刑事诉讼法（第八版）[M]. 北京：中国人民大学出版社，2021.

[18] 樊崇义. 诉讼原理 [M]. 北京：中国人民公安大学出版社，2020.

[19] 樊崇义. 刑事证据法原理与适用 [M]. 北京：中国人民公安大学出版社，2001.

[20] 高铭暄，马克昌. 刑法学（第十版）[M]. 北京：北京大学出版社，高等教育出版社，2022.

[21] 何家弘. 证人制度研究 [M]. 北京：人民法院出版社，2004.

[22] 黄丽勤，周铭川. 共同犯罪研究 [M]. 北京：法律出版社，2011.

[23] 黄东熊，吴景芳. 刑事诉讼法论 [M]. 台北：三民书局股份有限公司，2010.

[24] 黄东熊. 刑事诉讼法论 [M]. 台北：三民书局股份有限公司，1991.

[25] 黄翰义. 程序正义之理念（一）[M]. 台北：元照出版有限公司，2010.

[26] 怀效锋. 法院与法官 [M]. 北京：法律出版社，2006.

[27] 季卫东. 法律程序的意义——对中国法制建设的另一种思考 [M]. 北京：中国法制出版社，2004.

[28] 江伟，邵明，陈刚. 民事诉权研究 [M]. 北京：法律出版社，2002.

[29] 李兰英. 间接故意研究 [M]. 武汉：武汉大学出版社，2006.

[30] 李心鉴. 刑事诉讼构造论 [M]. 北京：中国政法大学出版社，1992.

[31] 李学灯. 证据法比较研究 [M]. 台北：五南图书出版股份有限公司，1992.

[32] 李知远. 刑事诉讼法释论 [M]. 台北：一品文化出版社，2008.

[33] 林纪东. 刑事政策学 [M]. 台北：正中书局，1969.

[34] 林钰雄. 严格证明与刑事证据 [M]. 北京：法律出版社，2008.

[35] 林钰雄. 刑事诉讼法（下册各论编）[M]. 台北：自印，2013.

[36] 林钰雄. 刑事诉讼法（上册总论篇）[M]. 台北：自印，2013.

[37] 龙宗智. 相对合理主义 [M]. 北京：中国政法大学出版社，1999.

[38] 吕太郎. 民事诉讼之基本理论（一）[M]. 北京：中国政法大学出版社，2003.

[39] 马跃. 美国刑事司法制度 [M]. 北京：中国政法大学出版社，2004.

[40] 聂立泽. 港澳与内地刑事法律比较及刑事司法协助研究 [M]. 北京：北京大学出版社，2009.

[41] 齐树洁. 民事程序法研究 [M]. 北京：科学出版社，2007.

[42] 齐树洁. 程序正义与司法改革 [M]. 厦门：厦门大学出版社，2004.

[43] 齐树洁. 民事司法改革研究（第二版）[M]. 厦门：厦门大学出版社，2010.

[44] 齐树洁. 英国民事司法改革 [M]. 北京：北京大学出版社，2004.

[45] 齐树洁，林建文. 环境纠纷解决机制研究 [M]. 厦门：厦门大学出版社，2005.

[46] 钱弘道. 英美法讲座 [M]. 北京：清华大学出版社，2004.

[47] 孙笑侠. 程序的法理（第二版）[M]. 北京：社会科学文献出版社，2017.

[48] 锁正杰. 刑事程序的法哲学原理 [M]. 北京：中国人民公安大学出版社，2002.

[49] 王嘎利. 民事共同诉讼制度研究 [M]. 北京：中国人民公安大学出版社，2008.

[50] 王学棉. 证明标准研究——以民事诉讼为中心 [M]. 北京：人民法

院出版社，2007.

[51] 王兆鹏. 新刑诉·新思维 [M]. 台北：元照出版有限公司，2004.

[52] 汪振林. 日本刑事诉讼模式变迁研究 [M]. 成都：四川大学出版社，2011.

[53] 夏勤. 刑事诉讼法释疑 [M]. 北京：中国方正出版社，2005.

[54] 肖建国. 司法公正的理念与制度研究 [M]. 北京：中国人民公安大学出版社，2006.

[55] 肖胜喜. 刑事诉讼证明论 [M]. 北京：中国政法大学出版社，1994.

[56] 肖扬. 中国刑事政策和策略问题 [M]. 北京：法律出版社，1996.

[57] 邢浩南. 刑事诉讼法争点三合一 [M]. 台北：新保成出版事业有限公司，2007.

[58] 徐静村. 刑事诉讼法学（第三版）[M]. 北京：法律出版社，2012.

[59] 余致力. 民意与公共政策——理论探讨与实证研究 [M]. 台北：五南图书出版股份有限公司，2002.

[60] 张俊浩. 民法学原理 [修订第三版] 上册 [M]. 北京：中国政法大学出版社，2000.

[61] 张丽卿. 刑事诉讼法理论与运用 [M]. 台北：五南图书出版股份有限公司，2007.

[62] 张穹. 司法路上的思考 [M]. 北京：法律出版社，2003.

[63] 张卫平，陈刚. 法国民事诉讼法导论 [M]. 北京：中国政法大学出版社，1997.

[64] 张永泉. 民事之诉合并研究 [M]. 北京：北京大学出版社，2009.

[65] 张玉镶，文盛堂. 当代侦查学（第三版）[M]. 北京：中国检察出版社，2010.

[66] 高秀东. 刑事管辖权专题整理 [M]. 北京：中国人民公安大学出版社，2010.

[67] 赵秉志. 刑法基础理论探索 [M]. 北京：法律出版社，2003.

（二）译文著作

[1]〔爱尔兰〕J. M. 凯利. 西方法律思想简史［M］. 王笑红, 译, 北京: 法律出版社, 2010.

[2]〔德〕伯恩·魏德士. 法理学［M］. 丁小春, 吴越, 译, 北京: 法律出版社, 2013.

[3]〔德〕克劳思·罗科信. 刑事诉讼法（第二十四版）［M］. 吴丽琪, 译, 北京: 法律出版社, 2003.

[4]〔德〕拉德布鲁赫. 法学导论［M］. 米健, 译, 北京: 商务印书馆, 2013.

[5]〔德〕托马斯·魏根特. 德国刑事诉讼程序［M］. 岳礼玲, 温小洁, 译, 北京: 中国政法大学出版社, 2004.

[6]〔法〕卡斯东·斯特法尼, 等. 法国刑事诉讼法精义［M］. 罗结珍, 译, 北京: 中国政法大学出版社, 1999.

[7]〔古罗马〕查士丁尼. 法学总论——法学阶梯［M］. 张企泰, 译, 北京: 商务印书馆, 1989.

[8]〔荷〕皮特·J. P. 泰克. 欧盟成员国检察机关的任务和权力［M］. 吕清, 马鹏飞, 译, 北京: 中国检察出版社, 2007.

[9]〔美〕罗尔斯. 正义论［M］. 谢延光, 译, 上海: 上海译文出版社, 1991.

[10]〔美〕马丁·夏皮罗. 法院: 比较法上和政治学上的分析［M］. 张生, 李彤, 译, 北京: 中国政法大学出版社, 2005.

[11]〔美〕玛格丽特·K. 罗森海姆等. 少年司法的一个世纪［M］. 高维俭, 译, 北京: 商务印书馆, 2008.

[12]〔美〕迈克尔·D. 贝勒斯. 法律的原则——一个规范的分析［M］. 张文显, 等译, 北京: 中国大百科全书出版社, 1996.

[13]〔美〕米尔吉安·R. 达马斯卡. 比较法视野中的证据制度［M］. 吴宏耀, 魏晓娜, 等译, 北京: 中国人民公安大学出版社, 2006.

[14]〔美〕庞德. 通过法律的社会控制［M］. 沈宗灵, 译, 北京: 商务

印书馆，2010.

[15]〔美〕伟恩·R. 拉费弗，杰罗德·H. 伊斯雷尔，南西·J. 金. 刑事诉讼法（下册）[M].卞建林，沙丽金，等译，北京：中国政法大学出版社，2003.

[16]〔美〕约书亚·德雷斯勒，爱伦·C. 迈克尔斯. 美国刑事诉讼精解（第二卷）刑事审判 [M].魏晓娜，译，北京：北京大学出版社，2009.

[17]〔日〕高桥宏志. 重点讲义民事诉讼法 [M].张卫平，等译，北京：法律出版社，2007.

[18]〔日〕谷口安平. 程序的正义与诉讼 [M].王亚新，等译，北京：中国政法大学出版社，2002.

[19]〔日〕松尾浩也. 日本刑事诉讼法（上卷新版）[M].丁相顺，张凌，译，北京：中国人民大学出版社，2005.

[20]〔日〕田口守一. 刑事诉讼法（第七版）[M].张凌，于秀峰，译，北京：法律出版社，2019.

[21]〔日〕田口守一. 刑事诉讼的目的 [M].张凌，于秀峰，译，北京：中国政法大学出版社，2011.

[22]〔日〕西原春夫. 日本刑事法的形成与特色 [M].李海东，等译，北京：法律出版社，1997.

[23]〔日〕中村英郎. 新民事诉讼法讲义 [M].陈刚，林剑锋，郭美松，译，北京：法律出版社，2001.

[24]〔日〕中村宗雄，中村英郎. 诉讼法学方法论——中村民事诉讼理论精要 [M].陈刚，段文波，译，北京：中国法制出版社，2009.

[25]〔意〕恩里科·菲利. 犯罪社会学 [M].郭建安，译，北京：商务印书馆，2017.

[26]〔意〕朱塞佩·格罗索. 罗马法史 [M].黄风，译，北京：中国政法大学出版社，2018.

[27]〔英〕弗里德利希·冯. 哈耶克. 法律、立法与自由（第二、三

卷）［M］.邓正来，张守东，李静冰，译，北京：中国大百科全书出版社.2021.

［28］〔英〕梅因.古代法［M］.沈景一，译，北京：商务印书馆，1970.

［29］〔英〕P. S. 阿蒂亚.法律与现代社会［M］.范悦，等译，沈阳：辽宁教育出版社，1998.

［30］〔英〕约翰·斯普莱克.英国刑事诉讼程序（第九版）［M］.徐美君，杨立涛，译，北京：中国人民大学出版社，2006.

（三）英文著作

［1］SUE. LEES. Carnal Knowledge：Getting Away with Rape［M］. London：Hamish Hamilton，1996.

［2］WERNER MERNSKI. Comparative Law inA Global Context：The Legal Systems of Asia and Africa［M］. Cambridge：Cambridge University press，2006.

［3］JERY L. MASHAW. Due Process in the Administratrative State［M］. Connecticut：Yale University Press，1985.

［4］WALTER F. MURPHY，C. HERMAN PRITCHETT，LEE EPSTEIN. Courts，Judges，Politics：An Introduction to the Judicial Process（5th Ed）［M］. Washington，DC：McGraw-Hill Higher Education，2002.

［5］STEPHEN A. SALTZBURG，DANIEL J. CAPRA. American Criminal Procedure（6th Ed）［M］. Minnesota：West Group Publishing，2000.

［6］JOHN SPRACK，Emmins on Criminal Procedure（8th Ed）［M］. London：Blackstone press Limited. 2002.

［7］CHARLES ALAN WRIGHT，ANDREW D. LEIPOLD. Federal Practice and Procedure：Criminal（4th Ed）［M］. Minnesota：Thomson/West，2008.

二 主要论文

（一）中文论文

［1］毕玉谦.民事诉讼起诉要件与诉讼系属之间关系的定位［J］.华东政

法大学学报，2006，(4).
[2] 蔡佩芬.论刑事诉讼法第六条及合并审判之立法缺失与建议（一）[J].法务通讯，2001，(2031).
[3] 蔡煜.试论分案处理原则的完善[J].青少年犯罪问题，1997，(4).
[4] 曹运伟，刘义辉.未成年被告人分案起诉架构及其完善[A].湖南省犯罪学研究会.湖南省犯罪学研究会第八次学术研讨会优秀论文集[C].长沙：自印，2008.
[5] 曾宁.未成年人刑事诉讼中分案起诉制度的试行[J].上海市政法管理干部学院学报，2001，(4).
[6] 陈光中.中华法学大辞典·诉讼法学卷[M].北京：中国检察出版社，1995.
[7] 陈康.广东茂名原市委书记罗荫国腐败案涉及303名干部[N].南方日报，2012－04－14(02).
[8] 陈瑞华.程序正义的理论基础——评马修的尊严价值理论[J].中国法学，2000，(3).
[9] 陈瑞华.未决羁押制度的理论反思[J].法学研究，2002，(5).
[10] 陈卫东，李洪江.正当程序的简易化与简易程序的正当化[J].法学研究，1998，(2).
[11] 陈雪玉.论证人不自证己罪特权[D].台北：政治大学，2007.
[12] 陈运财.评大法官释字第665号宪法解释[J].月旦法学杂志，2005，(176).
[13] 陈运财.共同被告之调查[J].律师杂志，2003，(7).
[14] 程功.共同犯罪中未成年人分案起诉的原则与标准探析[J].人民检察.2007，(4).
[15] 成良文.中国区际刑事司法协助中刑事管辖权的界定[J].现代法学，2002，(4).
[16] 崔军.审理经济纠纷案件中发现经济犯罪问题如何处理[J].人民司法，1994，(6).

［17］党国英．有免于恐惧自由［J］．中国新闻周刊，2005，（40）．

［18］邓建华．另案处理或终成另案不理［N］．春城晚报，2012-04-06（A15）．

［19］邓志伟，陈盎然．刑事案件不当并案审理问题研究［J］．法律适用，2013，（9）．

［20］董圣文．黑社会和中国现阶段的黑社会性质犯罪［J］．福建公安高等专科学校学报，社会公共安全研究，2000，（5）．

［21］董伟．司法实践的现实困境一场被法外力量左右的审判［N］．黑龙江法制报，2005-12-08（07）．

［22］董秀婕．刑民交叉法律问题研究［D］．吉林：吉林大学，2007．

［23］董治良．法院管理浅论［J］．国家检察官学院学报，2005，（5）．

［24］杜萌．2011：全国刑事案件数量总体或将攀升［N］．法制日报，2011-01-04（08）．

［25］方海明，朱再良．刑事诉讼中"另案处理"情形的实证分析——以浙江湖州市为视角［J］．法学，2010，（10）．

［26］高一飞，韩利．分案审理下前案裁判对后案裁判的预断影响及其防范——以欧洲人权法院凯瑞蒙诉德国案为例［J］．中国刑事法杂志，2016，（1）

［27］管元梓．未成年人与成年人共同犯罪案件分案审理制度研究——以分案审理模式为视角［J］．预防青少年犯罪研究，2015，（2）．

［28］韩爱丽．对并案侦查问题应完善相关规定［N］．检察日报，2009-02-06（03）．

［29］韩新华．试析德沃金的疑难案件理论［J］．东方论坛，2003，（1）．

［30］侯毅．关联犯罪案件应当分案起诉［N］．检察日报，2011-08-29（03）．

［31］胡佳．刑事案件分案审理问题研究［J］．时代法学，2021，9（5）．

［32］亢晶晶．"职权主导型"刑事分案模式研究［J］．中外法学，2022，（4）．

[33] 柯耀程. 共同被告自白之调查 [J]. 月旦法学教室, 2003, (3).

[34] 胡夏冰. 为什么强制证人到庭作证——兼论完善我国证人作证制度的基本思路 [J]. 法学评论, 2002, (3).

[35] 蒋林. 日本的牵连管辖制度简介及对我国管辖制度的反思 [J]. 广州市公安管理干部学院学报, 2006, (3).

[36] 金为群. 刑事案件分、并案问题研究——兼论公正与效率的平衡 [D] 上海: 华东政法学院, 2006.

[37] 李浩. 英国证据法中的证明责任 [J]. 比较法研究, 1992, (4).

[38] 李兰英. 量刑的技术与情感——以许霆案为例 [J]. 政法论坛, 2009, (3).

[39] 李兰英, 陆而启. 从技术到情感: 刑民交叉案件管辖 [J]. 法律科学 (西北政法大学学报), 2008, (4).

[40] 李兰英. 契约精神与民刑冲突的法律适用——兼评《保险法》第54条与《刑法》第198条规定之冲突 [J]. 政法论坛, 2006, (6).

[41] 李龙. 论协商民主——从哈贝马斯的"商谈论"说起 [J]. 中国法学, 2007 (1).

[42] 李启成. "常识"与传统中国州县司法——从一个疑难案件 (新会田坦案) 展开的思考 [J]. 政法论坛, 2007, (1).

[43] 李蓉, 瞿目. 共同犯罪另案处理原案认定事实的效力 [J]. 湘潭大学学报 (哲学社会科学版), 2022, (3).

[44] 李仕春. 诉之合并制度研究 [A]. 陈光中, 江伟. 诉讼法论丛 (5) [C]. 北京: 法律出版社, 2000.

[45] 黎勇. 盲从与屈服: 被非理性民意驱动的媒体——深圳机场清洁工梁丽案报道检讨 [J]. 新闻记者, 2010, (3).

[46] 梁迎修. 寻求一种温和的司法能动主义——论疑难案件中法官的司法哲学 [J]. 河北法学, 2008, (2).

[47] 廖永安. 法院诉讼行为要论 [J]. 法学家, 2003, (2).

[48] 刘方权, 曹文安. 再论刑事诉讼中的级别管辖 [J]. 重庆工商大学

学报（社会科学版），2006，（3）．

[49] 刘莉芬，熊红文．规范另案处理 强化侦查监督——南昌市检察机关"另案处理"专项检察工作报告［J］．人民检察，2007，（24）．

[50] 刘仁文．刑事案件另案处理的检视与完善［J］．政治与法律，2021，（5）．

[51] 龙宗智．有组织犯罪案件分案审理问题研究［J］．法学研究，2021，（3）．

[52] 龙宗智．论建立以一审庭审为中心的事实认定机制［J］．中国法学，2010，（2）．

[53] 罗昌平．广西法院不受理13类案件涉嫌规避风险转嫁危机［N］．新京报，2004-08-12（A31）．

[54] 彭贵才．论民事与行政交叉案件的审理模式［J］．当代法学，2011，（4）．

[55] 彭剑鸣．论论自诉案件与公诉案件的牵连［J］．云南大学学报（法学版），2005，（6）．

[56] 齐树洁，熊云辉．中国民事诉讼法学成长的启示——以知识社会学为视角的分析［J］．现代法学，2012，（2）．

[57] 齐树洁，顾佳．合并仲裁问题初探［J］．仲裁研究，2005，（3）．

[58] 石经海．当前涉黑犯罪的特点与成瘾调查——以重庆11个典型案件为样本［J］．现代法学，2011，（3）．

[59] 司明灯，王婧．不同审判程序下一人数案的审理路径选择——以孙小果系列案的审理为视角［J］．法律适用，2020，（22）．

[60] 宋伟，赵春艳．律师会见权在博弈中前行［N］．民主与法制时报，2007-11-12（08）．

[61] 苏力．论法院的审判职能与行政管理［J］．中外法学，1999，（5）．

[62] 孙艳敏．不让贪官在经济上占便宜［N］．检察日报，2011-08-30（05）．

[63] 唐烈英．论代位权法律关系的债务清偿——兼评《合同法问题解

释》第20条[J].西南民族大学学报（人文社会科学版），2005，(5).

[64] 王德新.民事诉讼行为论纲——兼谈民事诉讼法学研究方法的转型[J].西南政法大学学报，2011，(3).

[65] 王飞跃，丁念红.论刑事案件分案审理[J].中南大学学报（社会科学版），2007，(6).

[66] 王琪，张都锁.四载生死较量法律终还公正[N].楚天金报，2007-12-17（12）.

[67] 王敏远.一个谬误、两句废话、三种学说[A].王敏远.公法（4）[C].北京：法律出版社，2003.

[68] 王銮锋.河南多名中学生因打架被认定为涉黑遭捆绑示众[N].南方都市报，2012-04-11（A36）.

[69] 王兆鹏.论共同被告人之合并及分离审理[J].台大法学评论，2004，(6).

[70] 王炽，李诗.綦江虹桥垮塌事故案在渝开庭审理[N].人民日报，1999-03-02（02）.

[71] 汪栋，刘毅.宪法程序与国家权力——美国联邦宪法的启示[J].理论导刊，2004，(8).

[72] 吴伟宏.刍议经济犯罪侦查中行政执法与刑事执法的衔接机制[J].公安学刊（浙江警察学院学报），2011，(2).

[73] 夏红.刑事诉讼行为理论的发展流变[J].辽宁师范大学学报（社会科学版），2009，(1).

[74] 谢家友，邓云.刑事诉讼行为引论[J].法律科学（西北政法大学学报），1998，(3).

[75] 谢佑平，万毅.刑事诉讼牵连管辖制度探讨[J].政法学刊，2001，(1).

[76] 熊秋红.刑事证明对象的再认识[A].王敏远.公法（4）[C].北京：法律出版社，2003.

[77] 徐日丹．最高检：坚决纠正违法不当适用"另案处理"［N］．检察日报，2012-03-22（01）．

[78] 徐艳阳．刑民交叉问题研究［D］．北京：中国政法大学，2009．

[79] 许身健．共同犯罪分案审理问题研究［J］．国家检察官学院学报，2022，30（01）．

[80] 许炎灶．合并与分离审判——实务运作之检讨与建议［D］．台北：台湾大学，2005．

[81] 言科．常熟守方菜刀队是否正当防卫［N］．东方早报，2012-03-29（A17）．

[82] 范光群．主观合并之诉在台湾地区的发展（续）［J］．法学家，1999，（6）．

[83] 杨杰辉．共同犯罪案件的分案审理研究［J］．现代法学，2022，（1）．

[84] 杨杰辉．合并审判研究［J］．中国刑事法杂志，2007，（1）．

[85] 杨涛．别让"另案处理"成为司法腐败的隐通道［N］．华商报，2012-03-26（A3）．

[86] 杨雅妮．必要共同诉讼制度质疑——对必要共同诉讼中适格当事人的分析［J］．甘肃教育学院学报（社会科学版），2003，（3）．

[87] 佚名．青岛聂磊涉黑案充当保护伞官员将另案处理［N］．北京晨报，2012-03-21（A18）．

[88] 佚名．时建峰案疑点重重［N］．广州日报，2011-01-15（A3）．

[89] 佚名．贪官携款外逃可否先提起民事诉讼［N］．法制早报，2005-04-12（12）．

[90] 易延友．证据法学的理论基础——以裁判事实的可接受性为中心［J］．法学研究，2004，（1）．

[91] 殷泓，王逸吟．法律的生命力在于实施［N］．光明日报，2011-02-18（05）．

[92] 岳红革，郑越超，李鲲鹏．让"另案处理"案件得到"热"处理

[N]. 检察日报, 2010 - 06 - 14 (02).

[93] 占善刚. 略论诉之追加 [J]. 法学评论, 2006, (3).

[94] 詹奕嘉. 警惕"另案处理"下的法律漏洞 [J]. 政府法制, 2010, (13).

[95] 曾宁. 未成年人刑事诉讼中分案起诉制度的试行 [J]. 上海市政法管理干部学院学报, 2001, (4).

[96] 张继成. 从案件事实之"是"到当事人之"应当"——法律推理机制及其正当理由的逻辑研究 [J]. 法学研究, 2003, (1).

[97] 张晋红. 诉的合并制度的立法缺陷与立法完善之价值分析 [J]. 法学评论, 2007, (4).

[98] 张琳琳. 日本诉因制度研究 [D]. 北京: 北京大学, 2005.

[99] 张榕. 我国最高法院能动司法的路径选择 [J]. 厦门大学学报(哲学社会科学版), 2011, (1).

[100] 张榕. 通过有限判例制度实现正义——兼评我国案例指导制度的局限性 [J]. 厦门大学学报(哲学社会科学版), 2009, (5).

[101] 张榕. 事实认定中的法官自由裁量权 [J]. 法律科学(西北政法大学学报), 2009, (4).

[102] 张卫平. 证明标准构建的乌托邦 [J]. 法学研究, 2003, (4).

[103] 张泽涛. 刑事案件分案审理程序研究——以关联性为主线 [J]. 中国法学, 2010, (5).

[104] 张泽涛. 我国起诉书撰写方式之缺陷及其弥补——以诉因制度与起诉书一本主义为参照系 [J]. 法商研究, 2007, (3).

[105] 张泽涛. 美国法院之友制度研究 [J]. 中国法学, 2004, (1).

[106] 张泽涛. "议行合一"对司法权的负面影响 [J]. 法学, 2003, (10).

[107] 赵秉志. 新中国60年刑事政策的演进对于刑法立法的影响 [J]. 中国社会科学报, 2009, (3).

[108] 赵蕾. 最高人民法院选调各地法官筹建死刑复核机构 [N]. 南方

周末,2006-03-30(08).

[109] 赵国玲,徐凯. 未成年人分案起诉适用中存在的问题与改进建议——基于175份检察官调查问卷的实证分析[J]. 中国检察官,2010,(1).

[110] 赵军. 我国犯罪预测及其研究的现状、问题与发展趋势——对"中国知网"的内容分析[J] 湖南大学学报(社会科学版),2011,(3).

[111] 赵黎. 聂磊案130余人分庭审理办案人员专赴重庆取经[N]. 青岛晚报,2011-08-22(05).

[112] 赵学军. 未成年人与成年人共同犯罪分案审理制度的程序规制——兼论公正与效率的价值平衡[J]. 青少年犯罪问题,2009,(1).

[113] 赵志超. 法官合并审理自由裁量权之规制——以诉的客观合并适用为中心[J]. 河北法学,2022,(2).

[114] 朱慧. 浅谈检察机关对"另案处理"的监督[J]. 学理论,2010,(28).

[115] 邹政. 诉讼行为界定标准重述——兼论与私法行为的区别[J]. 西南政法大学学报,2010,(6).

[116] 周晓娟. 部分共犯在逃刑事案件处理的几点思考[N]. 人民法院报,2001-01-30(03).

[117] 周小萍,曾宁. 略论未成年人刑事诉讼中的分案起诉制度[J]. 青少年犯罪问题,2000,(5).

[118] 宗禾. 卡恩被控"七宗罪",最多坐牢74年[N]. 广州日报,2011-05-18(A12).

[119] 左卫民,马静华. 刑事证人出庭率——一种基于实证研究的理论阐述[J]. 中国法学,2005,(6).

(二)译文论文

[1] 〔荷〕Mick Laemers. 荷兰对法官和司法机关的投诉[A]. 怀效锋. 司法惩戒与保障[C]. 北京:法律出版社,2006.

[2] 〔美〕巴巴拉·J.夏皮罗. 对英美"排除合理怀疑"主义之历史透视

［A］．熊秋红译．王敏远．公法（4）［C］．北京：法律出版社，2003．

［3］〔美〕劳伦斯·M. 弗里德曼．法治、现代化和司法制度［A］．宋冰．程序、正义与现代化［C］．北京：中国政法大学出版社，1998．

（三）英文论文

［1］KENNETH S. BORDENS, IRWIN A. HOROWITZ. Information Processing in Joined and Severed Trials［J］. Journal of Applied Social Psychology, 1980, 10（5）．

［2］ROBERT O. DAWSON. Joint Trials of Defendants in Criminal Cases: An Analysis of Efficiencies and Prejudices［J］. Michigan Law Review, 1979, 77（6）．

［3］EDITH GREEN, ELIZABETH F. LOFTUS. When Crimes are Joined at Trial［J］. Law and Human Behavior, 1985, 9（2）．

［4］ANDREW D. LEIPOLD, HOSSEIN A. ABBASI. The Impact of Joinder and Severance on Federal Criminal Cases: An Empirical Study［J］. Vand. L. Rev, 2006,（59）．

［5］ERIC L. MULLER. The Hobgoblin of Little Minds? Our Foolish Law of Inconsistent Verdicts［J］. Harvard Law Review, 1998, 111（3）．

三 其他

［1］辞海编辑委员会．辞海（第六版）［Z］．上海：上海辞书出版社，2010．

［2］〔英〕戴维·M. 沃克．牛津法律大辞典（中译本）［Z］．北京社会与科技发展研究所，译，北京：光明日报出版社，1988．

［3］德国刑事诉讼法典［Z］，李昌珂，译，北京：中国政法大学出版社，1995．

［4］德国刑事诉讼法典［Z］．宗玉琨，译，北京：知识产权出版社，2013．

［5］法国刑事诉讼法典［Z］．罗结珍，译，北京：中国法制出版社，2006．

［6］美国联邦刑事诉讼规则和证据规则［Z］．卞建林，译，北京：中国

政法大学出版社，1996.

[7] 日本刑事诉讼法[Z]，宋英辉，译，北京：中国政法大学出版社，2000.

[8] 日本刑事诉讼法律总览[Z]，张凌，于秀峰，译，北京：人民法院出版社，2017.

[9] 英国2003年《刑事审判法》及其释义[Z].孙长永，等译，北京：法律出版社，2005.

[10]《世界各国刑事诉讼法》编辑委员会.世界各国刑事诉讼法[Z]，北京：中国检察出版社，2016.

后 记

看着窗外的春景，敲下本书的后记，心中别有一番感触。本书是在本人博士学位论文基础之上修订而成的一本专著，按理来说，博士毕业已逾十年，本书似乎早该整理面世，但由于各种原因一直拖延下来。在师友的鼓励和支持下，终于在今年重新审阅书稿，认真增补数据资料，修订法条规范，添加最新研究成果，使得本书得以顺利出版。

既然是博士学位论文成果，致谢自然是应有的内容。首先要感谢母校厦门大学提供的优渥的学习生活条件，学校对学生的厚爱在中国大学中真不多见，博士单人间公寓式的住宿标准至今仍然属于标杆级别。当年埋头苦读、奋笔疾书的场景历历在目，很庆幸自己没有浪费三年时光，私下也略有后悔没有做好时间管理，未能在美丽的鹭岛多留下些足迹，这种青春时期留下的遗憾可能无法再有弥补的机会了。在厦门就读期间，有太多需要感谢的人。导师张泽涛教授自不待言，诉讼法博士生导师组的齐树洁教授、张榕教授对学生的关心是全面的，平时的谆谆教诲一直环绕在耳，终生难忘。衷心感谢我的老师们！三年期间，法学院老师的精彩授教让我受益匪浅，不少老师给予我很多关键的帮助，指点我少走了很多弯路，节约了很多时间。卞建林教授、李兰英教授和丁丽瑛教授作为答辩委员会成员，对博士学位论文提出了很多宝贵意见，当时记在心中，如今落实在纸上，不负老师们的厚望。

　　学生时代建立的感情弥足珍贵，诉讼法专业是个热闹的小团队，琳伟、超哥、晓艳、培培，很怀念和大家在一起的日子，我们总是很欢乐。陈贤贵、周湖勇、薛少林等学兄在学习和生活上给了我很多关照，小马、利昂、李飞等同窗好友兼球场上的战友，和你们在一起我总是很开心。当然还有肖振国、周一颜等师弟师妹，厦大的师长和朋友们给了我太多的帮助，让我开阔了视野，丰富了知识，见识了别样的风景，衷心谢谢大家。

　　时间过去十多年，我国刑事司法中的合并与分离审理问题又出现了一些新变化，域外立法也出现了不少新调整，在整理时本人高度重视上述变动，进行了大量的针对性修订，不过难免挂一漏万，敬请谅解。在整理书稿过程中，我也时时闪现出新的想法，碍于整体框架已定，且受限于篇幅，本书确实不适宜再做大幅结构性调整，因此只能算是这个议题研究的一个阶段性成果，新的想法会在后续的论著中呈现。党的十八届四中全会以后，自从"以审判为中心"的诉讼制度改革走上历史舞台，刑事诉讼学界更加偏重新兴刑事司法政策的对策性研究，类似于案件合并与分离审理类的选题已经不是主流的研究对象，博士学位论文更是绝少。笔者的个人看法是，刑事诉讼立法精细化是必然趋势，刑事案件合并与分离审理是一个小选题，也是一个具有代表性意义的分析样本，希望以后此类型的大篇幅论著多一些，研讨的问题深一些，可操作性强一些，小切口研究同样能够助推我国刑事诉讼立法和司法的进步。

　　通常意义上，博士学位论文的出版可以被认为是告别了一段过去。有幸在中国最美大学读书，留下了这本拙作，现在又在另一所中国最美大学工作，希望自己能够重整行装再出发，产出更有价值的学术成果。

崔　凯

2012 年 5 月 28 日初稿于白城海滩

2023 年 4 月 7 日修订于武昌珞珈山

图书在版编目(CIP)数据

刑事牵连案件的合并审理／崔凯著．－－北京：社会科学文献出版社，2023.11
　ISBN 978-7-5228-2748-3

Ⅰ.①刑… Ⅱ.①崔… Ⅲ.①刑事犯罪－审理－研究－中国 Ⅳ.①D924.11

中国国家版本馆CIP数据核字（2023）第210234号

刑事牵连案件的合并审理

著　　者／崔　凯

出 版 人／冀祥德
组稿编辑／刘晓军
责任编辑／易　卉
文稿编辑／王楠楠
责任印制／王京美

出　　版／社会科学文献出版社·集刊分社（010）59367161
　　　　　　地址：北京市北三环中路甲29号院华龙大厦　邮编：100029
　　　　　　网址：www.ssap.com.cn
发　　行／社会科学文献出版社（010）59367028
印　　装／三河市龙林印务有限公司

规　　格／开　本：787mm×1092mm　1/16
　　　　　　印　张：18　字　数：258千字
版　　次／2023年11月第1版　2023年11月第1次印刷
书　　号／ISBN 978-7-5228-2748-3
定　　价／118.00元

读者服务电话：4008918866

版权所有 翻印必究